刘国华　杨　云◎著

从新手走向专家

"定制式"工作坊校本研修项目实践

华东师范大学出版社

·上海·

图书在版编目(CIP)数据

从新手走向专家:"定制式"工作坊校本研修项目实践/刘
国华,杨云著. —上海:华东师范大学出版社,2023
 ISBN 978 - 7 - 5760 - 3864 - 4

 Ⅰ.①从… Ⅱ.①刘…②杨… Ⅲ.①中学—师资培训
Ⅳ.①G635.12

 中国国家版本馆 CIP 数据核字(2023)第 101555 号

从新手走向专家:"定制式"工作坊校本研修项目实践

著　　者　刘国华　杨　云
责任编辑　彭呈军
特约审读　单敏月
责任校对　林小慧　时东明
装帧设计　卢晓红

出版发行　华东师范大学出版社
社　　址　上海市中山北路 3663 号　邮编 200062
网　　址　www.ecnupress.com.cn
电　　话　021 - 60821666　行政传真 021 - 62572105
客服电话　021 - 62865537　门市(邮购)电话 021 - 62869887
地　　址　上海市中山北路 3663 号华东师范大学校内先锋路口
网　　店　http://hdsdcbs.tmall.com

印刷者　浙江临安曙光印务有限公司
开　　本　787 毫米×1092 毫米　1/16
印　　张　13.25
字　　数　227 千字
版　　次　2024 年 7 月第 1 版
印　　次　2024 年 7 月第 1 次
书　　号　ISBN 978 - 7 - 5760 - 3864 - 4
定　　价　68.00 元

出 版 人　王　焰

(如发现本版图书有印订质量问题,请寄回本社客服中心调换或电话 021 - 62865537 联系)

目　录

序　言

　　本书是上海市甘泉外国语中学(以下简称"甘外")校本研修项目实践探索的成果。教师们通过"定制式"工作坊的方式,"从新手走向专家",以更加专业的方式担当教书育人的职责。

　　"定制式"工作坊是校本研修的一种方式,以"工作坊"形式为载体,以教师团体为依托,打破学科界限,为教师打造"量身定做"的发展方案。学校发布信息,教师可以根据自己的职业发展规划、兴趣志向等自主申报选择工作坊。在工作坊内以一线教育教学实际问题为课题,以每一位教师个体的发展需求为指向,通过理论研读、交流讨论、行动研究、专家指导、外出学习、情境模拟等方式借助团体力量形成有效的问题解决策略,助推教师个性化专业化成长。

　　"定制式"工作坊的跨学科运作,打破了传统教研组的学科界限;尊重教师意愿和需求的"量身定制"方式,为教师提供专属的职业发展提升路径和帮助,关注到每一个教师的发展诉求,突破了自上而下的"一刀切"的培训方式;拥抱冲突与争论,在争论中互相学习,力图突破传统教研的一派和气、不够深入的问题。因此,"定制式"教师工作坊具有跨学科、个性化、自主性、探究性、创造性等特征,更贴近教师实际情况,通过探究解决问题,在改进学校的课程与教学,提升办学质量的同时,提升教师自身专业水平。甘外通过多年实践,完善了相关机制、框架,形成了扎实的案例,也提出了后续发展的方向,如微观机制和评价方式的完善等。

　　尽管本书是甘外基于自身条件的个案研究结果,作者也强调了其独特性,检讨了推广上的局限;但是,所谓"一花一世界",个案常常以特殊展现着一般。也就是说,在看似特殊的举措中,同行们可以感悟到或探寻到其中的普遍性、规律性,若能根据自身实际情况加以调整、借鉴与应用,就会发展自身的适应性专长,同时也能够展现专家之为专家的学习精神、灵活性和结构化的专业知识。就一般原则而言,从新手走向专家的历程,是不断实践不断探索不断进步的历程。学校所创设的研修氛围、平台,是为了更好地促进教师从新手走向专家。而专家教师的养成一般需要如下主观条件:按照教书育人的高标准要求自身,不满足于现状;精益求精、不断探索、不断精进,不断总结经验,探寻有效机制与原理;审视自身实践,主动寻找薄弱环节,并探寻突破的路径和机制、原理。

愿此书帮助更多教师从新手走向专家,是为序。

鞠玉翠

华东师范大学教育学系

2024 年 5 月

第一章　新理念与新样态："定制式"工作坊的概念图景

对教师教育的研究首先带来的是概念的演变、观念的变更。[①] 教师教育经历了从"教师培训"到"教师专业发展"再到"教师专业学习"的概念转变,体现了对教师个人发展、提高教师工作动力等内容的关注。为了更好地促进教师专业学习,我们以教师专业学习共同体理念为引领,结合既有相关理论研究与工作实际,提出并实施了"定制式"工作坊这一概念,以"工作坊"形式为载体,以教师团体为依托,采用跨学科素养培育的校本研修方式,为教师打造"量身定做"的研修方案。在充分尊重教师意愿和要求的基础上,为教师提供专属的职业发展提升路径和帮助,关注到每一位教师的个性化发展诉求,对校本研修具体形式和内容进行创新和发展。

第一节　教师专业学习共同体的内涵与理论变迁

对教师学习的认识经历了从个体认知到社会互动的变化,从关注个体的"思维""反思""理解",发展到关注"人际互动""集体合作",通过集体学习和团队影响的方式推动教师的专业学习。教师专业学习共同体就是该思想认识的重要理论依据之一。20 世纪 90 年代时,研究者们就已为学校改革和发展提出了相似的模型,即将学校建成一个以共同体目标、协作地持续学习和集体责任为特征的专业学习共同体。[②] 之后教师专业学习共同体日益受到重视并逐步得到发展和完善。研究者们认为,教师专业学习共同体是可以激发教师成长内驱力,并为其提供强大外部助力的组织形式。然而,组建教师学习共同体并不等同于将教师集中在一起进行学习,如何组建有效的教

[①] 肖丽萍. 国内外教师专业发展研究述评[J]. 中国教育学刊,2002(05):57—60.
[②] 郑汉文,程可拉. 论专业学习共同体[J]. 教育评论,2008(5):66—70.

师学习共同体,是学校在顶层设计时需要思考的问题,为此必须对教师学习共同体的来龙去脉有所了解和认识。下面从教师专业学习共同体发展的历史沿革、内涵与构成要素、影响因素、与教师专业能力的关系等方面进行阐述。

一、教师专业学习共同体发展的历史沿革

20 世纪 80 年代,教师教育日益受到关注,教师教育研究经历了从教师培训到教师专业发展再到教师专业学习的概念演变和观念变更。20 世纪 90 年代前,教师教育一般持"培训"观念,通过教师职前培训与教师职后教育开展教师教育工作。20 世纪 90 年代后,教育研究与教育管理中逐渐确立了教师专业发展的观念,一方面强调教学工作是一种专门职业,明确教师是履行教育教学工作的专业人员,从事教师职业需要接受长期教育培训,教师职业有特定的行为规则和高度的自主性;另一方面,强调教师专业发展是增进教师专业化、提高教师职业素养的过程。

近年来,随着学术界对"学习"和"教师职业"的研究不断加深,研究者逐渐意识到教师专业发展理念的局限性。首先,教师专业发展缺乏对教师主体性的关注,将教师假定为没有自我导向学习的意愿和能力的人,需要外来专家的指导和辅助。在社会不断加大对教师专业标准问责的压力下,教师被当成处于"知识经济"之中的"人力资本"。其次,教师"专业发展"的内容通常是先定的,而且衡量教师"发展"与否也是有标准的。这些先定的内容和标准通常由外部专家和教育行政部门决定,一线教师一般没有参与和决定权,这抑制了教师的参与积极性。最后,教师专业发展暗含着"习得模式"的学习隐喻,认为教师参与学习的主要目的是"获取"知识,忽视了教师有"创造"知识的能力和可能性。[1]

随着人们对教师及其学习本质的理解不断深入,一些研究者提出应用教师"专业学习"概念替代教师"专业发展"概念。[2] 首先,在教师"专业学习"概念下,衡量教师的质量标准不应是预定的,而应根据教师工作情境和时代要求的变化而变化。[3] 其次,教师学习是情境依赖的,本质上是一种社会文化活动,是发生在实践共同体中的,不同工作环境会促使专业人员朝着不同的方向发展,不同时代对教师的"专业学习"也有不

---

① 陈向明. 从教师"专业发展"到教师"专业学习"[J]. 教育发展研究,2013(08):1—7.

② Wright, A. W. Reframing Professional Development through Understanding Authentic Professional Learning [J]. Review of Educational Research, June 2009, Vol. 79, No. 2, pp. 702 - 739.

③ Apple, M. W. Official Knowledge: Democratic Educational in a Conservative Age [M]. 2nd edition. New York: Routledge, 2000.

同要求。再次,教师"专业学习"不仅与所处时代和情境密切相关,而且还与其身份认同和日常生活有着复杂关联。教师"专业学习"还需要关注教师工作与生活的平衡,特别要关注教师个人情感感受。最后,在教师"专业学习"概念里,作为"客体"的知识本身是不断变化的,是被参与各方根据当时社会文化情境以及自己需要,通过交流和协商而形成的。[①]

教师专业学习共同体的概念正是基于教师专业学习的观念提出的。教师专业学习共同体是当代教师基于校本环境实现专业自主发展的重要组织形式,也是保证教师专业可持续发展的有效途径。[②] 教师专业学习共同体理论的形成与发展历经了1887年德国学者迪南德·滕尼斯的共同体理论、1990年彼得·圣吉提出的学习型组织理论、1995年博伊尔的学习共同体理论到1997年霍德提出的专业学习共同体理论几个阶段。其中滕尼斯共同体理论把共同体分为血缘共同体、地缘共同体以及精神共同体,即基于血缘的纽带、地缘的邻近以及共同的精神追求所构成的三种不同的共同体,而精神共同体是最高形式的共同体。共同体成员有着不同血缘,来自不同地区、不同文化背景,他们的共识往往是基于协商。

二、教师专业学习共同体的内涵与构成要素

"共同体"这一概念是1887年由德国社会学家费迪南德·滕尼斯首次提出,出现在其撰写的《共同体与社会》一书中。他认为"共同体"强调人与人之间的紧密关系、共同的精神意识以及个体对共同体的归属感和认同感。[③] 我国学者认为"专业学习共同体"事实上是一个实践共同体,它泛指这样一个群体,即所有成员拥有若干个共同的关注点,共同致力于解决一组问题,或者为了一个主题共同投身或参与。[④]

"教师专业学习共同体"概念是由霍德在彼得·圣吉学习型组织理论"共同体"概念的基础上提出的,霍德将商业领域的概念引进到教育领域,是教师专业学习共同体的首倡者,并将其称之为专业学习共同体。霍德将教师专业学习共同体定义为:学校教师和管理者持续地探索并分享学习,并将所学的东西付诸实践;他们行动的目的是

---

① 陈向明.从教师"专业发展"到教师"专业学习"[J].教育发展研究,2013(08):1—7.
② 陈晓端,任宝贵.当代西方教师专业学习共同体的理论与实践[J].当代教师教育,2011(01):19—25.
③ 胡鸿保,姜振华.从"社区"的词语历程看一个社会学概念内涵的演化[J].学术论坛,2002(5):123—126.
④ 辛涛,申继亮,林崇德.教师自我效能感与学校因素关系的研究[J].教育研究,1994(10):16—21.

提升其作为专业人员的有效性,进而促进学生发展。①

兰·哈迪认为教师专业学习共同体是以教师自愿为前提条件,以"分享资源、技术、经验、价值观等与合作"为核心,以共同愿景为纽带把教师联结在一起,互相交流和共同学习的组织。② 麦克·施莫克认为教师专业学习共同体的核心概念是指教师小组共同研究近期的教学和学习,为改进实践而借用和产生新的观念,并将它们付诸实践,继而研究实践结果以确保学生的学习。③ 布朗认为教师专业学习共同体是在共同愿景之下的教师合作力量和智慧,以追求持续的进步。④ 杜富尔认为教师专业学习共同体是一种强有力的合作方式,深刻影响教学实践,但是启动和维持这个概念需要艰苦的工作,它要求学校工作人员专注于学习而不是教学,在与学习相关事情上合作工作,并对持续改进的结果负责。⑤

国内学者认为所谓学习共同体,是指"由学习者及其助学者共同构成的团体,他们彼此之间经常在学习过程中进行沟通、交流,分享各种学习资源,共同完成一定的学习任务,因而在成员之间形成了相互影响、相互促进的人际关系"。⑥ 教师专业学习共同体不是一个教师的科层组织,而是教师在教育教学活动和日常生活中因共同发展取向而生成的一种互相开放、信赖、支援性的合作团体,并致力于建立一种合作、探究、反思的教师群体文化。教师专业学习共同体合作文化是教师在教育教学活动中形成与发展起来的一种职业群体的思维方式、价值取向与行为规范的综合反映。⑦

国内外不同学者虽然对教师专业学习共同体的定义各异,但是都对教师专业学习共同体的意义和价值予以了肯定,认为教师专业学习共同体是由教师组成的群体性组织,在该组织内教师们有着共同的追求,通过不同的方式,大家共同学习和研究,做到资源共享、合作互助、解决实际问题,从而促进自身的专业成长和教育教学实践的

---

① Hord, S.M. Professional Learning Communities: Communities of Continuous Inquiry and Improvement [R]. Southwest Educational Development Laboratory. https://www.doc88.com/p-9791508785937.html.

② Hardy, I. The Basics of a Teacher Professional Learning Community [EB/OL]. http://www.aare.edu.au/data/publications/2002/har02149.pdf.

③ Schmoker, M. What Money Can't Buy: Powerful, Overlooked Opportunities for Learning [J]. The Phi Delta Kappan, 2009(7), 524 – 527.

④ Brown, M.W. The Teacher Tool Relationship: Theorizing the Design and Use of Curriculum Materials [C]//Mathematics teachers at work [M]. Routledge, 2009, 37 – 56.

⑤ DuFour, R. Professional Learning Communities: A Bandwagon, an Idea Worth Considering, or Our Best Hope for High Levels of Learning?. Middle School Journal, 2007(1), 4 – 8.

⑥ 李冰. 基于教师学习共同体的校本培训新方式[J]. 中国教师,2008(3):51—52.

⑦ 辛涛,申继亮,林崇德. 教师自我效能感与学校因素关系的研究[J]. 教育研究,1994(10):16—21.

发展。

三、教师专业学习共同体的影响因素

教师专业学习共同体的成功实践受诸多因素影响,学者们从不同角度阐释了成功教师专业学习共同体具备的特征,归纳起来主要有以下几个方面。

第一,学校行政管理者共享和支持性的领导。伊克等指出当一个学校变为专业学习共同体时,发生的最基础转变之一是看待教师的方式,在传统学校中行政人员被看作学校领导者,教师被看作执行者或追随者。在专业学习共同体中行政人员被看作"领导者的领导者"。因此,教师专业学习共同体受到学校管理者管理理念的影响,学校行政管理者需要提供共享和支持性的领导来支持教师专业学习共同体的构建。

第二,帮助教师建立共同的价值观和愿景。共同的价值观和愿景是由全体成员通过协商共同创造的。深入人心的共同愿景可以把所有成员凝聚在一起,使他们共同学习。帮助教师建立共同的价值观和愿景并非由学校领导简单地宣布一个愿景并把它强加给所有成员,而应是引导教师对指导原则作出集体承诺,让全体教师明确应相信什么、应努力创造什么。唯有如此,才能让教师专业学习共同体的愿景和价值观得到全体成员的广泛认可,进而产生推动学校向前发展的集体力量。

第三,帮助教师树立共同合作学习的意识。传统的教师专业发展模式将教师视为独立个体,教师往往长期处于孤立、封闭的状态。教师专业学习共同体需要帮助教师树立共同合作学习的意识,不同教师间持续不断地共同学习与合作,所有成员毫无保留地质疑现状、寻求新方法、验证新方法并解决问题。因此,学校管理者应当帮助教师们充分认识到自己专业知识的价值以及在学校中与其他人一起学习的重要性,积极地与他人共同学习、共同发展,实现一种良性互动的、可持续的专业学习。

第四,提供教师共享个人实践的制度保障。在专业学习共同体中,教师们乐于邀请同事参观自己的课堂,进行观察、记笔记并讨论观察到的结果。学校管理者应当重视这类活动,通过提供制度保障、设计严谨的程序引导这种交互作用得以持续不断地进行。在评价过程中,教师专业学习共同体成员间也可能存在分歧,但是他们能够开诚布公地畅谈自己的看法,乐于分享成功经验与失败教训。

第五,跨界学习与多重资源的引入。研究者越来越倾向于认为,有效的教师专业学习共同体应当克服其单一性,成为一个具有多重智慧、资源的聚合体。因此,所谓的

"跨界学习"成为促进专业学习共同体有效性的重要途径之一。[①] 打破学科边界,不同学科教师实现跨学科协作;打破年级界限,不同年级教师实现跨年级协作,在更长时段内对学生有更全面了解,建构对学科教学的"长程设计"和"分段实施"的"整体—局部观";打破专业边界,不同专业从业者实现跨界协作,借助思维方式、知识背景、视角方法等方面差异,开发更丰富的发展资源,实现更有效的专业学习。

四、教师专业学习共同体与教师专业能力

教师共同体是由学校推动,或是由教师自发,基于教师共同的目标和兴趣自愿组织的,旨在通过合作对话与分享性活动,促进教师专业成长的教师团体。[②] 教师共同体以促进教师专业学习为共同愿景,以教师自愿为前提,其核心理念为开放、协作、互助和发展。[③] 教师专业学习共同体是为了促进教师专业能力的提升而形成的,始于国外研究。教师专业学习共同体在实践的过程中不断得到发展和完善,在促进教师专业学习方面起到了一定的积极影响。但事物是辩证发展的,教师专业学习共同体也在一定程度上存在消极影响。

1. 积极影响

(1)打破思维局限,拓展发展空间。在教师专业学习共同体形成前,教师专业能力的发展很大程度上依托个体实践经验。个人往往受到自身思维局限的影响,无法完全意识到自身在教学育人方面的问题。教师群体可以很好地帮助教师"破局",每位教师都可以提出自己遇到的真问题,借助群体智慧,帮助教师从多维度去认识和理解问题,拥有更丰富的专业知识和开阔的教育视野。

(2)激发内在动力,打造共同愿景。教师在不同职业阶段都具有专业学习的需求,但受主观和客观条件的制约,很多教师会长期处在某一阶段而无法提升,这被称为"职业瓶颈期",自身失去了发展的主观能动性。在教师专业学习共同体中,教师间可以互相监督,帮助自身克服职业惰性。教师专业学习共同体虽是松散性组织,但却可以将具有发展意愿的教师集合在一起,规划共同发展愿景。

(3)增强互助精神,形成合作文化。教师合作文化建设是从教师共同的教学与科

———————————

① 孙元涛. 教师专业学习共同体:理念、原则与策略[J]. 教育发展研究,2011(22):52—57.

② 王天晓,李敏. 教师共同体的特点及意义探析[J]. 教育理论与实践,2014(8):25—27.

③ 宋婷,王彦飞. 教师共同体功能探析[J]. 内蒙古师范大学学报(教育科学版),2010(1):70—71.

研发展需求出发,自发形成一种开放协作的氛围,体现教师相同的教学理念和科研精神。① 建设教师合作文化的目的在于鼓励教师间的沟通和交流,促使教师间教学技能和专长的分享,培养教师团队成员间的合作情感。② 在教师专业学习共同体中,教师间往往需要分工合作,比如课件开发、课堂观察、案例分析、问题讨论、经验总结、同伴评价等,这些都需要教师具有互助精神,让自己与同伴间形成互相成就的合作关系。

2. 消极影响

(1) 难以做出科学有效的评价。在教师专业学习共同体中,智慧的结晶往往是群体共同努力的结果,对团体中每个个体的努力难以进行十分客观科学的量化评价,这容易导致一些教师坐享其成、不劳而获,或让一些在共同体中真正努力付出的教师对投入产出比有不满情绪,最终可能会影响到教师专业学习共同体的稳定持久发展。

(2) 难以保证个人获得感的平衡。在教师专业学习共同体中,每位教师的专业水平不同,共同体的学习形式和内容很难与每一位教师的认知能力和素养相匹配,有可能导致一部分教师认为所学东西在自己建构的知识体系中,缺乏获得新知的满足感和提升感,还有一部分教师可能会认为所学内容难度过高,占用自身太多时间和精力,而又不知如何将其应用到教育教学实践中。

教师专业化经历了一个不断发展的过程,20 世纪以后开始了真正的专业化道路。20 世纪 60 年代中期,许多国家对教师质量的要求提高,对教师能力和素质的注重程度空前高涨。20 世纪 80 年代以来,教师专业化已经是时代的潮流,是世界大势所趋。许多国家都注重教师专业化发展,认识到教师是教育教学的专家,是具有专业水平的,在专业上是不可替代的。教师专业学习不是单一学科知识的发展,教师专业学习指的是教师以自身专业素质包括知识、技能和情意等方面的提高与完善为基础的专业成长、专业成熟过程,是由非专业人员转向专业人员的过程③。教师学习共同体是能够促进教师专业化发展的重要理论之一。学校应该在深入学习该理论、理解其内涵和外延的基础上,在实践中采取科学方法加以应用,组建有效的教师团体组织形式,借助群体的力量推动每一位教师专业化水平共同提高。

---

① 时长江,陈仁涛,罗许成.专业学习共同体与教师合作文化[J].教育发展研究,2007(22):76—79.

② Leo.T, &·Cowan, D. Launching Professional Learning Communities: Beginning Actions [J]. Issues about Change, 2000(1):23 - 29.

③ 朱新卓.“教师专业发展”观批判[J].教育理论实践.2002(08):32—36.

第二节 "定制式"工作坊的内涵与本质

校本教师专业学习作为近年来教育理论界和实践界广为关注和采纳的一种教师专业学习模式在实践中取得了良好的效果。上海市甘泉外国语中学(以下简称"甘外")历来注重教师的专业学习,在多年的教师专业学习模式的实践过程中,我们意识到满足教师的个性化学习需求十分必要,有利于切实解决实践中的真问题,促进教师实现专业学习目标。为此,甘外采取了校本研修的方式,以"定制式"工作坊为载体,为教师提供"量身定做"的专业学习支持和帮助。

一、工作坊的内涵与本质

"工作坊"(workshop)一词是一个舶来词,最早出现在教育与心理学的研究领域之中,指早期的学徒制实践场所。1960年美国著名的景观设计师劳伦斯·哈普林(Lawence Harplin)则将"工作坊"的概念引用到"都市计划"之中,成为可以提供各种不同立场、族群的人们思考、探讨、相互交流的一种方式,甚至在讨论"都市计划"或是讨论社区环境议题时成为一种鼓励参与、创新以及找出解决对策的手法。"工作坊"是一个由多人共同参与对话沟通、共同思考、进行调查与分析、提出方案或规划,并一起讨论如何推动这个方案,甚至付诸实际行动的场域与过程。

教师工作坊的概念是从"工作坊"衍生出来的。教师工作坊由坊主、辅导教师、观察教师和被观察教师四种角色组成,其理论基础是社会学家勒温所创建的团体动力学,其优点是有利于知识交互和同伴互助。教师工作坊以研修项目为载体,人员组成超越了学校的单科教研组,学习内容超越了单纯理论的抽象学习,学习形式超越了单向的灌输式培训,弱化了思想者和实践者之间泾渭分明的界限,所有的参与者都既是实践者也是思想者,打破了封闭群体的单向交流模式,有助于营建开放融合的学习共同体。

教师学习共同体指一群人以持续的、反思的、合作的、包罗广泛的、学习导向的、促进成长的方式共享和批判性地质疑自身的实践[①]。它由五个要素构成:共同体共享的价值观和愿景、共享的领导(教师也作为领导者)、集体学习、支持性条件、同侪互助。

---

① Stoll, L., Bolam, R., McMahon, A., et al. Professional Learning Communities: A Review of The Literature [J]. Journal of Educational Change, 2006(6):221-258.

工作坊正符合教师学习共同体的定义和组成元素,工作坊成员有相同或类似的发展目标,教师在坊内也享有领导的权限,可以带动组内教师共同研讨、交流和分享。工作坊内教师们以团队形式合作学习,学校提供物质、人力方面的资源支持,坊内成员之间互相帮助,共同进步。教师工作坊可以看作是教师学习共同体一种有效的组织形式或表现形态。

二、"定制式"工作坊的内涵与特征

1. "定制式"工作坊内涵

教师工作坊固然打破了封闭群体的单向交流模式,有助于知识交换和同伴互助,但并没有基于教师的需求进行学习内容设计,教师不能根据自身需要自主选择学习内容,进而满足其个性化学习需求,这在一定程度上抑制了教师主体性的发挥。因此,为了满足教师的个性化学习需求,更好地促进教师的专业学习,我们采取了"定制式"教师工作坊这一研修模式。所谓"定制式"教师工作坊,就是在结合甘外实际和特色的基础上,以"工作坊"形式为载体,以教师团体为依托,采用跨学科校本研修方式,为教师打造"量身定做"的研修方案。学校发布工作坊信息,教师可以根据自己的职业发展规划、兴趣志向等自主选择申报工作坊。工作坊以一线教育教学实际问题为研修主题,以每一位教师个体的发展需求为指向,通过理论研读、交流讨论、行动研究、专家指导、外出学习、情境模拟等方式借助团体力量形成有效的问题解决策略,助推教师个性化专业化成长。"定制式"工作坊不是采取"一刀切"的培训方式,而是在充分尊重教师意愿和要求的基础上,为教师提供专属的职业发展进阶路径和帮助,关注每一位教师的发展诉求,是对校本研修具体形式和内容的创新和发展。

2. "定制式"工作坊特征

工作坊以教师学习共同体为理论依托,教师工作坊从工作坊演变发展而来,"定制式"工作坊是教师工作坊的一种有效形式,因而"定制式"工作坊从根源上讲,也是以教师学习共同体理论为基础,"定制式"工作坊在特征上体现出教师学习共同体的五大要素,即"共同体共享的价值观和愿景、共享的领导(教师也作为领导者)、集体学习、支持性条件、同侪互助"。

(1)自主性。"定制式"工作坊具有自主性特征,这和教师学习共同体的构成要素之一"共同体共享的价值观和愿景"相符合。加入工作坊对教师而言不是强制的,更不是硬性要求,而是在充分考虑教师自身发展需求的基础上,本着自主自愿的原则,给予教师充分的选择权。甘外设立了德育管理类、特色学科与领域类、创新研究类三大类二十多个工作坊,教师可以在详细了解工作坊运行机制、研修形式和内容的基础上做出自主选择,这是对自身未来发展方向的理性认知。

（2）个性化。"定制式"工作坊具有个性化特征,这和教师学习共同体的构成要素之一"共享的领导（教师也作为领导者）"相符合。所谓"定制式"工作坊,就是为教师"量身定做"的校本研修方案,让教师的学习模式不再是"一刀切",而是把每一位教师都放在重要的位置,关注到教师不同的能力水平和发展需求,帮助教师发挥自身的特点和长处,让研修过程凸显个性化特质。大家通过著作阅读、案例分析、公开课试讲、信息技术模拟等多种方式,分工合作,发挥各自所长,帮助组内教师成长的同时也增加了自身的理论知识积累,提高了处理现实问题的水平,锻炼了团队合作能力,教师的个性化发展需求得以满足。

（3）跨学科。"定制式"工作坊具有跨学科特征,这和教师学习共同体的构成要素"集体学习""同侪互助"相符合。工作坊的成员并非来自单一学科,而是由多个学科的教师共同组成。我们常常可以看到各种"混搭",在传统意义上关联不到一起的学科教师,在这里成了相互交流的好搭档。艺术教师也可以参与到机器人的开发中,让课程设计更加具有美感;体育教师也可以将 VR 技术应用在教学中,让体育指导更加高效规范;数学教师可以用英语讲解试题,国际化理念渗透在学生的日常学习中……在互相学习中,拓展了教师的眼界,也优化了教师自身的思维方式。

（4）情境性。"定制式"工作坊具有情境性特征,和教师学习共同体的构成要素"支持性条件""同侪互助"相符合。"定制式"工作坊,通过多种方式设置情境,将这一方法和教师的专业学习相结合。在工作坊内,教师通过人工模拟真实教学情境,对如何将教学理论和方法转化为实践进行探究。或是借助 VR 技术模拟教学场景,让教师有一种身临其境的感受,避免在实际教学中出现问题。教师们以共同体的形式,在一定的教学背景下,进行讨论,各抒己见,从多个角度分析教学场景的各个元素,让每位教师都能以更多元的视角看待问题,将知识学习与现实生活联系在一起,理解事物内在运行规律。

三、"定制式"工作坊与校本研修

校本研修是促进教师专业学习的重要方式。各所学校都在探索符合自身办学特色、能够满足教师需求、高效提升师资力量的校本研修模式、策略、路径等内容,比如有

"主题式""伙伴式""互助式"校本研修等。简而言之,校本研修是以校为本促进教师专业学习的一种形式,与校本培训、校本教研等形式既有联系又有不同,但都在不同程度上对教师的专业成长有着促进作用。甘外"定制式"工作坊即是采用了校本研修的方式,符合校本研修"重研"特征,有利于解决校本研修存在问题,能够较好地回应校本研修中跨学科素养培育的需求。

1. 符合校本研修"重研"特征

甘外"定制式"工作坊是校本研修的一种表现形式,符合校本研修注重教师进行自主研究的特征,与校本教研、校本培训的定位导向有较大不同。

校本培训突出"训"这一特质,更多的是从上到下的指令型推进,教师是被动接受的个体。校本教研覆盖范围较小,重在"教"这一内容,是通过共同研讨等形式促进教学水平的提升。校本研修是对前面两者的继承与发展,更突出了教师作为研究者的角色,研究内容来自教育教学实际问题和教师自身需求,突出了教师的自主性。可以说,校本研修是在校本教研、校本培训的基础上提炼出的更为贴近教师专业学习实际的培训方式,突出了校本、教师群体互助以及教师个性化成长等要素。校本研修关注的并非是宏观层面的一般问题,而是学校管理者和教师日常遇到的和亟待解决的实践问题。校本研修以促进学校教师发展、改进学校课程与教学、提升办学质量为主要目标。

甘外"定制式"工作坊正符合校本研修"重研"特性,在研究内容确定、研究过程推进和研究结果应用等方面都是以教师为主体。在研究过程中,突出专家引领、同伴互助、个人反思等要素。比起校本培训和校本教研,校本研修的形式更丰富,内容更贴近"一线"实际,更加强调教师的自主性、探究性和创造性。"定制式"工作坊中的坊员在坊主带领下选择共同的培训主题,通过讨论将主题转化为项目,以项目式研究的方式开展培训。与此同时,"定制式"工作坊关注教师个性化、多元化研修需要,有针对性地开展校本研修,以项目式研究为载体,以课堂教学为主阵地,以行动研究为杠杆,通过多样化的活动方式,进行坊内思维碰撞、头脑风暴,开展伙伴式共享学习,合作研究,梳理阶段性成果。

2. 解决校本研修"四缺"问题

甘外在多年教师专业学习研修的实践过程中,不断总结、思考、行动、改进,最终选定采取了"定制式"工作坊作为校本研修模式。"定制式"工作坊是校本研修的一种载体,其内部形成了一套独特的校本研修模式。"定制式"工作坊具有因地制宜性,符合甘外作为上海市特色普通高中的发展实践,也适应于甘外教师个性化发展的实际需要。"定制式"工作坊能够解决校本研修中存在的一系列问题,诸如缺乏针对性、选择性、典型性和本体性等。

(1)缺乏针对性。不同发展阶段的教师需求不一样,有的追求教学技艺的提升,有的希望深化教学理论的学习,有的想要撰写出优质的文章等。因此,教师人才的培养不能"一刀切",培训内容要有针对性。"定制式"工作坊从教师的需求点出发,针对教师在现实中遇到的问题开展研修,在一一破解教师困惑的过程中,帮助教师实现自我发展的目标。

(2)缺乏选择性。在很多培训体系中,教师自己没有选择权。我们要给予教师选择权,灵活设置组合式的培训课程"菜单",让教师能结合自身需求,自由选择需要的课程,不让教师处于一种被动学习的状态。"定制式"工作坊让教师有选择的自由,选择加入何种工作坊、在工作坊中研修什么内容、采取什么研修形式,教师均在很大程度上拥有发言权和决定权。

(3)缺乏典型性。培训内容应更多地来自一线典型案例,培训方式要更多采用叙事性,而非理论性。一线教师更希望学到实践经验和优秀成果,能直接解决真实问题,达到"药到病除"的效果。"定制式"工作坊内以教师为主体,鼓励教师个人分享自身经历的关键教育事件,大家共同从中汲取经验和教训,应用在实践中并加以检验和完善。

(4)缺乏本体性。培训内容应该主要立足于解读学科本体知识,在本体基础上进行教育规律的深度挖掘,而非仅仅灌输一些宏观政策、理念等。"定制式"工作坊的重要研修内容之一就是帮助教师从多角度解读学科本体知识,让教师"知其然",更"知其所以然",促进教师学科专业能力的提高。

3. 回应校本研修"跨科"需求

现代科学技术迅猛发展,很多科学成果的获得都是多学科的专家在学科边缘领域不断探索的结果。跨学科知识的综合应用变得越来越重要,这是人类进步、社会发展的重要保证。教会学生考取高分并不是最终目的,教育工作者要教会学生"活学活用"知识,综合应用知识来解决现实问题。教师在培养学生时,要帮助学生树立跨学科意识,锻炼其跨学科处理问题的能力。为了能够教育好学生,教师首先要具备优秀的跨学科素养。因此,提高教师的跨学科素养已然成为各所学校的普遍需求,亟须在校本研修中融入跨学科元素,帮助教师丰富知识、开阔眼界、加强合作,在提升教师跨学科素养的同时,最终指向促进学生的发展。

甘外"定制式"工作坊突破传统培训思维模式的局限,它是从以单一学科为组织单位的固有模式向跨学科模式过渡的一种校本研修方式,打破了学科界限,有助于增进教师间的相互沟通、交流,最大限度地利用教学资源,整体优化教学方法,形成不同学科间的优势互补,实现各学科已有教学方式方法间的大融合。在促进教师专业学习的同时,转变教师的教学观念和行为方式,拓宽教师的知识架构,培养各学科教师间的团队合作精神。"定制式"工作坊这一校本研修方式具有鲜明的跨学科性,在以项目式研修形式满足教师个性化、多元化发展需求的同时,旨在从整体上提高全校教师的跨学科素养,帮助教师树立跨学科理念,了解跨学科理论和知识,并在实践中锻炼教师的跨学科素养。

第三节 "定制式"工作坊的理论基础

"定制式"工作坊以教师专业学习共同体为理论根基。"定制式"工作坊的组建原则、运行机制、目标设定、行政支持、评价方案等内容均围绕该理论展开。为了能够更深入地理解教师专业学习共同体这一理论,进而更高效地组建和发展"定制式"工作坊,我们不仅需要了解教师学习共同体这一理论的内涵和构成要素等内容,而且需要对教师专业学习共同体的理论来源进行深入学习,这样才能站在高处全面详细地认识该理论的精髓所在。经过研究发现,教师专业学习共同体的理论来源可以归纳为三点,即团体动力学理论、问题驱动理论和人本主义理论。这三大理论都为后续"定制式"工作坊的形成和运行产生了积极影响,教师集体共同学习、研讨机制,营造出了同伴相互支撑、督促、鼓励的良好氛围,每个教师都能产生一种对团队的归属感和认同感,增强了教师群体的向心力和凝聚力。教师的认知水平、研究意识和专业能力也随之不断提升,能够随时留意观察教育教学现象,敏锐地发现并提出教育问题,大胆地探寻问题解决方法。总之,教师在专业学习过程中获得了来自"定制式"工作坊这一共同体的强有力支持,每一位教师都能在合作中共赢,一同推动学校和学生的高质量发展。下面我们对该三大理论进行简要阐释,并说明其与"定制式"工作坊的关联所在。

一、团体动力学理论

"团体动力学"这一概念,由美国心理学家勒温在 1939 年发表的《社会空间实验》中首次提出,旨在分析"团体"中各类要素的运行规律、交互作用以及团体对个体的行为影响,团体内聚力、团体压力与团体标准、个人动机和团体目标、领导与团体性能和团体的结构性构成了团体动力学基本理论的主要内容。[①] 而在这五大要素中作为团体"精神"的内聚力是影响团体成员的最本质因素。团体的本质在于团体成员之间的相互依存与相互促进,而不是团体成员之间的相似性或者差别。

团体动力学把团体作为一种心理学的有机整体,它从整体的视角出发来研究团体与个体的行为,在这种整体水平上探求团体行为或人的社会行为的潜在动力,探索团体中各类要素的交互作用以及团体对个体的行为影响,即通过对团体的动态分析来发现处于团体中的个体或者团体本身的行为规律。团体动力学针对的对象不是单一的个体,也不是以团体机制研究来代替对某一个体心理的分析,而是利用个体与团体机制进行相互结合的方式,进一步探索个体以及团体的发展规律。以此理论观点为基础,团体动力学的研究集中于两个方面:第一个方面主要研究团体特征,包括团体性质、状态、结构、目标、凝聚力、压力等;第二个方面主要研究关系,即团体与个人的关系、团体与团体的关系、团体成员之间的相互关系、领导方式与团体的关系等。[②]

团体动力学是教师学习共同体的理论基础之一。霍德常用"合作探究,交流共享"来描述教师学习共同体的一般特性,对教师学习的研究并不仅仅局限在个体认知的范畴,而是延展到了社会互动的变化。教师学习不仅要关注个体的"思维""反思"和"理解",更要关注人际互动和集体合作。霍德认为,教师学习共同体的成员在学习型组织中以互动和谈话的方式深入学习,从而获得在集体学习中的益处。教师学习共同体能为教师相互交流、合作、互动提供良好的学习情境,营造教师知识共享的文化;从知识获得的角度而言,教师学习共同体中的教师是在与他人的对话、反思中建构知识。[③]这些对教师学习共同体的认识都充分体现了团体动力学的理论观点。人是社会中的人,不能脱离社会而存在,人的知识也是在社会中得以建构的。团体成员之间共同学习、彼此协作、相互影响有助于激发个人成长的内驱力。但并不是所有的团体都能够对个人的发展起到促进作用,所以我们要关注如何发挥团体的作用来激发个人学习动力。这就必须结合团体动力学理论知识。因而,以团体动力学为基础,能够更好地构建起积极、高效的教师学习共同体。

---

① 刘景. 从勒温的团体动力学浅谈高校宿舍文化建设[J]. 武汉职业技术学院学报,2019(4):61—64.
② 包伟哲. 团体动力学视域下思想政治理论课师生互动关系研究[D]. 北方工业大学,2019.
③ 毛菊. 当代西方教师学习理论研究[M]. 北京师范大学出版社,2019.

"定制式"工作坊正是运用了团体动力学理论,通过营造交流共享的空间,利用团体成员间的互动促进共同成长。以团体为驱动力量,注重激发每一个教师的主观能动性,让其能够不断突破自我,追求更高的专业能力水平。甘外"定制式"工作坊这一团体的结构特点是由团体成员之间的相互关系所直接决定的,与成员个体的特质没有直接联系,是通过对教师个体行为与思想的影响,改善团体的整体活力,进而提升校本研修效率。依据团体动力学理论,坊主带领坊员组成了一个吸引力大,团体目标认同度高的组织形式,坊主与坊员间因共同需求而建立了内在联结。工作坊的每一次活动都以坊主与坊员之间的共同目标、共同信念为基础和依托,其中蕴含了群体的教育教学智慧和人与人之间的情感沟通。对团体共同目标达成度的评价更多地体现为对目标的发展与促进。在团队激励作用下,通过个人主动发展促进团队的整体发展,在满足教师个体发展需要的同时,全面提升教师队伍的综合素养。"定制式"工作坊的搭建除了提升教师个人的学习内驱力之外,教师之间构成一个紧密结合的团队,成员之间横向交流与分享,形成相互激励、相互帮助和共同提高的团队关系。

二、问题驱动理论

　　"问题驱动"最早起源于20世纪50年代的McMaster医科大学的医学教育,该校在采用以"问题"驱动教学模式之后,教学效果显著提高,从而引起了社会的广泛关注[①]。问题驱动教学法即基于问题的教学方法(Problem-Based Learning, PBL),这种方法不像传统教学那样先学习理论知识再解决问题。关于问题驱动的具体定义学界各有所见。具体而言,可以理解为"问题驱动是指在教学过程中,教学内容被隐含在每个问题里,在问题的生成和被解决的过程中发散学生思维,以改变旧时填鸭式的教学,真正体现了学生的自主学习,培养学生的综合学习能力"[②],"问题驱动就是通过设置问题情境,将学习内容变为一系列的问题,通过问题的层层推进,使学习过程不断进行,最终达到学习目标为止"[③]等。问题驱动法简单地说,就是以问题为驱动,以学习者为主体,通过设置情境的方式,围绕问题进行学习和探究,寻求问题答案或解决方法。

① 沈娅.初中数学问题驱动式教学中教师提问的策略研究[D].重庆师范大学,2018.
② 周勰.问题驱动:激活教与学[J].伊犁日报(汉),2007,11.
③ 陈睿."问题驱动"外语教学模式的设计与思考[J].阜阳师范学院学报(社会科学版),2007(02):114—115.

心理学研究一再表明,学习者的思维总是由问题开始,并在解决问题的过程中使能力得到提高①。问题驱动教学法符合这一研究结论,正因为有着对问题答案的求知欲,所以学习者更有探寻获得新知的内驱力。从教学过程的实施来看,问题驱动式教学可看作传统教学的逆过程。其教学效果也优于传统教学,能够提高学生学习的主动性与在教学过程中的参与度②。问题驱动教学法实施的关键在于设计有效的驱动问题③。"问题驱动是在学习者学习知识时,将内容以问题的形式呈现,学习者那种想要寻求问题答案的欲望进而会产生一种学习期待,从而激发学习者学习的动力"。问题驱动式学习有利于激发学习者参与的热情和主动性,愿意充分唤起自己的思维潜能寻找解决问题的方法和答案。教师在专业学习的过程中也是学习者,也同样适用于问题驱动理论。

在教师专业学习过程中,处于舒适地带的个体常常不愿意改变自己习惯的观念和行为方式,自然就会抑制质疑、反思和真正地学习。④ 教师学习共同体就是要让教师、管理者、整个组织摆脱安于现状、停滞不前的状态,能够在发展的不同阶段敏锐地挖掘出存在的问题,寻找到需要弥补的不足和进取的方向。正如彼得·圣吉所认为的"一个学习型共同体需要具有不断与自我相比的意识,在追求进步与卓越中成长;组织需要革新已经成型的惯性思维方式和突破已经定性的发展模式的意识"。⑤ 为此,教师学习共同体成员需要具有问题意识,以问题为驱动,在不断发现、思考、解决、反思、总结问题的过程中,实现持续的突破、创新和发展。问题驱动理论是教师学习共同体能够保持常青、永续前行的推动力来源和基础。

"定制式"工作坊正是以这一理论为基础,鼓励教师以善于发现的眼睛去观察教育教学现象,挖掘一线教育教学实践中的真问题,在工作坊内提出自己的困惑和假设。面对棘手的问题,很多教师选择逃避或是畏惧,比如直接视而不见,或是觉得问题难以解决而不了了之。工作坊鼓励教师树立问题即课题的意识,大胆地发现、面对、研究真问题。以团队研修的方式,共同学习相关理论知识、共同讨论解决方法、开展实践尝试,在实践中不断修正已有方案,经过再实践、再思考、再修正的循环往复螺旋上升的

① 白雪菲.问题驱动教学法的应用技巧和方法:以"多变的价格"一课为例[J].中学政治教学参考,2015(03):42—44.
② 赵爱杰.高中数学教学中问题驱动式教学法的应用分析[J].俏丽,2024(9):79—81.
③ 胡端平,李小刚,杨向辉.问题驱动教学法的研究与实践[J].高等数学研究,2013(01):80—82.
④ 毛菊.当代西方教师学习理论研究[M].北京:北京师范大学出版社,2019.
⑤ 毛菊.当代西方教师学习理论研究[M].北京:北京师范大学出版社,2019.

过程,教师找到更适合的问题解决方法,获得专业上的提升。教师所探究的问题并不是外在强加赋予的,而是自己在现实中面临的且亟待解决的问题,所以教师更加具有学习的积极性、自主性和能动性。在探寻过程中,教师所学习到的研究方法、思维方式以及最后形成的解决策略都会内化到教师已有的知识框架中,帮助教师建立更完善的知识体系,提高行动研究能力和教育教学素养,树立终身学习的理念,获得长足的发展。

三、人本主义理论

人本主义心理学兴起于 20 世纪 50 年代,在此基础上建立了人本主义学习理论,主要代表人物有马斯洛和罗杰斯。马斯洛认为"人类行为的心理驱力是人的需要",将其分为两大类、七个层次,即为层次需求理论,其中最高层次的需要即为自我实现需要,正是由于人有自我实现需要,人的学习愿望才得以保持,学习行为才得以延续[1]。罗杰斯则认为,"人类有一种天生的自我实现的动机,即人类具有天生的学习愿望和潜能,当学生了解到学习内容与自身需要相关时,最容易激发学生的学习积极性,从而促使学生更好地学习"[2]。人本主义心理学之所以被称为人本主义,就是因为它自始至终把人、把人的尊严和自由放在核心位置上,认为"生活的目的就是用你的人生去实现你所信仰的事情,无论是自我发展还是别的价值"[3]。

人本主义心理学对人性持乐观肯定的态度,强调人的自主性,认为"生活的目的就是用你的人生去实现你所信仰的事情,无论是自我发展还是别的价值"。[4] 罗杰斯提出,"以人为中心"的非指导性心理咨询疗法在教育领域的应用。他认为要以人性为本位,关注人的心理调适、尊严态度和生存状态。他批判以传授事实性知识为主的传统教育,主张教育应以促进学习者的自我实现为宗旨,强调学习者内在的学习动力,关注学习者的心理和精神健康发展。[5] 人本主义相信人的潜能,认为"个体在他们自身内部就有巨大资源,如果能提供一定的具有推动作用的心理气氛,那么这些资源就能被开发"。[6] 人本主义重视学习过程中学习者的价值、尊严和创造力,强调以学习者为中

① 戴维·霍瑟萨尔. 心理学史[M]. 郭本禹,等,译. 北京:人民邮电出版社,2011.
② 卡巴尼斯,等. 心理动力学疗法[M]. 徐玥,译. 北京:中国轻工业出版社,2012.
③ Buhler, C. Basic Theoretical Concepts of Humanistic Psychology [J]. American Psychologist. 1971.
④ Buhler, C. Basic Theoretical Concepts of Humanistic Psychology [J]. American Psychologist. 1971.
⑤ 曾德琪. 罗杰斯的人本主义教育思想探索[J]. 四川师范大学学报(社会科学版),2003(01):43—48.
⑥ 钟启泉. 美国教学论流派[M]. 西安:陕西人民教育出版社,1993.

心来构建学习情境。① 总而言之,人本主义理论致力于帮助"人尽其所能成为最好的人"②。

　　教师学习共同体强调组织成员间的"合议关系"。"合议关系"具有平等和开放的特质。平等体现在成员间以意气相投为前提,大家彼此尊重,是平等、互助、合作的关系。"开放"体现在和周围人和事的关系上,每个人都享有发表言论的自由,他们乐于分享彼此的观点,也愿意理解、倾听他人的观点,接受他人的批评和认识,能够毫无保留地为了达成"自我实现"的共同愿景而彼此支持。开放的背后是对人的良师益友型的"爱"。③ 正是因为这种"合议"关系,才能够做到"教育者都会谈论教育教学实践;教育者共享专业知识;教育者彼此观察他们所参与的教学实践;教育者支持彼此的成功"。④ 这些都符合人本主义理论的主要观点,始终关注人的发展,重视人的尊严、保护人的自由,时刻以人为本,创造各种条件帮助个体发挥出最大能动性,以人的自我实现为最终指向。

　　"定制式"工作坊注重营造一种以人为本,合作互助,平等交流的学习氛围,关注每一位教师的独特价值和专业学习,不囿于权威和教条的框架。甘外努力探寻行之有效的教师成长策略,不以行政力量干涉专业问题的学习,鼓励每一位教师独立思考,发挥主观能动性。虽然在工作坊内有坊主和坊员之分,但是坊主更多的是起到组织、协调、引导的作用,努力创造更好的条件让教师可以针对具体问题展开讨论。工作坊会定期邀请专家进行指导,工作坊成员可以针对专家意见有理有据地表达自己的见解。教师们不盲从、不迷信权威,而是在充分尊重彼此的前提下,在实践调查的基础上合理地阐述自己的意见,在不断地克服困难,达到新的目标的过程中实现自己的蜕变和成长,彰显教师个体的自主性和独创性。"定制式"工作坊通过人本主义理念,激发教师发展的内驱力,让每一位教师都能感受到自身努力的意义。我们共同追求的目标是探寻科学合理的问题解决策略,促进学生德、智、体、美、劳全面发展,同时发挥个人的社会价值,满足自我实现需要,获得专业成长的成就感和喜悦感。

---

① 覃进标. 对《公安学基础理论》课程教学若干问题的探讨:以人本主义学习理论为视角[J]. 教育教学论坛, 2012(10):237—239.

② 戈布尔. 第三思潮:马斯洛心理学[M]. 吕明、陈红雯,译. 上海:上海译文出版社,1987.

③ 毛菊. 当代西方教师学习理论研究[M]. 北京:北京师范大学出版社,2019.

④ Barth, R.S. Improving Relationships Within the Schoolhouse. Educational Leadership, 2006(6):10.

第二章 范式转变:"定制式"工作坊的系统设计

第一节 学校进阶式校本研修的发展回顾

校本研修是教师专业学习的重要抓手,也是学校发展的源泉。教师发展与学校发展是一种共生关系,切合校情的校本研修是学校全体教师提高教育教学能力,促进学校自我完善、自我发展、不断提高办学水平的必由之路。2000年,学校特色建设的探索开始起步,而教师队伍建设问题是学校面临的首要问题。学校针对不同发展阶段教师队伍的实际情况,开展了针对性强、实效性高的校本培训,所以我们这里谈到的教师队伍建设,它除了具备一般意义上的教师专业发展的含义,指教师个体内在专业性的提高,同时具有本校独特的教师队伍建设视角,即在学校特色高中建设语境下,关注教师内在发展需求,从教师需求出发规划和实施的学校校本研修。

学校通过开展"青蓝"工程和"529教师培养工程"(下称"529工程")两项校本培训项目,四轮滚动推进,十几年一以贯之,不断打磨,进阶升级,初步形成了有甘外特色的阶梯式校本研修模式,为学校的特色创建打造了一支优秀的教师队伍。

一、"青蓝工程"校本研修实践回顾

2003年学校正式更名为上海市甘泉外国语中学,学校发展进入上升期。学校教育质量逐年提高,师资水平有明显提升,但当时学校青年教师人数较多,比例达到70%,并且教育教学水平参差不齐,学校发展遭遇向上突破的师资瓶颈。

"青蓝工程"应运而生,"青蓝工程"是学校旨在促进青年教师专业成长的校本培训项目,即以"青蓝工作室"作为校本培训基地,将全体教师按照教龄进行分组,分为0—

3年教龄组、4—10年教龄组和11—25年教龄组,针对不同教龄以不同的主题开展不同形式的校本培训,运用各种活动形式和激励机制,聚焦内涵发展,提升教育品质,以打造教师能力为重点,关注青年教师的工作状态和精神世界,助力教师打破专业发展瓶颈,帮助他们完成角色转换,找到自身发展的突破口,缩短青年教师成材周期,实现跨越式的发展。

表2-1-1 "青蓝工程"教师培养方案

培训内容＼教师教龄	0—3年教龄	4—10年教龄	11—25年教龄
培训主题	"寻找教育的遗憾"	"抓住教育的契机"	"享受教育的幸福"
培训重点	重点是"培训",使青年教师适应教师职业,熟悉教育教学环境,提高他们的教育教学胜任度。	重点是"培养",使中青年教师对课堂教学情境和学生的反应有敏锐的洞察力和直觉思维能力,能根据课堂教学进程及学生的学习反应及时调整自己的教学设计和控制自己的教学活动。	重点是"培育",使经验型教师的教学风格更为成熟,个性更为鲜明,并向专家型教师转变,在教学策略、教育观点等理论方面有自己的独到见解,并能引领学校校本研修的方向。

"青蓝工程"追求普惠,聚焦全员。在不同教龄教师的培养方面初步积累了以下经验:开展教师校本培训前,对教师队伍进行全面诊断,探寻教师的实际需求,明晰学校教师状况与学校预定发展规划之间的差距;精心制定培训方案,方案要具体并具可操作性,同时还留有一定的弹性;重视提升教师专业学习的内驱力,调动教师参与专业学习的积极性;运用多种不同的方式、手段进行培训。此外,科学评估活动效果。其一,评估主体多元化,专家、领导、同事、学生及教师自己都是评估者。其二,不以知识的构建作为衡量青年教师专业发展的唯一标准,重视青年教师成长的内心体验、工作状态的提升与精神世界的丰富。

青蓝工作室相继编辑了《青蓝工程Ⅰ》《青蓝工程Ⅱ》和《青蓝工程Ⅲ》三本书作为校本研修教材,充实和丰富了校本研修内容;促进了青年教师良好教风、学风的形成,尤其是帮助学校建立了良好的教师学习文化,为学校后续教师的反思学习、合作学习和行动学习奠定了基础,大批的青年教师脱颖而出,快速成长,学校初步形成了有甘泉特点的培训模式。"青蓝"工程的项目成果《从新手走向专家——阶梯式校本研修的创意设计》获上海市首届学校发展创意设计一等奖。

图 2-1-1　"青蓝工程"成果《青蓝工程Ⅰ、Ⅱ和Ⅲ》公开出版

通过"青蓝工程"两轮滚动培训,我们发现,即使相同教龄的教师,个性需求也呈现出了多样性和不均衡性。所以单纯以教龄为标准对教师进行分类划分,会忽略部分教师的个性发展和内在需求。由此,学校开始思考突破教师教龄限制,从教师个性化需求出发设计新一轮校本研修项目,一方面可以满足不同教师的专业学习需要,另一方面通过培训课程的设计引导教师的专业学习方向,为学校特色发展培养亟需的学科教师、班主任队伍和行政管理团队。

二、"529 教师培养工程"校本研修实践回顾

随着新课程改革的深入推进及学校特色发展的需要,针对"青蓝工程"校本培训中凸显的问题,突破学校特色发展中缺少在市、区范围内有影响力教师的问题,亟需加强骨干教师培养,提高优化教师队伍结构,解决教师在教育教学实践中存在的重难点问题。

2010 年初学校启动了"529 工程",培训对象的层次划分从以教师教龄为依据转为以教师现有专业发展水平为依据,培训内容从关注教师的综合素质深化为关注教师的学科教学能力。以打造 5 名领军教师、20 名骨干教师、90 名特长教师为项目实施目标,对"青蓝工程"完全按照教龄划分的培训模式进行了补充和完善,教师可根据自身

情况申报不同序列。学校紧紧围绕学科教师、班主任队伍、行政管理队伍三个不同层面,对教师分层分类开展指导,将菜单式、高效率的培训服务惠及给广大教师。最终打造了学校"领军、骨干、特长、新秀"四个序列教师队伍。

表 2－1－2 "529 工程"教师培养方案

培训内容＼教师序列	领军序列	骨干序列	特长序列	新秀序列
培养对象	十年以上工作经历,高级职称;教育或教学专业功底强,教育教学效果显著;具有较强的科研意识和科研能力;近三年在教育教学方面获得较高荣誉,贡献突出的特殊人才优先考虑。	五年以上工作经历,中级或中级以上职称;教育或教学专业功底强,教育教学效果提升明显;具有一定科研意识和科研能力;近三年在教育教学方面获得过相关荣誉。	三年以上工作经历,初级或初级以上职称;学科专业知识较强,教学有特色,教育教学效果较好;具有与学校教育教学活动相关的个人特长或兴趣爱好;个人特长能在学科领域中充分体现,获校级以上荣誉者优先。	两年以上工作经历,初级职称;学科专业基础扎实,掌握本学科的教材内容和教学要求,教学效果较好;对自身的专业发展有思考、有规划、有潜能。
职责任务	带教和培养教师、引领团队专业发展,发挥核心示范作用;独立承担学校重要的教育教学、科研任务;积极承担课程建设、强势学科建设任务。	能带教和培养教师,推进团队专业发展;勇于承担学校重要的教育、教学、科研任务;积极参加校本研修课程的学习与实践。	在个人擅长的学科领域加强研究、发挥优势;胜任学科教学外,积极承担学生竞赛辅导、社团活动等,并取得一定成效;积极参加校本研修课程的学习与实践。	胜任学校的教育教学工作;教育教学中积极进取,取得一定成效;积极参加校本研修课程的学习与实践。
培训目标	培养成为市、区名师的后备人选	培养成为学校领军教师后备力量	培养成为有自身特长和特点的老师	成为学校初级教师中的佼佼者

"529 工程"在实施过程中精耕细作,形成了各序列教师相对完善的培育模式,教师的整体素质明显提高,教师的课堂教学执行力得以增强,教师专业学习能力明显提升,教师的职业生涯规划力有较大提高,教师的专业影响力不断扩大。"529 工程"实施期间,多位教师获得上海市教学能力评优一、二等奖。学校教学质量稳步上升。

学校历经两轮"青蓝工程"、两轮"529 工程"校本研修特色项目的实践与积累,形成了有甘外底色的阶梯式校本研修特色品牌。在研修方案的顶层设计上就不同于传统的校本培训,学校立足自身特色基础、梳理教师队伍现状,在研修制度上推陈出新,在研修文化上完善更新,在研修形式上大胆创新,进阶式的校本研修项目成了学校落实课程改革、推进特色可持续发展、提升教师队伍整体素质的重要保障,我校也因此被评为上海市教师专业发展示范校。

图 2-1-2 "529 工程"研修成果《从新手走向专家》姊妹篇公开出版

三、"定制式"工作坊项目的产生背景

1. 教育改革不断深化的新要求

随着科学、技术的飞速发展,以人工智能、大数据等为代表的科学技术席卷全球,教育与信息技术的融合不断深入,人类社会进入了科学时代。培养高阶能力是全球教育改革的新趋势,也是中国国家战略和个体发展的内在需求。2016 年中国学生核心发展素养内容框架出台,为学校教育变革提供了一种全新的视角,也对教师专业发展模式提出了变革的新要求。归根到底,教师核心素养的高低很大程度上决定学生核心素养培养、学习方式的转变能否真正落实,最终落脚点是教师专业发展模式的创新。优化教师校本培训的形式和内容,提升教师对学科核心素养的解读和落实能力,明确学生发展核心素养的内涵,研究学生的需求,提升教师的综合素养,使教师从理念、思

维、行为和态度等方面发生转变,才能有意识地培养学生的核心素养。

我校作为一所多语特色鲜明的外国语中学,"四有"(有国际视野、有教养、有个性、有竞争力)学生培育目标与我国学生核心素养框架不谋而合,那么现阶段如何通过全面提升教师的素养来保障学生核心素养的落地,如何加强特色师资的培养使学校在后特色时代保持特色的可持续性和稳定性,在教师校本培训的方案设计上我们还可以做哪些文章等问题值得我们思考。

2. 教师队伍建设面临的新挑战

随着教育课程改革的不断深入,教师角色的转换,教师专业化显得越来越重要。基于大数据的丰富性、课程素材灵活组合的无限生成性、学习过程结果的及时交互性、基于云功能的学习终端的互联性,要求教师从资源提供者转型为资源重组者,从知识传授者转变为问题解决引导者,从集体化教育者转变为个别化教育者。2018 年初,中共中央、国务院印发了《关于全面深化新时代教师队伍建设改革的意见》,意见指出要大力推进教师队伍建设,没有教师的质量,就没有教育的质量。教师专业化、师资高标准化已成为发展趋势。现有整齐划一的教师培训形式难以调动教师参与培训的主动性,更难以激发教师专业学习的内驱力,导致培训缺乏有效性和可持续性;信息技术手段的培训与学科专业培训各自为政,难以打破学科壁垒,教师培训难以实现培训效益的最大化。这些因素均制约了校本化教师专业学习的步伐。

学校作为教师校本研修的设计者,亟须思考如何优化教师校本研修的形式和内容,提升教师对学科核心素养的解读和落实能力,明确学生发展核心素养的内涵,研究学生的需求,提升教师的综合素养,从而更好地应对新时代人才培养的新要求。

3. 学校特色发展的新诉求

学校现有专任教师两百多人,教师队伍年轻而富有活力,教师队伍结构更优化。但教师队伍存在的不足也比较明显,高级教师比例较小,学科教学领域缺少"领军人物"。虽然通过上两轮校本研修和教学实践,教师的整体素质明显提高,优秀教师脱颖而出,课堂教学质量稳步上升,但在市、区内外有较高知名度的教师还不多;在特色普通高中建设过程中,外语、体育、艺术等传统特色学科优势明显,教师发展势头强劲,集聚了一批在市、区有影响力的教师,但非特色课程教师结合学校办学理念和办学特色,开展国家课程的校本化实施以及在学科教学中渗透文化理解教育的理念和能力有待提高。

表 2-1-3　学校师资结构(2016 年数据)

学历	研究生	本科	大专
比例	28.7%	70.3%	1%
职称	高级	一级	二级
比例	29.2%	47.5%	23.3%

2018 年 3 月,学校被正式评为上海市特色普通高中,站上市级办学平台,学校亟须打造一支与后续学校特色高位发展相匹配的特色师资队伍;亟须破解学校在特色发展的过程中遇到的难题,如特色学科教育如何有内涵地发展? 如何提升本校教师跨文化素养? 如何破解学校外语与特色学科教师发展强劲,其他学科缺乏在市、区较有影响力的领军教师等"校本"问题。为均衡学校师资队伍,提升全体教师专业素养、综合素养及落实学校特色,为学校在后特色时代的稳定、可持续发展积聚师资力量,学校迫切需要提升校本研修的有效性,探索新一轮校本研修项目的落地实施。

第二节 "定制式"工作坊的顶层设计

学校基于教育改革需要,依据自身特色发展的需要和教师队伍建设需求,开始了下一轮教师校本培训项目——"定制式"工作坊的思考与设计。作为"十三五"教师校本研修项目,学校在甘外阶梯式校本研修的经验基础上,对新一轮校本研修项目从理论基础、组织结构、设计要素等层面开展创新实践,打破传统行政力量的干预,采用分布式思维设计校本研修框架,研修模式去行政化、去中心化,形成了具有开放性和可扩展性特点的研修方式;在校本研修的组织结构上,通过工作坊外部的三大主体系统构成的网络组织结构和工作坊内部坊主、坊员和专家直接的研修关系,体现了协同视角下的多主体参与。

一、基于平等协商的分布式结构

在相当长的一段时间内,教师校本研修主流的系统架构为集中型的培训。尽管前两轮我校已经对校本研修方案进行了创新设计:按照教师不同教龄设计研修目标和研修内容;围绕学科教师、班主任队伍、行政管理队伍三个不同层面,对教师分层分类开展指导。但更多的还是自上而下的行政命令式"培训",更多的是以学科为中心人为地将教师区分类别的组织方式。这种以"中心化"为核心的培训显而易见的好处是方便操作、便于管理,但面临着两个难以避免的问题。第一,机械单一的培训方式应对不同时期、不同学科的新型问题的处理能力一定是受限的,当系统容量和处理能力要求不断提升时,中心化系统的能力不可能得以有效与迅速地扩展;第二,再强大的系统也难免会出现故障,这显然不利于风险管理,更关键的是这种培训模式只能让部分教师在专业化发展上受益,难以调动大多数教师参与培训的主动性,更难以激发大多数教师专业学习的内驱力,导致培训缺乏有效性和可持续性。

本轮"定制式"工作坊教师校本研修模式力求去"中心化",采用分布式思维下的框架设计方式,坊主的选定采取校内教师自发申报的方式,不以教龄、资历作为坊主的唯一评价标准,只要符合德育管理类、特色学科类和创新研究类三类工作坊的申报要求即可申报。学校为工作坊的发展提供支持,根据主题研究成果、工作坊活动成效、成员成长情况等开展过程性与总结性评价,为每位教师个体最大限度地实现自身价值创造空间。

分布式思维框架下的研修方式具有以下两个鲜明的特色:(1)开放性:首先教龄、资历不是最终成为坊主的唯一标准,坊主也不再是通过学校行政指定,而是由广大教师评价认定。如在从教领域有丰厚经验、精湛的教学技艺;在教学领域、课程领域和所教的内容方面具备广博的知识;具备明晰的教育理念,富有创造性、开拓性、挑战性,愿意冒险,坚持学习;勇于承担个体行动的责任等,这些特征受到同事的尊重与赞誉,同事愿意推选这样的老师作为坊主带领大家开展研修。其次,坊主根据自身的教育特长、教学优势来确定工作坊的研究方向,通过双选的方式将志同道合的教师招募、组织起来,最终集成成为一个相对稳定、定向的系统,学校就是将这些小的系统集合,组装成一个大的系统——"定制式"工作坊群。(2)可扩展性:分布式思维最大的特点是可扩展性,它能够适应需求变化而扩展。分布式思维下的设计框架更有利于学校聚焦国家新时期全面育人和学校高位发展的需求,审时度势做出新的举措,以便很好地与国际、国家、市区教育变革接轨,在拓展的过程中也不突兀,反而增加了研修的厚度与深度。

二、基于协同治理的多主体参与

为更好地保障"定制式"工作坊的推进,促进教师的专业成长,工作坊教师教育共同体的构成除了由本校教师的坊主和学员本着自主自愿原则组成工作坊主体系统之外,学校特地成立了教师专业发展办公室,负责工作坊的设计与推进,并为三类工作坊聘请校外坊主团进行专业指导。学校"三部一室"四部联动,在校长室的统筹下组成行政服务系统。

(一)外部网络组织结构

1. 工作坊主体系统

工作坊主体系统由德育、特色教学、创新实践三大类工作坊群共同组成。各工作坊由坊主和组员构成。三大类工作坊群分别由教师专业发展办公室的三名核心成员进行牵头联系,便于分类服务与指导。

2. 专业支持系统

在第二轮"529 工程"项目结束后,学校就同步成立了新一轮校本研修项目小组,即教师专业发展办公室,教师专业发展办公室由学校多名领军教师、1 名专职管理人员组成专业支持系统。项目小组主要负责"定制式"工作坊的顶层设计、落地实施和全程推进;负责组建校内外专家智库、开展研修过程管理和绩效考核,搭建工作坊之间的对话平台,促进工作坊群际交流与共建。

3. 行政服务系统

由校长室负责总协调,事业发展部、人力资源部、后勤保障部和科研室四部联动,各职能部门负责人与教师专业发展办公室以及各工作坊坊主互动配合,协助各工作坊做好人员招募、组织共建,协助教师专业发展工作室做好参与人员的阶段性和终期考核,协同各工作坊开发校本研修课程,参与校本研修成效的评估,协助各工作坊开展阶段性展示与交流活动,开展多种形式的宣传与成果转化,提供必要的人力、财力、物力保障。具体分工如下:

校长室:校长室负责新一轮校本研修项目"定制式"工作坊的顶层设计、落地实施和全程推进。具体事项有:通过全校教职工大会进行校本研修前期的宣传动员工作,项目实施过程中的相关制度的制定与实施,校本研修课程中教育政策、法规的解读和宣讲等。

人力资源部:负责全校教师校本研修的组织,研修活动的策划安排,参与人员的阶段性和终期考核,参与校本研修课程开发和校本研修成效的评价等。

事业发展部:负责贯彻推进校长室关于校本研修的工作制度,如以线上线下相结合的多种形式进行宣传,组织、外请专家来校指导研修活动。

科研室:在校长室的指导下负责前期教师校本研修需求的大规模调研,撰写调研报告,参与校本研修方案的设计、项目相关文本的起草,会同其他部门开发校本研修课程及设计制定校本研修评价指标,跟进以"定制式"工作坊为研究内容的市级课题的研究工作。

后勤保障部:协同相关科室做好校本研修的物力保障工作。如活动场地的布置、活动物资的购置,配合各工作坊开展研修活动。

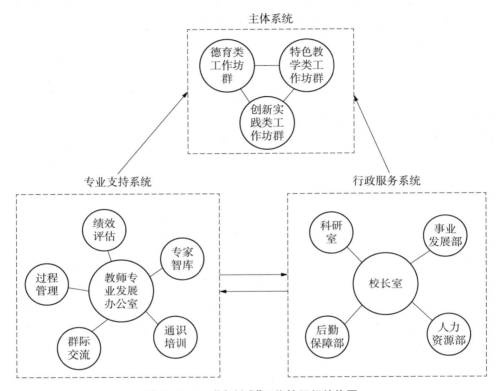

图 2 - 2 - 1 "定制式"工作坊组织结构图

这种基于教学与教育多元主体参与的研修是自主管理的物质基础,能最直接地沟通理论与实践,直接面对实际问题,具有多层面、多维度的交互作用,集中了丰富而复杂的思维交流。因而,最能引发参与者的思维积极性,促进教师的专业发展。

(二)工作坊内部研修关系

工作坊,顾名思义,打破了传统授课式的研修形式,以"学习作坊"的组织形式,通过教师自组团队,凝聚具有同样学习需求的教师团队,团队建立伊始共设团体目标,依据团体动力原理,打破学科壁垒,借助团体力量促进个体的专业成长。

本轮的"定制式"工作坊除作为学习者的教师外,还包含其他共同参与者,与学习者共同完成校本研修过程。所有成员在工作坊这个团体里有不同的任务,即劳动分工。所有成员都要遵守学校或社会的公共规则和人际关系的规约,经过教学资源或教育思想等的交互作用这一最重要的中介工具,去接近或实现既定的研修目标,并凝练出研修成果。而同一工作坊中的不同活动对象,由于对目标的具体理解,看待目标的角度,以及应该如何达到目标的看法都不尽相同,坊内成员之间通过互动和协商形成新意义的同时,成员的异质性势必会带来对现有实践积累的新质疑和新批判,并由此探索新的解决途径,使得共同体充满生机与活力。

"定制式"工作坊关注教师的内需,调动和激发教师的内在学习诉求,聚焦培育教师终身学习理念。强调教师群体成员间的相互沟通与互动合作,在共享教育教学经验的同时,促进自身的专业成长。坊主作为团体的领导者,带领本坊成员制定工作坊研修主题,确定工作坊研修形式,负责整个工作坊团队的研修活动设计、研修课程实施,承担着与专家团队的沟通、与坊员教师及时反馈的角色;教师个体参与坊内团体实践,在团体中沟通交流、发表自己的观点、分享实践经验,教师个人化的努力和个体知识在共享的过程中便会成为团体共有的实践经验和实践智慧;专家团队作为校外支持系统,有时引导,有时参与,在进行学习活动过程中,专家通过与坊主和坊员的及时沟通反馈,对工作坊的研修实践进行定期和不定期的指导与建议,为坊内成员提供所需的资源。

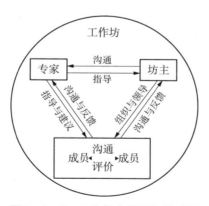

图 2 - 2 - 2　工作坊内部研修关系图

"定制式"工作坊项目是学校为呼应国家、上海市和普陀区教育改革要求和对教师队伍建设的文件精神,针对近年来国家、市级层面对学生培养目标的阐述,以及相应的对教师研修提出的新要求,结合学校在后特色时代的稳定、可持续发展需求,对新一轮校本研修项目进行的顶层设计,期望找准教师校本研修的指导方向,提升校本研修实效。学校通过构建网络化的新型组织结构释放出基层教师的发展空间,尊重个人的主动性和创造性,使师生在学校的生存方式由消极被动的适应性生存方式向积极主动、不断自我更新的发展性生存方式转化,①从而构建了一支相互引导、相互学习的团队,学校为这支团队提供尽可能多的便利,并将研修的权利分配到教师自发组织层面,既让每一位教师都有可能成为领导者,发挥教师的影响力和集体智慧,又让教师积极主动地参与到学校变革中,并有机会引领学校的变革。

第三节　"定制式"工作坊的设计要素

学校通过全校教师校本研修需求大调研,确定了将"定制式"工作坊作为本轮校本研修的载体,并着手对"定制式"工作坊的目标、内容、形式和功能等进行思考与设计,力图通过对工作坊要素的设计解决学校特色发展和教师成长过程中面临的一些问题,例如:如何发挥学校外语强势学科的师资优势以辐射全学科?培养教师跨文化素养的路径有哪些?如何拓宽学生外语学科知识学习与学科素养培育的落实途径?如何在满足教师专业学习的个体需要的同时,全面提升教师队伍的综合素养?"定制式"工作坊作为一个研修共同体,身在其中的每位教师如何在团队激励作用下,通过个人主动发展促进团队的整体发展?这一节内容将讲述学校如何通过对本轮校本研修项目的系统设计,在满足教师发展的个体需要的同时,全面提升教师队伍的综合素质。

一、调查研究

学校在上一轮校本研修项目结束后通过科研室自行编制并面向全校教师发放调查问卷,了解教师专业发展中面临的主要问题,了解教师对自身专业化校本研修的诉求和期待,目的在于通过全面、真实的调研,了解教师校本研修的真实情况,发现存在的问题,为新一轮校本研修提供可行性的方向,从而便于教师专业发展办公室更好地制定研修计划,解决教育教学实际问题,助力教师快速成长。

---

① 叶澜."新基础教育"推广性研究教师指导用书初中部分[M].上海:上海三联书店,2000:5—6.

附:教师调查问卷

上海市甘泉外国语中学教师专业发展调查问卷

尊敬的各位老师:

您好!

促进教师的专业发展,全面提高学校教学的质量,是教育人共同的愿望。为了解我校教师在专业学习方面的需要和要求,特制定此问卷。您的回答无对错之分,不作为评价您教育教学情况的依据,仅作为学校研究教师专业发展的重要依据,感谢您的配合!

个人基本情况

性别	职称	年龄	教龄	学历	任教学科	529序列

填写说明:请您在所选答案的"□"上打"√"

1. 您认为学校上一轮529教师培养工程的校本研修效果:

   □很满意 □基本满意 □不太满意

2. 您认为专业学习中阻碍您发展的主要障碍是(可多选):

   □教师评价 □培训机会少 □教师管理制度 □激励制度不完善 □没有理论的指导 □没有实践的案例 □没有实践的机会 □没有合作的氛围 □工作任务繁重,压力大

3. 在个人专业学习中,您最需要的是(可多选):

   □教育理论学习 □教师之间合作 □足够的时间和资源 □教育科研指导

4. 您最需要哪些内容的培训?(可多选)

   □教育改革理论 □信息技术 □学科发展动态 □科研论文写作 □校本问题解决

5. 您比较喜欢的培训方式(可多选):

   □理论讲授 □案例分析 □说课评课 □团队合作研讨 □专家实践指导

6. 您的带教情况是：

　　□有徒弟　　□有师傅　　□没有带教过　　□没有被带教过

7. 您认为参加此轮教师专业发展培训后您的专业水平：

　　□很大变化　　□有比较大变化　　□变化较小　　□几乎没有变化

8. 在参加校本研修后,您的专业素质变化主要有(可多选)：

　　□教育观念　　□专业知识　　□教育教学技能　　□教育科研能力　　□专业态度
　　□自我发展意识

9. 针对下一轮校本研修项目,你愿意：

　　□考虑申报成为领衔者　　□考虑申报成为学习者　　□不愿意参加　　□服从学校安排

10. 针对下一轮校本研修项目,你有哪些期待(可多选)：

　　□提升学科素养　　□提高教科研水平　　□提高跨学科教学能力　　□职称得以晋升

11. 对学校的新一轮教师专业发展工作,您的建议和意见是：

　　_____

　　_____

上海市甘泉外国语中学教师专业发展办公室

教师专业发展办公室汇总调研信息发现,不同学科、教龄教师对校本研修的需求主要聚焦在以下三个方面：

一是研修的目标,需体现个性化需求,避免大而空,需能解决教育教学实际问题,切实提高自身专业素养,希望打破学科壁垒,学习学校优势学科及教师的学习经验；

二是研修内容,希望学校结合中、高考改革及新一轮课标的调整,组织跨学科研修,拓宽教师知识面,助推教师跳出单科解决问题的限制,提高自身适应教育形式变化的能力,提高教学成效；

三是研修形式,扩大教师间交流、沟通的机会,尤其是青年教师,他们迫切希望有经验的教师能够将自身解决教育、教学问题的经验予以分享,促进青年教师在自身已有知识经验基础上进行个性化建构。

二、设计要素

依据全校教师校本研修需求的调查结果,学校从校本研修的目标、内容、形式等要素的顶层设计出发,一方面结合学校特色发展需求,打造与学校特色发展相匹配的师资队伍,破解学校在后特色时代亟须解决的若干"校本"问题,保障学校特色的可持续性和稳定性;另一方面,力图通过对各要素的精心设计,激发教师参与校本研修的内驱力,提升教师团队合作的聚合力,提高教师解决实际问题的行动力和践行终身学习理念的学习力,进而构建一支主动积极思考、善于反思研究、乐于合作进取、勇于创新的专业化教师团队。

(一)目标要素

本轮校本研修在前期面向全校教师大调研的基础上,结合学校教师队伍发展现状,确定了校本研修的指向性,即以学校发展需要为导向,关注教师作为研修主体的个性化学习需求,满足教师多元化学习需要,进而打造与学校特色发展相匹配的德育骨干教师、特色学科与领域骨干教师和创新研究骨干教师队伍。

1. 回应国家教育改革新要求

随着教育课程改革的不断深入、教师角色的转换,教师专业化显得越来越重要。在人工智能与现代教育深度融合的背景下,基于大数据的丰富性、课程素材灵活组合的无限生成性、学习过程结果的及时交互性、基于云功能的学习终端的互联性,要求教师从资源提供者转型为资源的重组者,从知识传授者转变为问题解决的引导者,从集体化教育者转变为个别化教育者。

学校基于教育改革需要,响应国家和上海市对创新型、复合型人才的培养要求,依据自身特色发展情况和教师队伍建设需求,开始了下一轮教师校本培训项目的思考与设计——"定制式"工作坊。学校想借助"定制式"工作坊这个载体构建一支师德高尚,具有较高管理素养、教育信息素养和自主研究素养的教师队伍,这些教师能够通过跨学科研修探索,提升自身跨学科研究能力、跨学科教学能力,进而培养学生的创新素养、信息素养、研究素养。

2. 打造学校特色师资队伍

随着学校特色创建工作进入关键阶段,学校亟须在德育、特色学科领域和教师创新培养方面各打造一支队伍,在满足教师发展的个体需要的同时,全面提升教师队伍的综合素养。一是打造一支师德高尚、育德能力强的德育团队;二是打造一支凸显"日语见长、多语发展、文化理解"特色的学科教师队伍;三是打造一支开展跨学科创新课程教育的特色师资队伍。学校希望通过三支团队的建立,以团队发展引领教师个人的多元发展,以个人主动发展促进团队的整体发展。

作为上海市多语特色普通高中,我校学生来源多元化,有自预备年级开始就读甘外的学生,有高一零起点学习外语的自主招生的学生,有多语种混合编班的学生,还有外国学生部外籍学生,教育教学面临着诸多的挑战,尤其是在学生管理、班级建设、师生关系建设方面,有不同于其他学校的独特之处。德育管理类工作坊不限制教师学科,研修目标是培养一批师德高尚、育德能力强,有育人特色的德育教师团队;日、德、法等外语类学科和体育、艺术等学科及国际理解、国学特色领域是学校传统优势学科,学校以传统优势学科骨干教师为主导,吸纳历史、地理、政治等学科教师创建工作坊,研修目标是发挥学校强势外语学科和其他特色优势学科教师资源,辐射优势学科团队建设与发展经验;为落实学生"民族情怀、国际视野"的文化包容与自信,需对跨文化领域知识进行整合、传授,迫切需要提升教师跨学科能力。并在跨学科视角、学科整合、跨学科教学活动设计能力等方面进行研修,满足特色学科教师教学能力提升的需要,培育教师跨文化课程开发能力。该类工作坊以物理、化学、生物和信息科技类理科教师为主导,为校内一批具有较高跨学科素养的教师打造平台,由他们率先示范跨学科课程整合、跨学科教学活动设计及实施等。

3. 满足教师多元化学习需求

传统的校本培训一直广受教师诟病的原因就是搞"一刀切",在培训模式上以专家讲座等的单向信息输出为主,教师只是被动接受,缺少参与和互动;在培训内容上,以学科作为划分的标准,不区分或较少区分教龄和教师现有专业发展水平,培训内容单一,与教育教学实际的关联度不高,不够"接地气",导致教师的培训热情不高,收获甚少。而本轮校本研修从一开始的顶层设计就确立了教师作为研修主体的地位,体现在以下几方面:

一是在研修载体工作坊的组建上,各个工作坊的创建不受行政力量的干预,由教师自行申报,自行招募,从下至上自愿组成工作坊,这可以激发教师参与校本研修的主动性和积极性;不论是同质工作坊还是异质工作坊,坊员都是基于共同的专业学习目的汇聚在一个工作坊,在坊主的带领下围绕共同的研修主题开展研修活动,在此过程中教师的专业学习内驱力被激发,每一次活动都是对自身所面临问题的探索实践,校本研修的实效性大为提高;二是在研修主题的确定上,有共同研修需求的教师在坊主的带领下共同确定研修主题,主题的范围要承载坊员教师的研修需要,坊主需要对该研修主题有一定的研究基础,这样才能保障后续研修活动的成效;后续研修课程的开发,研修活动的设计都围绕着研修主题的达成而展开。

（二）内容要素

学校在后特色发展时代面临诸多的机遇与挑战,要保持稳定、可持续的发展,学校必须依托高质量、专业化的教师队伍建设才能得以实现,而校本研修就是构建与特色相匹配的师资队伍的主要路径,因而对校本研修的课程内容进行设计时,学校充分考虑学校和多数教师的当前需求。而教师的个性需求是教师以自身专业学习的内在需求为基础,在职业生涯的不同阶段,在不断地实践和反思中挖掘自己的教育、教学个性,主动创新寻求自我超越,这样才能形成独特的教学风格,实现教学工作的不断突破。

1. 围绕特色发展需求,打造三类"定制式"工作坊

在汇总全校教师校本研修大调研结果的基础上,学校将新一轮校本研修的内容确定为"定制式"工作坊项目式研修。"定制式"工作坊以前期学校所培养的领军教师、骨干教师、特长教师为领衔人,由教师自组团队,自定研修主题,自主招募学员,共设团体目标,共建团体规范,以若干个主题式项目研究推进"定制式"工作坊活动的实施,通过单一学科和跨学科工作坊的组建、运行和评价,打造"量身定制"式的教师培训模式,以激发教师成长的内在动力。

校本研修三类工作坊的分类一方面是基于学校特色发展对与三类教师队伍的需求,另一方面是在本校教师发展现状的基础上满足教师个性化的学习需要。教师的需求复杂且多元,这些需要培训者进行诊断与发现。因此,"定制式"工作坊的课程设计在遵循教师专业学习共性需求的基础上,关注每个教师的优势发展区,通过研修内容的精心设计来引导不同的教师对自身的专业学习和职业生涯进行清晰的理解和规划。

2. 聚焦教师能力模型,开发通识与特色研修课程

本轮"定制式"工作坊校本研修课程的设计一改以往传统校本培训内容"一刀切"的培训方式,除了各工作坊统一学习的通识性课程外,各工作坊依据教师的个性化学习需求自行开发特色研修课程,引导教师通过工作坊的团体研修解决进坊之初自身遇到的校本化问题,提升教师专业能力。

本轮校本研修课程框架的搭建参照甘外特色教师能力模型,即围绕教师的学习力、行动力、内驱力和聚合力开展研修。学习力,指教师学习能力、学习动力、学习态度等的综合与叠加,旨在培养教师自主学习、终身学习、批判与反思能力,是研修的目标与归宿;行动力,指教师的实践能力、教研训一体的能力,是研修的关键与途径;内驱力,是教师持续发展的内在的、稳定的动力支持,是研修开展的前提与基础;聚合力是

作用于团体内所有成员并促进其参与群体活动的各种力的组合,是研修过程的润滑剂,这四种能力是一个整体,共同作用与相互促进。学校从教师能力模型的概念界定,课程研修目标的专业知识与技能和情感态度三个方面进行设计了课程理论框架。

表 2-3-1 工作坊课程设计理论框架

能力模型		课程研修目标	
内容	概念界定	专业知识与技能	情感态度
内驱力	自主发展动力	自觉、自主、内在动力	发展自觉意识、成为专业发展的主人
聚合力	合作分享、共处沟通能力	语言、信息技术、跨文化理解能力	沟通、合作、理解、包容、认识、共赢
行动力	实践能力、教研训一体	问题解决的能力、生涯规划、执行力与创新应变、决策能力	通过实践反思解决问题、意志力、管理能力、领导力
学习力	学习能力、学习动力、学习态度等的综合	自主学习、终身学习、批判与反思能力	学习动机、学习动力、创新精神

校本研修课程的实施以"定制式"工作坊为基本组织单位,以核心理念类课程、教学实践能力类课程和综合素养类课程为载体,三类课程的实施由学校依据发展需要和各个工作坊自身运行需求组织开展,在课程开发和实施过程中也同时兼顾各个工作坊的研修实际情况。

核心理念类课程

核心理念类课程是为提升教师对教育教学改革及教师专业学习最新理念的认知,了解校本研修开展的必要性和紧迫性,明确课程教学改革和创新型人才培养需求对教师专业素养提出的新挑战,掌握新时代发展背景下教师队伍建设对教师开展学科教学与立德树人能力的新要求。学校依据上级部门教育教学改革要求,结合学校发展和教师个人学习需求而设计的面向全体教师的通识类课程,包括教育教学理论课程和教育教学改革政策研读课程等。

教学实践能力类课程

教学实践能力类课程主要是为提升教师学科教学能力、跨学科整合能力和跨学科教学能力而设置的。培养教师在人工智能背景下进行学科与信息技术融合的教学能力;培养教师跨越单一学科视角,将跨学科知识融合,进而解决问题的能力,如对教师进行心理学知识的系统培训,解决课堂教学中难以激发学生学习动机的问题、解决教学中中外学生的跨文化冲突等问题。

综合素养类课程

综合素养类课程的设置目的在于提高教师综合素养,具体包括人文素养、协作素养、信息素养和研究素养等。通过课程的学习使教师提高人文底蕴,理解和尊重文化艺术的多样性,成为有开阔的国际视野、厚实的文化积淀,有更高精神追求的人。在教育全球化、教育信息化背景下,学校立足特色发展定位,强化教师的研究意识,提升教学科研水平,为学校打造一支具有较高信息化素养和跨文化素养的创新型教师队伍。

在工作坊活动中,一些年轻班主任谈到了她们工作中的困惑:学生的心理要关注、安全要重视。家长重成绩,轻德育,孩子思想出现问题、情绪出现问题都找班主任。青年教师因为缺乏经验,对于孩子们的情绪疏导和心理辅导问题感到非常困惑。

针对这些问题,工作坊在坊员教师中做了一个问卷微调查。调查结果显示,在班主任"最需要的培训内容"一项,有59%的老师选择了"学生心理健康辅导",说明班主任对提高心理辅导能力的迫切需求。鉴于此,坊主设计了微讲座,通过学习加强班主任们心理辅导工作的理论素养,强化心理学知识的使用、家校沟通的技巧这些基本功的培训,为班主任赋能,班主任工作因沟通顺畅而做得更走心、更有效。

——"班主任核心素养提升工作坊"坊主张老师

例如,学校特色学科与领域类工作坊中,由书记领衔的"优青"干部成长工作坊针对特色教师能力模型,注重学员对学校管理专业知识、专业能力以及专业理论素养的提升和引导,推荐阅读书刊,加强对最新教育管理理论以及先进管理经验的学习与研究,围绕战略规划、领导科学、特色办学、课程教学、队伍建设、学校文化等培训主题,理解、架构知识系统,更新教育理念,优化办学特色、促进管理素养与管理能力的提高。通过组织学员聆听专题讲座,与专家、学者、知名校长等人物对话,拓展思路,转变思维方式,寻找突破阻碍平台和学校发展"瓶颈"的路径和方法,积蓄持续发展的实力,提高自身理论素养和学校管理的技艺。具体研修方法如下:

(一)自我反思,焕发内驱力

引导学员在教育教学管理实践中,发现问题,剖析问题,分析归因,以自我或他人的思想和行为表现为依据，进行"换位"思考与解析，立足于利用和发掘自身所积累的管理知识与经验，采取有效的方式（如典型案例的解剖与分析、经验理论的学习与对照等），榜样示范，典型引路，培养学员进行"自我反思"的习惯与能力，理清思路、寻找差距、自我要求、主动变革，激发自我完善与发展的内驱力。

（二）互动交流，激活聚合力

进行有主题、深层次、多角度的交流，如开设讲座、参加论坛、主题研讨、情境模拟、网络互动、头脑风暴、经验分享、现场对话等。通过交流让思维在碰撞中产生火花，引发反思，拓宽发展的视野，促进人格的升华，同时，倡导"为提升发展相聚，求真诚合作相处"的团队研修文化，坊主学员互相学习，教学相长，促进彼此共同提高。

（三）考察交流，催生学习力

组织市内外考察、现场交流、访学体验。带领学员选择办学特色鲜明、管理绩效显著的学校进行访学交流，撰写考察调研报告，对他校经验进行提炼，结合学校实际反思总结，体验感悟，寻找结合点，迁移催化，交流展示，激活管理灵感，催生新的管理思路和管理智慧。

（四）课题研究，强化行动力

研究，源于问题；研究，旨在解决问题。引导学员围绕学校定位、专业学习、课程领导、特色建设、文化自觉、发展瓶颈等主题，聚焦学校现实中需要解决的问题，申报专项科研课题，寻找理论支撑，扎实开展案例研究、实证研究和行动研究，在发现问题、研究问题、解决问题的实践过程中，不断提高教育研究的水平和解决学校管理实际问题的能力，在研究的状态下工作，带着课题行动，不断优化管理。

本轮校本研修以开发工作坊系列研修课程为内容，以工作坊的教科研项目或课题为抓手提炼研修成果。优化了教师校本研修的内容和形式，更契合教师个性学习需求，旨在提升教师个人的专业学习的自觉意识，激发教师的内驱力，但关注教师专业学习的个性并不是否定教师专业学习的普适性，教师专业学习应该是有共性、有规律的。

（三）形式要素

1. 组建形式：自主自愿组建学习团队

教师专业学习水平的高低直接影响着学校可持续发展的潜力，学校打破传统校本研修以学校为主体,以学校发展需求为根本的研修理念和思路,充分考虑教师作为研修对象的主体地位和内在需求,以教师为校本研修主体,使教师从自身学习的角度看待教育理念和校本研修,切实提升校本研修实效。

"定制式"工作坊项目以打破学科壁垒为重点,改变以往形式单一、内容割裂、单向传授、整齐划一的传统型教师培训模式,借助团体力量促进个体的专业成长,探索出更具实效性的教师专业化研修的方法和手段。项目组聚焦培育教师终身学习理念,教师自组团队,以工作坊为基本实践组织,教师没有教龄、学科和年龄限制,坊主和坊员间通过双向选择组建团队,坊内没有传统的教师行政层级,坊主与坊员的确立、构成完全依据各自的个性需求,自行申报,自主组合。

表 2 - 3 - 2 学校三类"定制式"工作坊构成情况表

组织类别	建设目标	申报坊主要求	工作职责	研修内容与成果	周期与规模
德育类工作坊	力争三年内建成七个德育管理类工作坊,包含中国学生与外国学生德育两类方向。	具有高尚的师德,热爱学生,具备班主任或年级组长工作5年以上经历,有较为成熟的德育工作思想、策略、风格。有带教经历,529领军、骨干序列教师、市区级德育工作室带头人、市区级德育类获奖教师优先申报,一般要求一级以上职称。	在"立德树人"方面发挥示范引领作用;在班级管理方面对学员予以指导,形式可多样化,保证实效性,进行阶段性考核。	开展立德树人实现路径研究,编写《德育成功育人案例集》;培养"德育高级指导教师";申报市区级德育研究课题。	两年;每个工作坊5—6名学员
特色学科与领域工作坊	力争三年内建成课堂教学艺术与效能、中华传统文化教育、日英德法、对外汉语、多元文化教育、艺体特色教育、双语教学等特色学科与领域至少各一个工作坊。	具有较高的教育教学理论水平,扎实的专业知识,教学效果显著;有一定科研能力,积极参与教育教学改革,在学校特色学科领域有一定知名度和影响力。529领军、骨干序列教师、区级学科工作室带头人、教学能手等称号教师优先申报,一般要求一级以上职称。	发挥示范作用,带教和培养教师,推进团队整体发展;带领团队承担学校特色建设项目中的教育、教学、科研任务。	开发特色学科与领域教师校本培训课程;在外语教学中开展对学生思维品质培养的实践与研究;申报市区级课题。	两年;每个工作坊5—8名学员

组织类别	建设目标	申报坊主要求	工作职责	研修内容与成果	周期与规模
创新研究类工作坊	力争三年内建成慕课（J课堂）开发、创新思维培养、游戏学习设计、VR技术的应用、艺术与人生、学科融合与课程统整、影视课程开发等七个创新类工作坊。	具有一定创新素养与信息技术水平，在慕课开发、跨学科融合、创新教育领域具有实践经验，参与过区级及以上相关研修的教师优先申报，一般要求一级以上职称。	组织跨学科多样化教学研究；探索学科整合创新方案、开展理科综合创新实验室课程开发。	探究信息技术与教育教学的整合策略；开发跨学科校本课程；申报区级跨学科类课题。	两年；每个工作坊5—6名学员

2. 研修形式：项目研修引领问题解决

本轮校本研修在方案设计阶段就关注教师成长过程及规律性，关注教师作为成年人在学习方式、学习内容上与学生学习的区别，注重激发教师群体的学习动机，通过教师间的互动，教育经验的分享，教育幸福感的体验，唤起教师参与终身学习的积极性。

工作坊的搭建除了提升教师个人的学习内驱力之外，教师之间构成一个紧密配合的团队，共同设定一个研修目标，围绕这个目标确定一个研修主题，成员之间横向交流与分享，形成相互激励、相互帮助和共同提高的团队关系。三类"定制式"工作坊分别构建项目研究组，围绕学校特色发展需要和提升教师能力、素养的校本研修目标，通过开展侧重点不同的项目式研究，推进校本研修实践。具体形式上以"专家引领，同伴互助，行动研究"为主要活动形式，部分坊员教师通过项目式研究的实践，习得了以项目式研究承载问题的方式，将自身遇到的教育教学实际问题转化为课题，进行市、区级课题申报。

通过多样化的个性化课程，进行坊内思维碰撞、头脑风暴，开展伙伴式共享学习，合作研究，梳理阶段性成果，经过2—3年的工作坊活动，在主题研究方面取得预期成果，成员在团体内达成个人发展目标，进而打造一支有浓厚甘外色彩的教师队伍。

附:"定制式"工作坊个人研修计划表

个人研修计划

（　　年　　月—　　年　　月）

研修主题：

姓名		性别		出生年月		工龄/教龄	
职务		专业		学历、学位		职称	

个人现状分析：

（一）研修目标

（二）研修重点

（三）研修的主要措施

（一）研修的主要途径

（二）研修的主要方法

（三）研修的预期成果

　　"定制式"工作坊在团体组建形式上打破了以往传统校本培训以学科分组的形式，采取自主、自愿的方式自行组建研修团队，通过理论学习和专家的指导，开展了系列研修实践活动，提升了团体聚合力，激发了团体发展内在动力，在提高教师专业素养的同时，提升教师合作分享能力、跨文化理解能力和跨学科研究的能力；在"定制式"工作坊的研修形式上，工作坊以多元化的项目研究引领教师解决教育教学过程中的具体问题，引导教师通过实践反思解决问题，不仅提升专业素养和综合素养，还提升了对学科核心素养的解读和落实能力，也能具备相应的学习能力，提高了教研训一体的实践能力，能更好地应对时代发展趋势和教育课程改革的要求。

三、设计原则

（一）价值导向,坚持以特色文化引领教师队伍建设

促进教师学习的关键是要解决教师学习的动力机制问题。传统校本研修轻视对教师的情感、态度和价值观的引导,而对教师外在的要求很难内化为其自身的需要。为此学校提出教师研修文化的概念,引导教师认识到,教师的幸福不仅来自家庭,更来自课堂,来自学生,来自学校。依据"文化育人、和谐发展"特色理念和"跨文化素养"特色定位,采取"多层面价值引领、多主体合力参与、多维度立体建构"的策略,增强广大教师的责任感和使命感,激发其参与校本研修的热情,推动不同层次教师完成专业和文化修炼的品质提升,积淀了甘外特色校本研修的人文基础,保障了校本研修的顺利推进。

学校一年一度的"甘泉杯"教师教学评优活动,各个教龄层次的教师以不同的形式投入其中,领军教师主动承担了展示课,骨干教师积极开设研讨课,青年教师广泛参与观摩学习,每个人都有体验与收获;年末举行的"书香甘泉"活动,教师每人读一本书,学校搭建舞台供教师交流展示,不但营造了书香甘泉的氛围,更体现了学校对教师的人文关怀;已持续了 20 年的元旦迎新活动是甘外人的一场精神盛宴,全校教师欢聚一堂,回顾一年教育教学工作的成绩,校领导集体拜年,带领教师展望学校发展愿景等,这些活动不但提升了教师专业素养,更积淀了学校教师文化。

（二）问题导向,推动学校教师队伍建设内涵发展

不同于教研组等基于学科发展和行政管理的教师合作,绝大多数的"定制式"工作坊是由不同学科的教师因共同的研究兴趣和实际问题解决需求而自发地形成一个学习共同体。学校首先对发展阶段所面临的问题进行了梳理,大体可以分为以下几类:在学校特色创建与可持续发展方面面临的教师队伍发展不均衡的问题;教师自身专业学习中遭遇瓶颈或困惑的问题;在课堂教学的突破与学生综合素养的培育方面遇到的问题等,这些问题都是学校管理者和教师们日常遇到的和亟待解决的"校本"实践问题。此轮的"定制式"工作坊项目就是为破解这些问题而开展的,学校基于自身特色和发展需要,由教师根据自身专业学习需求自己组建工作坊,依靠团队力量,通过学科融合视角,探索这些问题的多元解决路径。

参加周老师工作坊的初衷是对于自身教学现状的反思和不满。从 2008 年晋升高级职称以来,作为一线教师,平常最多的就是低头教学,忙于"放电"而疏于"充电",因此难免产生江郎才尽的困惑。我觉得自己在教学上已经到了一个"高

原期",怎样才能让自己的教学能够有进一步的提升是一个令人困惑又难以解决的问题。此外,新的教学形势对于学生的英语综合运用能力的要求日益提高,尤其是如何更高效地开展写作教学是摆在所有英语教师面前的一个巨大的挑战。正是基于这样内在的主观要求和外在客观形势,加入周老师的初中写作教学设计和实践研究的工作坊为我找到了一个很好的提升契机。

——"初中英语写作教学设计与实践研究"工作坊陈老师

写作课经常上得枯燥无味,究竟如何通过任务驱动、同伴互学、实践体验来实现对学生的学法指导、方法引导、思维启发和自主发展,来实现阅读的有效迁移和提高写作能力,是我们亟须解决的问题。我们希望通过参加这个工作坊,解决我们写作教学中遇到的难点和困惑,使教师们了解写作教学法和微技能,互相分享自己在写作教学中的心得和案例,促使自己从能写到善教,实现从单一的单元教学到模块式教学的转变。

——"初中英语写作教学设计与实践研究"工作坊张老师

(三)目标导向,培养与特色发展相匹配的教师队伍

随着甘外进入了特色发展的快车道,教师成长需求的多元化特征愈加凸显,"定制式"工作坊应运而生。它既是对前两轮教师培训项目(青蓝工程、529 工程)的继承,又是在新的教育改革和学校发展背景下的创新实践。聚焦教师个性需求,以本校骨干教师为主要领衔人,创建三个类别工作坊,跨学科、跨教龄、跨层级,自主招募学员,激发教师成长内在动力,自下而上地开展微小课题研究,打造"量身定制"式的甘外教师研修模式,助力教师实现职业发展进阶。

结合学校特色发展的实际情况和教师队伍现有水平,学校将教师校本研修的总目标界定为:聚焦培育教师终身学习理念,建设一支主动积极思考、善于反思研究、乐于合作进取、勇于创新的专业化教师团队。着力打造三支队伍:一是打造一支师德高尚、育德能力强的德育团队;二是打造一支凸显"日语见长、多语发展、文化理解"特色的学科教师队伍;三是打造一支开展跨学科创新课程教育的特色师资队伍。以此在满足教师学习的个体需要的同时,全面提升教师队伍的综合素养。

学校希望通过本轮校本研修,以项目式研究为抓手,培养教师团队合作意识,借助团体促进教师明确个体学习的意识,激发教师专业学习内驱力,使教师的专业学习与学校的发展相契合,激发教师的争创意识,促进教师自主学习,并能自觉以自身学习促进学生的发展,进而打造一支与学校特色发展水平高度匹配的教师队伍。

（四）实践导向,探索校本研修实施机制与策略

以工作坊研修为抓手,对不同教龄、不同序列和不同需求的教师采用多层面的研修方式,根据教师个体情况,有针对性地开展指导,以课题研究为载体,以课堂教学为主阵地,以行动研究为杠杆,推进全校教师通过自上而下的指导和自下而上的研究,在项目研究中实现教育教学、科研和师训的有机结合,促进教师的个性化学习,很好地解决了学校校本研修的实施路径和推动力问题,构建了"立体式"的校本研修格局。

　　周老师的工作坊的组织形式新颖并且多元化。有集中的教学理论的学习,周老师会把各种与英语写作相关的理论资源做成详尽的PPT并且分成不同的主题,让大家及时了解最新的教学理念以及方法;开展个人研修,工作坊内有相关的理论书籍的推荐,让老师在课后进行研究学习,及时充电。其中让我印象最为深刻的是《初中英语写作指南》一书,该书从不同文体的写作指导到写作过程中语言的组织等给予了我写作教学各方面的启示,这本书我前后一共阅读了三遍,并且还做了笔记,深入的研修让我对写作教学有了豁然开朗的感觉。

　　学习研修后的任务驱动也能让我更好地将理论付诸实践。特别是一些写作微技能的培养,有助于我开启更加新颖的教学模式。比如我曾经尝试过在写作前的准备阶段设计微短练习,包括对于写作提纲进行排序,有效地帮助学生搭建起了整个写作的框架;对于"工作表"的填空,帮助学生在厘清基本写作思路的基础上进一步丰富写作内容,从而让学生在完成微短练习的过程中完成了从审题到建立写作提纲再到完成整体写作。整个过程费时不长,却水到渠成地达到了写作教学目标。

　　　　　　　　　　——"初中英语写作教学设计与实践研究"工作坊陈老师

本章从"定制式"工作坊方案设计的回顾与总结中可以看到,在团体动力与问题解决等理论的指引下,"定制式"工作坊构建了分布式领导组织系统,营造了和谐共生自由的氛围,推动教师超越学科和心理藩篱,实现了教师个体智慧向集体公共知识的转化。这一内在机理催生了教师在不同学校系统中的深度归属感,研修共同体成员之间的信任感、安全感、互惠感,激发了教师们在教育教学实践行动中不断改进的热情,增进了他们的内驱力、聚合力、学习力、行动力。工作坊组员共同商定个性化课程与框架设计,在个性与共性需求中进行对话、协商与表达,这些情感效能和关键能力反之又长久地促进了教师学习与教学实践,使之成为一种行为习惯,一种行动力量,一种成长风格。

第三章　形态表征："定制式"工作坊的实践逻辑

第一节　"定制式"工作坊的推进实施

2018 年,学校站上市级办学平台后,学校的后续发展面临新的机遇与挑战,特别是新时代的来临对教育、教师、人才培养也都提出了新的要求,学校如果单纯承袭前期校本研修经验,可能稳妥有余但创新不足,甘外一向敢于创新、乐于创新,多年来,学校特色创建过程中的文化浸润已经将改革的基因注入甘外人的血液中,学校领导通过多次调研决定从校本研修着手,再次迈出改革的步伐,摒弃传统的校本培训模式,鼓励教师自行创建工作坊,为校本研修打造定制式"菜单"。日语学科作为学校传统优势学科,师资力量雄厚,先行试水,待日语教学工作坊研修活动初见成效后,德语工作坊随后跟进验证,随后分阶段在全校大规模推开,最后根据实际情况新增扫尾工作坊。"定制式"工作坊阶段性推进目标如下:

第一阶段(第 1 年):形成较为完善的定制式工作坊项目实施方案和相关研修制度文本;首批试点工作坊运转顺利并形成"首个样本间";

第二阶段(第 2—3 年):形成第一批覆盖三大类的若干个工作坊;第一批工作坊完成课程实践与学生应用反馈,推进阶段性成果展示与转化;

第三阶段(第 3—5 年):100％教师成为定制式工作坊成员;第二批工作坊完成阶段性成果展示与转化;第三批工作坊完成课程实践与学生应用反馈,完成阶段性成果展示与转化,形成系列化教学案例与资源库。

一、"定制式"工作坊的组建

学校确定了本轮校本研修项目载体后,着手制定工作坊创建方案,首先选择传统优势多语学科进行研修"试验",学校给予大量的资源支持,有效激发教师"自动自发"参与校本研修的动力。学校本着去"中心化"、自主自愿、双向选择的原则,阶段推进、分步实施,打造集体智慧得以发挥的研修共同体,具体流程如下:

表 3-1-1 "定制式"工作坊推进流程

操作步骤	操作内容	负责部门
1. 制定方案	制定工作坊创建、管理及申报方案	校长办公室、科研室
2. 发布工作坊名称	根据教师需求情况,结合学校优势资源,开出第一轮工作坊名称	教师专业发展办公室 科研室
3. 坊主申报	对应各工作坊创建目标与要求,结合自身情况开展申报	校长办公室 课程教学部
4. 坊主公布细则	坊主依据工作坊创建目标,拟出研究主题大概方向及学员招纳具体要求	各坊坊主
5. 学员申报	根据各坊招纳细则,教师针对自身需求进行申报	课程教学部 人力资源部
6. 审核公布名单	依据各坊创建目标进行学员的选择	教师专业发展办公室 坊主
7. 考核评价	针对工作坊、坊主和学员开展阶段性和年度评价	校长办公室 教师专业发展办公室

教师按照学校教师专业发展办公室发布的工作坊名称,根据自身的教育特长、教学优势自发申报坊主,确定研修方向。学员则从自身生涯规划和教育教学需要出发,自主选择工作坊。通过双选,志同道合的教师组成相对稳定、定向的系统,学校集合这些系统,集聚成"定制式"工作坊群。

表 3-1-2 学校"定制式"工作坊群

类别	分类	工作坊名称	学科范围
德育管理类	1.	"从新手走向专家"工作坊	可跨学科
	2.	礼仪美育工作坊	可跨学科
	3.	班主任核心素养工作坊	可跨学科
	4.	特色班级建设工作坊	可跨学科
	5.	学生领导力培养工作坊	可跨学科
	6.	外国学生德育工作坊	可跨学科

类别	分类	工作坊名称	学科范围
特色学科与领域类	7.	班主任创新素养工作坊	可跨学科
	8.	班主任核心素养提升工作坊	可跨学科
	9.	班级自主管理工作坊	可跨学科
	1.	课堂教学微技能工作坊	可跨学科
	2.	日语教学工作坊	本学科
	3.	高中英语教学工作坊	本学科
	4.	初中英语教学工作坊	本学科
	5.	德语教学工作坊	本学科
	6.	法语微视频教学工作坊	本学科
	7.	中华传统文化工作坊	可跨学科
	8.	国学工作坊	本学科
	9.	双语教学工作坊	要求双语
	10.	体育教学工作坊	本学科
	11.	"优青"干部成长工作坊	可跨学科
创新研究类	1.	微视频资源开发工作坊	可跨学科
	2.	数学思维培养工作坊	本学科
	3.	机器人技术工作坊	可跨学科
	4.	VR技术工作坊	可跨学科
	5.	"心理＋"跨学科融合工作坊	可跨学科
	6.	甘泉家化工作坊	可跨学科
	7.	批判性思维培养工作坊	本学科

学校面向全校教师推出的工作坊集群包括德育管理、特色学科与领域和创新研究三类工作坊。德育管理类工作坊不限制教师学科,它的开设旨在满足立志于德育素养提升的广大中青年教师群体的学习需要。该类工作坊研修目标是培养一批师德高尚、育德能力强,有学校育人特色的德育教师团队;特色学科与领域类工作坊主要以学校传统优势学科与领域教师为领衔人,将优势和特色学科与领域的教育教学及教研经验、国际理解教育渗透的策略进行辐射传播,不断壮大与学校后特色时代发展要求相

匹配的教师队伍;创新研究类工作坊为校内一批具有较高跨学科素养的教师打造平台,该类工作坊的研修目标是在人工智能与现代教育深度融合的时代背景下,满足教师跨学科教学能力提升的需要,研修目标是培养教师的跨学科视角、学科整合、跨学科教学活动设计能力,培育跨文化课程开发能力等,培养一批具有较高科创素养的教师队伍。

二、"定制式"工作坊的阶段性推进

从"定制式"工作坊的初步设想到顶层方案的设计到历经三个阶段的分批实施,过程中相关理论基础不断完善、内容要素不断扩充、活动形式愈发多元,最终形成了校本研修的新样态。

第一阶段:多语学科先行试水,"定制式"工作坊试运行

1. 选定对象:从两个与学校特色高度相关的学科(日语、德语)率先进行试点。两位准坊主是前两轮校本研修项目所培养出的骨干教师,教学与研究优势突出,由她们担任坊主,利于扩大优势学科经验辐射。校长通过与两位准坊主的深度交流,打消坊主的畏难情绪。两位坊主放下思想包袱,决心"出山"。学校希望在多语优势学科先行先试,通过多种方式充分发挥优秀骨干教师的作用,调动老师们的积极性,努力营造团队引领、团结协作、资源共享、积极学习、主动发展的氛围,促进全体多语老师的共同成长。

2. 协商一致:教师专业发展办公室与坊主协商达成一致,未来其他的工作坊主尽量由教研组长以外的教师承担,其需要具有一定的研究特长与实践基础,也愿意与其他教师分享,有一定的教育追求。学员申报不具有强制性,以自愿为基本原则,没有了行政干预,教师根据个性化学习需求自行组成研修共同体,确定研修主题,围绕主题设计活动,安排活动频次,坊员结合个人研修需要自行分工,并按照坊内规则的要求保质保量地完成研修任务,从而促进个人的成长。

3. 多轮对话:在研修主题和内容的设定上,教师专业发展办公室与坊主进行反复协商讨论确定;工作坊首次尝试学校退出行政干预,放手由教师发挥自主性,工作坊研修主题的确定、坊员的招募、工作坊研修活动规则的制定、工作坊研修课程的设计、工作坊活动形式的选择、研修成果的总结与提炼及坊内学员的评价方式等全部由坊主和工作坊成员自行讨论完成,学校只是作为支持者和协助者的角色,为工作坊研修提供资源和资金支持。

通过前期日、德语教学工作坊的实践,学校注重工作坊运行过程中经验的积累,打造研修样板,形成坊间合作研修机制,打造"研修样板间"。

第二阶段:扩大实践范围,完善工作坊设计要素

首批日、德语教学特色工作坊前期的实践探索,积累了"定制式"工作坊前期的运行经验后,学校适时推出了第二批"定制式"工作坊群。在承继前一阶段工作坊研修经验的基础上,不断发展完善工作坊设计要素,与初期日、德语工作坊的设计相比,进阶表现在:首先,强化工作坊理论基础的作用,将团体动力学理论用于教师学习共同体建设,充分发挥团体聚合力和团体压力的正向作用,利用团体趋同性提升研修活动的参与度,提高研修任务的完成质量,打造和谐紧密的坊内研修环境;其次,打破工作坊之间的空间屏障,探索坊间合作研修机制。如前期开设的日语和德语同为外语类工作坊,作为外语教师群体,存在共性的发展需求,坊间的联动研修存在可能性。如对于跨文化主题的研修,日语与德语两坊通过专家讲座的知识类通识课程的学习,结合各自语种的学科核心素养落实要求,在跨文化沟通与交际能力的培养方面可以开展坊间互动,提升教师的跨文化素养。在第二阶段工作坊大面积开设后,出现以下变化:

1. 坊间交流的范围更大,跨学科互动更为频繁,通过坊间头脑风暴,拓展教师教学思路,拓宽教师研修视野;

2. "非常教师"涌现:德育、特色教学、创新实践三大类工作坊的数量不断增加,涌现了一批在传统平台上很难有机会亮相与发声的、有"一技之长"的教师;

3. 贡献集体智慧:研修主题不断打磨,精深聚焦,倡导"真问题、小切口、深实践"。为后期的成果转化打下了较好的基础;各坊主带领成员在试点基础上不断优化研修内容和学习机制,形成集体智慧;

4. 注重反哺实效:这一阶段的工作坊实践更加注重与课堂实践的结合,即成果的真实应用,学生的真实受惠;

5. 探索自主型评价:初步尝试工作坊坊主设计自主评估方案,改变传统校本培训"一刀切"式的评价方式。

第三阶段:全校全面推开,重点打造跨学科工作坊

在对前期工作坊实践经验梳理与总结的基础上,学校进一步对"定制式"工作坊的顶层设计进行了完善与创新,打破学科界限,组建跨学科工作坊,继续挖掘本校教师研修资源,鼓励学校优势与特色学科骨干教师、特长教师组建工作坊,重点打造跨学科工

作坊。让拥有不同知识背景和学科结构的教师共享经验,协同合作,开阔自身眼界,提升综合素养。同时,跨学科工作坊的团队结构趋向优化,坊主和坊员之间没有传统的教师行政层级,坊主与坊员的确立、构成完全依据各自的个性需求,教师自主形成研修共同体。

1. 形成"外语+""科创+""心理+""甘泉书院"等多个特色跨学科教师团队,跨学科团队打破学科壁垒,鼓励教师跨学科交流,让拥有不同知识背景和学科结构的教师共享经验,协同合作,开阔自身眼界,提升综合素养,开发并形成相应的 PBL 课程与教学案例;

2. 形成覆盖三大类的 30 多个工作坊,100%教师成为"定制式"工作坊成员。第二批工作坊完成阶段性成果展示与转化。第三批工作坊完成课程实践与学生应用反馈,完成阶段性成果展示与转化;

3. 2020 年底,上海市教委在全市 12 个试点区推行全员导师制,我校作为试点校,探索"全员导师制"校本研修的基本模式,力求形成可供复制、借鉴的典型经验,为市、区导师培训工作的深入推进积累经验。学校决定继续深入推进工作坊校本研修方式,实行校本研修体系下的全员导师制实训工作坊制,通过通识性培训与实践演练课程实施、线上线下混合式学习、全员培训与个性化指导等方式增强全体教师的育人意识和能力,首先成立了以校内骨干教师团队和校外专家团相结合的讲师团,面向全体初中导师,每月开展一次专题培训,通过专家讲座、沙龙活动主题论坛等,建立"导师团"集体教研制度,进行案例研讨。

我校的新一轮"定制式"工作坊从最开始的筹备组建方案,到各个环节的层层落实,都围绕帮助教师解决教育教学中的实践问题这一重要诉求展开,这更有利于激发教师的深度学习参与;注重对工作坊这一重要学习载体的科学设计、坊主在带领学习共同体方面多元能力的考察,①并把提升教师的自觉度放在重要位置,在进行项目研修方案顶层设计时就将教师的个性化学习与内驱力的激发作为研修的重要目标之一,统筹考虑,全面部署,让教师摆脱工作倦怠,优化理论知识结构,反思实践操作方法,实现专业学习的高阶跳跃,从而在整体上提高学校的师资水平,努力培养出有高尚道德情操、全面综合素质和扎实学习能力的优秀人才,更好地为学生发展奠基,更好地承担

---

① 李宝敏,宫玲玲.基于工作坊的混合式研修中教师学习现状及支持对策研究[J].教师教育研究.2018
(02):49—58.

自身肩负的社会责任。

三、"定制式"工作坊的实施保障

作为"十三五"教师校本研修项目,学校从人力、资金和校外资源等层面对"定制式"工作坊项目进行了全面的支持与投入,确保"定制式"工作坊的顺利实施与推进。

1. 人力资源投入

挖掘校内骨干团队:在校本研修人员配备上,学校具有一批在市、区有影响力的教师,特别是外语与特色学科教师优势突出,为挖掘本校教师资源,均衡教师队伍整体发展,我们组建了多个由外语与特色学科教师领衔的跨学科工作坊,扩大优势学科经验辐射;学校还拥有一批在市、区有影响力的德育教师,德育特级、区德育高级指导团队教师等可以领衔德育研究工作坊,为学校培养后备德育教师团队;学校还集聚了一批具有较高创新素养的学科教师,为创新研究类工作坊的组建提供了人员保障。

> 榜样的力量是无穷的,在工作坊成立之初,我不断跟学员分享自己成长的经历,希望学员们坚信,成功没有那么难,但是需要既善于积累工作资料,又善于总结反思自己的工作,并逐步提炼形成自己的特色和风格,这个过程是优秀班主任成长的必由之路,逼着自己深入挖掘自身的潜力和资源,在这个过程中,学员们不仅获得专业能力的提升,更重要的是会有成就感和自信心,这是从自发到自觉的必要途径。我自己就是坚持多年,获益良多的,从普通班主任到优秀班主任,再形成飞跃,成为德育特级教师。
>
> ——"班主任核心素养"工作坊坊主付老师

外聘专家顾问团队:我校还聘请了一批校外专家团队,包括德育类校外导师团、特色学科与领域类校外导师团、创新研究类校外导师团及其他类别。专家团队定期定点蹲守学校,通过专家讲座、专家课堂诊断和工作坊项目研究指导等形式对工作坊提供研修指导。

2. 学校资金投入

学校为校本研修项目配备专项资金,每年都有用于校本研修的经费预算,用于工作坊组建与活动经费、坊主津贴、坊员外出培训费用及外请专家指导费用的支出等。学校为每个工作坊配备 3 000 元/每年的活动经费,用以购买书籍、设备,聘请专家,外出学习交通费用支出等;为坊主提供每月 400 元的津贴,按月发放。

3. 借助高校教育资源

为更好地借助高校和科研院所的教育资源,学校与高校积极开展合作,已挂牌为华东师大基础教育基地校、上海外国语大学实习基地校等,学校根据教师实际需要,或外请高校专家来校指导,或带领教师赴高校参观学习,切实将高校教育资源为我所用,提升我校教师的专业水平。为将"定制式"工作坊校本研修项目成果可视化,并予以推广,学校投入人力、财力进行成果的梳理,并聘请了华东师大专家团队进行成果撰写的专项指导,提高了相关教师团队的理论研究水平。

本轮"定制式"工作坊项目作为学校在后特色发展阶段的校本研修项目,一方面传承了学校在近20年的特色创建过程中形成的阶梯式校本研修项目经验;一方面"定制式"工作坊打破了传统意义上由教研组长领头的单一的教研组研究,力图构建多系统网络组织。它打破科层,将中层职能部门、专业支持部门明确分工,划清边界,并加强了与校外专业力量的联系,争取让更多资源进入工作坊,助推教师的专业学习向更高阶发展。

第二节 "定制式"工作坊的运行保障

校本研修作为教师专业学习的基本模式,保障其运行是教师校本研修得以顺利进行的重要保证,若缺乏相应的保障机制,如在物质层面资金投入不到位,会导致教师校本研修流于形式;在政策及管理保障方面不到位,缺乏健全的制度,会导致校本研修在运行中杂乱无章,使校本研修的质量大打折扣。如何在实践的领域保障教师校本研修的质量、促进教师的专业学习是当前学校管理范畴中一个迫切需要解决的问题。为此,学校教师专业发展办公室在校本研修方案顶层设计阶段,就制定了一系列配套制度,如工作坊坊主申报制度、工作坊坊主与坊员双选制度、工作坊考核制度、工作坊过程性管理制度、工作坊学分与学时认定制度、工作坊研修评价制度等等,保证本轮校本研修的顺利实施,并在工作坊运行过程中补充和完善了"定制式"工作坊项目的框架。

一、"定制式"工作坊申报制度

针对本轮校本研修团队的领导者即工作坊坊主,学校确定了两方面招募标准,指导和规范教师申报,首先坊主在项目主题研究方面已有一定基础与成效,研究素养较高;二是在个人特质上,要善于沟通、号召力强,能够带领异质团队围绕项目主题开展开放性研究。坊主人选主要以前期学校所培养的领军教师、骨干教师、特长教师为主进行招募,在学校多语特色的发展背景下,我校在多语种和特色学科领域已经具有了一支实力雄厚的师资队伍,利用学校现有资源和优势师资队伍进行教师校本化研修,盘活了校内资源,使资源开发和使用达到最大化。另外学校还依据校本研修需要,对部分跨学科素养较高、有团队领导力的教师,不设教龄和职称限制进行了定点招募。

表3-2-1 上海市甘泉外国语中学"定制式"工作坊坊主申报表【第一轮】

申报人姓名		学科与职称		班主任/年级组长工作年限	
申报类别		研究方向			
□德育管理类	□1. 礼仪美育教育 □2. 班主任创新素养提升 □3. 班级文化建设 □4. 学生领导力培养 □5. 资优生培养 □6. 中外学生比较教育 □7. 其他自主申报方向:_____				
该类别曾获荣誉或重要经历(区级及以上)					
□特色学科与领域类	□1. 课堂教学艺术 □2. 日语、德语、英语、法语、对外汉语教学研究 □3. 国学 □4. 国际理解教育 □5. 学科双语教学 □6. 艺体特色教育 □7. 其他自主申报方向:_____				
该类别曾获荣誉或重要经历(区级及以上)					
□创新研究类	□1. 慕课 J 课堂开发与研究 □2. 话题式跨学科教学 □3. 数学思维开发 □4. 游戏学习设计与开发 □5. 职业生涯规划指导 □6. 戏剧艺术教育 □7. 生活美学 □8. 其他自主申报方向:_____				
该类别曾获荣誉或重要经历(区级及以上)					

"定制式"工作坊申报制度对三类坊主的潜在人选制定了基本的招募标准,没有

"一刀切"地硬性规定,如哪类教师必须申报,哪类教师不能申报,哪些教师必须申报哪类工作坊,而是根据教师个人专业学习需要和个人特质进行自愿选择,自主申报,这就在制度上保证了教师在本轮校本研修中的主动性,让教师真正体验到自身在校本研修中的主体地位,从而激发教师主动参与、积极参与的热情,增强教师专业学习的意识,发掘教师潜在的知识优势,满足教师个性化的学习意愿。

二、"定制式"工作坊坊间联动制度

本轮"定制式"工作坊在类别上分为德育管理类、特色学科与领域类和创新研究类,除了个别学科教学类工作坊坊员来自单一学科,大部分工作坊都是坊员构成多元的跨学科工作坊,每个工作坊都设定了自己的研修主题,并根据研修主题开发坊内特色课程,设计坊内研修活动形式,这是学校在保证每个工作坊的"定制性"而赋予各工作坊的自主管理权,可以最大限度满足坊内教师的个性化学习需要;同时学校在校本研修项目的方案设计阶段,也充分考虑到学校特色的持续性发展对教师队伍的要求,从三类工作坊的划分上引导教师专业学习的大方向,所以对于三类工作坊集群,学校制定了坊间联动制度,便于各工作坊共享课程,互动观摩,分享经验。

附:"定制式"工作坊坊间联动制度

(一)专家资源库共享

学校为工作坊外聘了专家坊主团,坊主团定期来校进行专业指导,开展教师课堂教学诊断,深度参与工作坊研修活动,观摩讨论,满足解决各工作坊在研修中存在的共性需求和共性问题。专家来校前一周课程教学部会下发专家指导需求调查表,请各坊根据自身需求情况填写。

(二)坊间研修观摩

每学期伊始每个工作坊要做好统筹安排,开放坊内研修活动一次,供其他工作坊教师观摩,使坊间教师取长补短、互通有无。开学第二周各坊将"开放研修活动安排表"上交教师专业发展办公室,教师专业发展办公室统筹安排好各坊开放时间后统一下发安排表,教师根据个体情况选择观摩场次,参加观摩教师需填写工作坊研修活动观摩记录表,观摩结束后将记录表及时提交至课程教学部,记录表的分数作为各工作坊阶段性和中期考核的参考。

表 3-2-2 上海市甘泉外国语中学"定制式"工作坊活动评价表

工作坊名称		活动主题	
主讲教师		活动地点	

评分指标		评分标准	分值
活动设计 (30分)		1. 活动目标明确,与本工作坊整体研修目标契合度高。(10分)	
		2. 活动设计与教学相结合,能解决教学中的关键问题。有形成培训课程的策略和途径。(10分)	
		3. 学习活动设计有梯度、有层次、有关联,可操作性强。(10分)	
参与教师技能和态度(30分)		1. 学员全程参与活动,精神面貌好,能积极发言。(10分)	
		2. 能全勤出席,无缺席、迟到、早退。(10分)	
		3. 坊主与学员能较好地交流互动,合理应用信息技术手段或其他有效途径和方法,提高活动的效率。(10分)	
活动组织和实施(30分)	活动组织	1. 坊主备课认真,准备充分,能提前进行活动所需材料和其他设备的准备。(5分)	
		2. 活动实施步骤紧凑,时间分配合理,活动组织科学。(5分)	
	活动实施	1. 坊主有明确的培训活动要求,并有详细的活动记录。(5分)	
		2. 学习活动体现集中学习和自主学习相结合(有学后反思、任务布置)。(5分)	
	学习达成	学员清晰了解活动目的、内容和要求,能积极反思,形成观点,表达收获。(10分)	
活动评价和效果(10分)		坊主和学员对工作坊活动认识统一,思想重视,工作坊活动正常,既往档案资料齐全。(建议与坊主和坊员访谈交流后打分)	
总分			
建议(必填)			

　　观摩记录表引导教师从工作坊研修活动的活动设计、参与教师的技能和态度、活动组织和实施、活动评价和效果等方面进行观察,一方面为观摩教师提供了观察、学习的方向;另一方面也为观摩教师对自身工作坊研修活动的自我评价提供了路径参考。

(三) 坊间联合展示

　　为促进各工作坊间的互动交流,借鉴优秀研修经验,每学年工作坊需进行一次阶段性研修活动联合展示,参加展示的工作坊需两个以上,展示时间、展示地点、展示内容、展示形式等由联合展示的工作坊讨论确定后上报学校教师专业发展办公室,再由教师专业发展办公室统筹安排展示时间与内容等,联合展示结束后,由展示的工作坊汇总展示成果,并通过学校官网或微信公众号进行辐射推广。

(四)坊间资源共享

每个工作坊在研修过程中开发的特色课程、特色活动、研修策略等通过验证有较好的研修效果,可以进行坊间共享与推广,一方面可以提高工作坊研修的成效,提高教师教育教学水平,另一方面建立共享资源库,可以循环使用以节约研修资金的投入,并将特色经验与成果即时转化为教学生产力,提升研修成效。为鼓励工作坊教师共享资源的积极性,教师专业发展办公室制定了奖励制度,每学年评选出共享资源优秀教师予以奖励,保护资源开发教师的知识产权。同时,学校鼓励教师进行跨学科资源共享,以提升教师的跨学科创新意识,进而提高学校整体的教学水平。

三、"定制式"工作坊成果转化制度

学校工作坊研修成果转化管理制度的完善,对于加强研修成果转化的规范化和制度化具有重要意义。通过明确研修成果转化的目标和任务,明确研修成果产出的所属权,建立研修成果的评价和激励机制,能够提高学校工作坊研修成果转化的效率和成果的价值。

(一)工作坊自主设定研修成果的形式

每个工作坊在建坊之初,在坊主的带领下确定了研修主题,并围绕各自的研修主题开展项目式研修,根据项目研究方案,设计阶段性成果和最终研修成果,形式可以是立项的各级课题研究成果,可以是公开发表的论文、案例或经验总结等,还可以是工作坊自行开发的特色课程(包括活动课程),这些成果转化需要教师的教育教学实践去推动,使成果转化为教学生产力,提高学校的整体教育教学水平。

(二)学校为研修成果的转化提供支持

每个工作坊需要设计好成果转化的形式与路径,学校提供专家指导与资源支持,如学校可为开展课题研究的工作坊定期聘请专家进行过程性指导,为工作坊研修成果公开发表、出版提供资金支持;学校奖励将研修成果应用于教育教学实践的教师,并在学校的各项评优中,给予优先考虑。

四、"定制式"工作坊学分与学时认定制度

我校作为上海市教师专业发展示范校,对教师研修具有一定的自主管理权力,在学分认定上具有一定的自主权。学校在制定校本研修学分与学时制度时充分考虑了本轮"定制式"工作坊研修活动实施过程中的多样性,在学分与学时上根据坊主和坊员所承担研修任务的不同分别赋分,在学习方式上关注到教师工作时间的特殊性,很难在同一时间同一地点将工作坊所有教师都集中在一起,在学习方式上分为集中学习和自主学习,充分体现出教师在校本研修中的主体作用,制度可操作性较强。这就避免了由于评价标准过于一致使得工作坊的校本研修活动面临困难,最后造成评价失真的情况发生。

学校"十三五"师训的学分认定,根据年度考核情况对教师的校级研修进行相应的学分认定。具体情况见下表:

表 3 - 2 - 3 "定制式"工作坊学分与学时认定标准

类别	学分要求		备注
学员	18 学分(180 学时)		2020 年 12 月 31 日后退休的教师必须参加一个工作坊,一个工作坊以 2 年为一个周期,每学期活动不少于 10 次,一学年活动不少于 20 次。每次活动时间以 2 小时为准,记 4 个学时。40 学时/学期,80 学时/学年。
	集中学习	自主学习+成果展示	
	14 学分(140 学时)	4 学分(40 学时)	
坊主	54 学分		完成两年工作坊运作与相应带教任务

加强对各工作坊研修活动的过程性管理,教师专业发展办公室会组织专家和其他工作坊坊主对于每个工作坊研修活动的开展情况进行不定期的沉浸式观摩,观摩后进行评价反馈,评价表会及时反馈给教师专业发展工作小组,用作各工作坊阶段性和终期考核、评优的参考。如果教师专业发展工作小组发现该工作坊的研修活动在出席人员数量、研修内容准备、研修互动和研修成效等方面存在问题,会给出整改的意见,并影响坊主与坊员学分、学时的评定。

五、"定制式"工作坊、坊主和学员考核奖励制度

没有良好的评价与考核措施就很难对校本研修的结果进行有效反馈,不利于校本研修质量的提高。部分学校对校本研修管理的简单化是导致其校本研修中教师积极

性不高的重要原因。鉴于此,学校教师专业发展工作组建立定期考核和年度考核的管理机制,推进工作坊考核,在考核形式上采取教师专业发展办公室考核、学员考核和自主评价相结合。学校每个月为坊主发放津贴,对工作坊和学员进行阶段性考核,考核合格和优秀的工作坊和学员有数量不同的奖励,学校还为工作坊设置了工作坊活动津贴,这些资金的支持与鼓励在很大程度上提高了教师参与校本研修工作的积极性,从而保证了校本研修的质量。

表 3-2-4 "定制式"工作坊考核奖励标准

工作坊领衔人 津贴	工作坊领衔人 考核奖励	工作坊学员 考核奖励	工作坊活动 津贴
每月 400 元,按每年十个月发放。如课时量不足者,优先折算课时,不再发放月津贴。(按每月活动两次,每次两个小时为基数折算 8 课时/每月,具体情况酌情处理)	分为中期考核与终期考核两次,每次考核分为不合格(0 元)、合格(300元)、优良(500 元)三档。优良工作坊的数量不超过同期工作坊数量的 20—30%。	分为中期考核与终期考核两次,每次考核评选出优秀学员,奖励 300元。优秀学员的数量不超过工作坊学员人数的 20%。	3 000 元/每年。用以购买书籍、设备、聘请专家、外出学习交通费支出等。

下面选取德育管理类工作坊"班主任核心素养"工作坊历时两年、历经四个阶段的研修方案,从工作坊人员的构成、研修目标的确立、管理制度的要求和工作流程的规划及具体培训内容的设计等方面,全面呈现工作坊推进实施的全貌:

提升班主任素养赋能高质量育人
——"班主任核心素养"工作坊实施方案

(一) 指导思想

本工作坊拟在对学员进行专业诊断、专业发展需求调查的基础上,本着促进学员专业成长、提升育人实效、形成校本特色德育培训课程的原则,安排为期两年的工作坊研修计划。

旨在通过集体研修和指导学员个性化研修(个人专业发展规划+个性化书单+主题教育课+案例写作+个人校级小课题)相结合的方式,充分调动学员专业成长的自觉性,立足德育工作岗位,理论联系实际,提升班主任职业素养,提高在建班育人、学生自主管理、心理健康指导、家校共育方面的能力。

（二）人员组成

主持人：由学校德育骨干教师领衔，采取理论学习与班主任工作实务相结合的研修模式。

成员：不限学科、有班主任岗位或者相关育人岗位经历，形成德育骨干、德育新秀相结合的研修团队，有利于学校德育工作的可持续发展。

（三）工作目标

工作坊建设目标：搭建成员研修交流平台，形成研修共同体，依托研修项目，共享学习资源，促进个体成长，促进德育队伍育人能力提升，形成校本德育培训课程基础菜单。

学员培养目标：积极参与校内外的育德能力评比、德育课程开发、案例撰写和德育论文撰写；每个学员完成专业发展规划，成为学校具有较高班主任核心素养的德育骨干、德育新秀。

（四）管理制度

线下与线上培训相结合，两年二十四次集中培训，每年保证六次线上六次线下。学员总缺席次数不得超过三次；保质保量按时上交研修作业，不可拖欠；缺席三次及以上并拖欠作业，不参与结业考评。线上不定期至少保证每月有一次培训课程的提供。学员如果因故不能参与，要委托其他学员录制或者观看可回放课程资源，补足课程。

考评分为中期考评（一年期）、终期考评（两年期），考核标准为专业发展规划达成度、日常研修活动参与度、学员自评、互评、坊主评价相结合，从而形成等第。

（五）工作流程

内容	时间
"班主任工作坊"实施方案发布	2021.5.14
学校通过校内宣传发动，教师报名及内部评选*，发送附件1及附件2至学校教师专业发展办公室邮箱	2021.5.24
工作坊主持人评估及学员名单公示	2021.5.31

（六）培训任务

阶段	主题与培训内容	
	2021 年 5 月—2021 年 6 月	
第一阶段	● 班主任专业能力和专业成长 ➤ 发放调研表，回收统计 ➤ 制定个人研修两年计划 ➤ 作业：完成并在坊主指导下修改专业发展规划、培训需求调查表	2021 年 5 月下旬
	● 如何制定专业发展规划 ➤ 作业：完成并在坊主指导下修改专业发展规划、培训需求调查表	2021 年 6 月中下旬
	2021 年 7 月—2022 年 1 月	
第二阶段	● 班主任基本功培训一： ➤ 班主任基本功培训系列讲座一：《智慧家访》 ➤ 基层名班主任带头人工作室主持人介绍自己成长经验 ➤ 暑假研修内容和相关作业布置 ➤ 作业：个性化书单开始建立、读书笔记、家访案例撰写	2021 年 7 月上旬
	● 班主任基本功培训二： ➤ 学员暑假研修内容交流汇报及坊主点评 ➤ 班主任基本功系列讲座二：《德育计划的撰写》 ➤ 作业：修改完善自己的德育工作计划	2021 年 8 月下旬
	● 班主任基本功培训三： ➤ 学员德育计划点评 ➤ 班主任基本功培训系列讲座三：《如何上好主题教育课》 ➤ 学员设计一节主题教育课教案及坊主指导修改 ➤ 选出优质课开课，聘请专家共同参与评课，学员观摩 ➤ 作业：每位学员上交一份主题教育课设计方案	2021 年 9 月—10 月
	● 班主任基本功培训四： ➤ 知名班主任面对面 ➤ 班主任工作难题会诊：头脑风暴 ➤ 学员提交自己的小课题项目 ➤ 作业：结合工作实际，围绕两个主题《班主任融合管理》《家庭教育指导有效策略》，任选其一，确立研究课题。	2021 年 11 月中旬
	● 班主任基本功培训五： ➤ 坊主讲座：《学生评语的撰写》	2021 年 12 月中下旬
	● 班主任基本功培训六： ➤ 坊主讲座：《问题学生的转化》 ➤ 学员班级案例解读研讨 ➤ 寒假研修作业：德育小故事撰写，进一步完善个性化书单	2022 年 1 月中旬

阶段	主题与培训内容	
	2022 年 2 月—2022 年 8 月	
第三阶段	● 共性教育与个性教育相结合一 ➤ 坊主讲座:《德育案例的撰写与研究》 ➤ 学校坊主收集学员案例,外聘坊主点评,指导修改 ➤ 作业:学员汇总班级管理的案例,选择典型案例进行案例撰写	2022 年 2 月—3 月
	● 共性教育与个性教育相结合二 ➤ 学员研修:班级管理头脑风暴案例分享 ➤ 坊主讲座:《班级一般性危机干预的策略》 ➤ 学员作业:围绕自己的案例设计培训微课	2022 年 4 月—5 月
	● 共性教育与个性教育相结合三 ➤ 学员微课展示,评比 ➤ 邀请德育专家进行点评	2022 年 6 中旬
	● 共性教育与个性教育相结合四 ➤ 指导学员梳理自己的专业发展档案 ➤ 坊主讲座《班主任的专业素养》 ➤ 布置暑假研修任务,阅读书目	2022 年 7 月
	● 共性教育与个性教育相结合五 ➤ 学员专业发展档案整理的交流展示 ➤ 坊主点评 ➤ 专家培训《了解表达性治疗》	2022 年 8 月
第四阶段	2022 年 9 月—2023 年 4 月	
	● 班主任的专业表达一 ➤ 坊主讲座:《德育论文的写作》 ➤ 学员根据之前的德育案例选择突破口进行小论文写作 ➤ 坊主指导修改	2022 年 9 月上旬
	● 班主任的专业表达二 ➤ 校本研修小课题研讨 ➤ 专家报告:《德育课题的选题与研究》	2022 年 10 月中下旬
	● 班主任的专业表达三 ➤ 校本课题研修之二 ➤ 专家讲座:《调查研究法》 ➤ 指导学员编制调查问卷	2022 年 11 月

（续表）

阶段	主题与培训内容	
	● 班主任的专业表达四 ➢ 校本研修课题开题 ➢ 作业:学员小课题报告提交 ➢ 坊主和专家点评	2022 年 12 月— 2023 年 1 月
	● 班主任的专业表达五 ➢ 学员分组整理校本案例、校本微课成为校本研修教材	2023 年 2 月— 4 月
	● 校本德育小课题结题研讨会	2023 年底

上海市甘泉外国语中学教师专业发展办公室

随着"定制式"工作坊三个阶段的不断滚动推进,尽管学校在前期已经为工作坊的运行、推进制定了较为完备的规章与制度,但研修过程中还是会不断呈现出新的问题,这些问题一方面给学校和各工作坊带来了挑战,一方面也为学校管理的变革提供了新的契机,特别是为校长带来了现代学校治理的新思路与新探索:

1. 解决矛盾冲突:随着工作坊数量的增多,研修时间无法保障,校长需要主动和外界协商,通过调整外出教研时间、整合校内其他行政事务占用的时间、减少不必要的会议和活动,保障工作坊正常运转;

2. 进一步"授权":强化分布式领导运行理念,支持坊主的专业自治与自主,协调与其他系统部门的矛盾,当坊主的专业自治权力与其他系统的行政权力发生冲突时,考验着校长的管理智慧,校长通过定期与坊主进行深度交谈,打消坊主顾虑,让坊主们感到放心;

3. 信心愈发坚定:一是全体教师都可以参与到"定制式"研修中;二是看似普通的教师也有做"坊主"的潜质;

4. 教师反哺现象鼓励校长:积极自发参与的教师开始有了将"资源引入学校"的意识,他们的行为改进也在影响着校长不断改进管理思路。

学校与教师之间是一种互相依存、相互依赖的关系。为保障校本研修的质量,通过制度上的完善,使得学校与教师双方不断调整各自的角色和责任,超越各种可能的限制,通过开展各种合作探究方式助力教师的专业学习。

第三节 "定制式"工作坊的运行机制

教育学体系中的机制是指教育现象各要素之间的相互关系以及教育活动开展的运行方式。① 这种运行方式通过把教育的各个部分有系统地联系起来、统整起来,使教育能够发挥其应有的作用。"定制式"工作坊在运行中以教师自身专业学习为根本目的,以学校教育教学发展和改革所面临的各种实际问题为主要内容,在充分利用校内外各种资源的基础上以实现教师自身学习的研修模式为具体目标,力图通过探索团体中各类要素的交互作用,通过团体对个体的行为影响,借以产生影响团队行为的潜在动力。

一、动力机制

(一)以团体内聚力激发团体研究动力

团体内聚力是作用于所有团体成员并促使其参与团体活动的各种力的组合,所有团队成员为同一目标工作,每个成员各自分担团队的相应责任。影响团队内聚力的因素包括:团队中能否建立一种友好、安全、合作的氛围;能否赋予团体成员共同的团体目标;团体成员是否具有相似的经历或背景;是否具有相同或相似的态度和感受等。依据教师的职业特点,一般习惯以团队形式开展教研活动,例如学科教研活动、备课组活动等,但是在教师专业学习的过程中则往往各自为政,同一教研组内不同年段和背景的教师对于自身学习的要求各不相同,因此,采取团队聚合形式的校本研修能够突破教师个体的视野局限。

在组织形式上,坊主带领坊内教师集中开展团体动力学理论、乔哈里窗口理论的学习。在学习内容上,理解理论对工作坊组建的指导意义,结合工作坊研修目标,讨论如何借助理论去建设一个互动良好的跨学科工作坊,并使工作坊有凝聚力、有认同感,坊员行动时能够得到来自工作坊的支持力量,推动工作坊顺利达成研修目标。在学习形式上,有集中学习理论后的坊员个人心得,有小组案例讨论后的反思,有工作坊整体对如何运用团体动力学理论开展工作坊研修活动的设计与思考等。

　　作为德育工作坊,我们研究的内容与学科教学不矛盾,不同学科背景的组员

---

① 孙绵涛. 教育管理学[M]. 北京:人民教育出版社,2006:293—294.

都在班主任之路上奋力前行,研修活动时间能够得到保证。研修中的分工,主要体现在不同子话题的选择上。我们将研究话题细化为五个角度:"班级自主管理中班主任角色定位""班级契约的制定""走班前提下班级文化的建设""走班前提下班级小干部的培养""走班前提下家校关系的构建"。组员挑选各自适合的话题,结合班级工作实践,进行研究。

教师相关教育理念与意识的更新在研修中慢慢发生。在日常的琐碎工作中,学习看似是一件耗费时间精力的事情,然而,改变也就在学习中慢慢发生。在"工作坊"这一学习共同体的促进下,大家都阅读了一些心理学、班主任工作的相关书籍,在阅读的过程中常常会有灵光一现的感悟,结合工作实践,从而收获心得做法。

"头脑风暴"对"工作坊"的成员而言,伴随着一些小小的压力。每一次头脑风暴,成员的内心都是紧张的,生怕自己无话可说;于是会翻阅资料,认真思考,不断尝试。在尝试中,逐步完善。做着做着,子课题甚至被推翻,寻找新的切入点……工作坊的老师们渐渐感受到,课题研究的结果固然重要,但是更值得回味的是其中的过程,这是一个思考、成长、蜕变的过程。经历了这个过程,才会在这个"百度一搜,万事皆有"的时代,保持自己独立的思考和内心的敏锐,不忘教育的初心。

——"班级自主管理工作坊"坊主谢老师

2017 年春,传统文化工作坊正式成立,而我有幸成为其中的一员,和来自不同学科的老师们一起以"跨学科国学课程的开发"为主题开展研修活动。申报传统文化工作坊的初衷,是身为一名语文教师,本身对国学的喜爱,日常教学中也尝试将国学引入课堂,但教学中也经常发觉"国学进课堂"光靠教师自身的力量,可谓势单力薄;此外,自己对于教育科研总有一定的畏难情绪,在个人专业发展方面希望依靠团队合作的力量,互补互助,以期实现快速成长。

此时,恰好工作坊成立,集结了一群与我有同样困惑和期望的同伴们、老师们,为期两年的时间里,从工作坊联合层面的专家讲座,到具有国学特色的专题体验活动,再到结合课题研究的教材开发实践,可谓收获颇多。

为了提升教师们的国学素养,坊主李老师不仅经常带领教师们来到读懂中国、创智中心等校园特色场馆,创设各种亲历体验传统文化的学习环境和氛围,还带领老师们走出校园,来到九州书院等国学实践基地,感受传统文化的深厚底蕴。

丰富的活动经常获得老师们的交口称赞,让老师们能够有机会在繁忙工作之余走进国学、静心学习。

——"中华传统文化工作坊"丁老师

(二) 以团体压力促进团体目标的达成

团体动力学认为,在运作有效的团队中,每个个体都明显采取带有趋同性的行为,这种行为受到团体压力的影响。这种趋同的压力包括:当成员个体发现自己的观点和行为与团体中其他人有所不同时自发产生的内在压力;另一种是由那些试图影响他人行为的个别成员所给予的外在压力。对团体压力的有效利用,能够影响个体行为,使其符合或趋向团体常规。团体目标与成员个人动机是密切相关的,目标的一致性,促使个体成长的同时促进团队发展。

例如每个工作坊的研修项目都申报了校级(或区级)课题,进行了课题研究方案的设定和研究步骤的安排、研究任务的分配,那么在课题研究目标达成的团体压力下,教师个人会主动承担起各自的研究任务,趋同于团体其他成员的团体行为,减少内在的压力,进而促进团体目标的达成,促进团体的整体发展。

两年工作坊,说长不长,说短也不短。在我们共同的记忆当中,便有那么几个词永远闪着亮光,照亮着我们继续前进的路,也温暖着我们。

关键词一:图书馆。这是我们工作坊经常活动的场所。那些个周五的下午,那些讨论过的话题,那些思维碰撞出的火花,还有那些欢声笑语常会蜂拥而至,仿若昨天。难忘每一次头脑风暴中的各抒己见,畅辩曲直,一句话、一个词、一个理念,都常常让我不由自主地提起笔,生怕忘记;常记起学员之间的无私分享,谁有哪一方面的需要和帮助,擅长的那个人总会不遗余力地施以援手;在我们的工作坊里,总能听到笑声,感受到合作和分享,所以总是那么期待工作坊的学习和活动,这是多么难得的人生经历!我们在这里论育人之道,谈班集体建设之法,求专业发展的未来。是的,图书馆见证了一群人的"野心勃勃",更见证了为人师者的情怀。茨威格曾说:一个人最大的幸福,就是在他年富力强的时候,发现了自己的使命。

关键词二:生态瓶。这是我们工作坊的名字。提起这个词我们定是会心一笑。在将来的日子里,这三个字也许会像一个接头暗号,提醒着我们共同走过的路和曾经的感情。那些个活动通知、那些个感悟分享、那些个活动片段,大数据时代帮我们留住了过往,也更清晰呈现了我们走过的每一步。俗话说,一个人可以走得很快,但一群人可以走得更远,一个人走路孤独而又无趣,一群人走路幸福而又温暖,行走的力量便永不会枯竭。

——"特色班级建设工作坊"坊主厉老师

(三)以团体展示促进项目式成果的提炼

为促进各工作坊的互动交流,拓展教师视野,开阔思路,促进教师知识的整合,素质的发展和能力的提升,学校通过举办形式多样的主题活动,推进工作坊研修活动的实施。成果展示为教师专业发展搭建平台。如每年举办甘泉杯教学月活动,以工作坊为对象开展课堂教学实践,2018年教学月活动开展了德育主题公开课、与工作坊研究主题相关的学科公开课、双语教学公开课、VR实践公开课等一系列教学实践,教师通过深度参与,实现跨学科工作坊对自身教育教学能力的提高,对自身跨领域能力的锻炼,对自身综合素养的提升。

专题讨论为项目式研究破解难题。2018年5月,学校举办了"定制式"工作坊阶段性展示活动,面向全体教师开放,三类工作坊在相互观摩中发现了新的活动思路,产生了新的创意;开展了坊主论坛和坊员座谈,各类工作坊坊主针对跨学科工作坊运行中遇到的问题进行了广泛的交流,思维的碰撞,指导专家针对问题进行了深入剖析,促使教师在展示交流中借鉴反思、聚集智慧,实现专业的增值。

二、组织机制

工作坊项目式研究的共同目标聚集了有相似研究背景和成长需求的不同的教师个体,在项目实施过程中充分发挥教师的主体作用,构成一个专业学习共同体。坊员在共同讨论的基础上制定团体行为规则,成员按时参加项目式研修活动,按照分工各司其职,在开放、安全的团体氛围中沟通交流,贡献自己的知识资源,并在研讨中拓宽自己的知识宽度,能够更好地激发团队的内聚力,促进项目式研究的顺利推进。

1. 建立关联,倡导合作

根据教师专业成长需求和个人志趣,我校组建各类"定制式"工作坊。教师可以在诸多工作坊中自由选择,通过自主申报的方式成为组员。工作坊立足一线教育教学的实际问题,确定组内探究主题,组织成员定期研讨,邀请专家现场指导,在共同努力中寻找解决校本问题的钥匙。在研修过程中,工作坊成员分工合作,各司其职,发挥所长,尽力完成查找资料、实践操作、观察记录、总结整理等各项任务。在研讨过程中,每个成员将自己的所得收获分享给同伴,也学习其他人的成果,大家集思广益,各抒己见,积累经验,总结教训,共同进步。在友好和谐、互帮互助的依赖关系中,工作坊成员的团队合作意识更强,心往一处想,劲往一处使,每个人都收获了更多的知识,更深刻的见地、更开阔的思维。通过这种形式,让教师在专业学习过程中能够做到合作共赢,而不是此消彼长的"零和博弈",也不是单枪匹马的孤军奋战。教师们共同学习、研讨,形成相互支撑、督促、鼓励的良好氛围,让教师群体具有强大的向心力和凝聚力。我们还充分利用冲突理论,并制定合理的分配机制,帮助每一位教师发挥出个人的最大潜力和价值。

2. 尊重"冲突",启迪智慧

当一个人的思想、信息、结论、理论或观点与另一个人发生矛盾,而且双方都想努力达成一致时,争论就会存在。与学习一样,认知发展、社会性发展都建立在引发认知上的不均衡、观念冲突、认知的不确定和认识的好奇上。与个人化的学习和竞争性的学习、辩论和寻求合作相比较,争论能带来较高的成就,在问题解决、批判思维、创造性、学习动机和任务参与等方面使参与者获得提高。甘外组建"定制式"工作坊,强调和谐共赢的合作关系,但我们并不排除和惧怕争论、冲突的存在。合作并不意味着要规避冲突,和谐也不意味着没有争论。在"定制式"工作坊的日常研讨中,围绕某一个主题出现不同的意见和见解是十分正常的。只有在不同观点碰撞中,我们才能发现真理,才能看到个人"盲区"以外的世界。正所谓"君子和而不同",我们尊重不同的观点,认可冲突的价值,也鼓励大家在争论、实践、验证、再争论的反复循环中找到问题解决的更优解。冲突不是为了要比较谁更胜一筹,而是为了能在争论中碰撞出思维的火花,明白问题的症结所在,更加接近真理,提高大家的思考能力,启迪教育智慧,促进每个人更好地学习。

在工作坊内,老师们根据自身专长给其他老师开设精彩讲座,如美术孙老师开设的《美术作品欣赏课》,生物朱老师开设的《生态瓶的制作》等,同时还有坊员一起听吴一慰老师的班会课,共同学习探讨班会课的上法等等。活动形式丰富多彩,有讲座形式,有学习研讨,也有技术培训;有本校听课,也有实践活动;有校内展示,也有外出参观;有坊内学习,也有工作坊联合活动等等。大家在不同的活动中,各抒己见,相互争鸣,智慧碰撞,大家尊重每一个人的观点,这种研修方式对教师成长很有帮助。

——"特色班级建设工作坊"沈老师

3. 公平分配，激发动力

为了激发教师参与校本研修的积极性和主动性，真正能够在学习中有所收获和裨益，甘外在广泛调研的基础上制定了奖励分配方案。我们认为，如果分配是不公平的，那么团体的特征可能是低民心、高冲突和低创造性的。甘外秉持公平透明的原则，旨在让每一位付出辛劳和智慧的教师都能获得应有的激励，从而焕发出学习的强大内驱力。甘外为每一个工作坊都提供一定的经费支持，并给予工作坊一定的财务使用自主权，工作坊可以利用经费组织教师参观学习、邀请专家指导、购买研究设备等。此外，甘外还定期拨放款项对在"定制式"工作坊中取得成果的教师进行奖励。甘外的总体分配原则是，在前期的研究学习过程中，教师的奖励受到其付出的时间、精力和作出的贡献等因素影响；在工作坊成果总结阶段，体现平等和差异化的原则，每位教师都为成果的取得倾注了心血，都应得到一定的奖励。与此同时，分配体现差异性，对团队发展作出更多贡献者，则获得更多奖励；如果在学习过程中，有坊员因为外出学习等原因产生了额外的需要，学校还会根据具体情况，给予一定的协助和支持。

> 两年来"机器人技术工作坊"的学习活动，使我的视野更加开阔，丰富了我的知识面。让我感觉到机器人科技在未来学习生活中将会发挥越来越重要的作用。特别是我们体验了 AR 技术在现实中的应用，它是一种实时地计算摄影机影像的位置及角度并加上相应图像的技术。这种技术的目标是把实物、虚拟景物放在一起展示，并在现实世界中互动。我认为它的出现将大大改变我们观察世界、了解世界的方式和程度。就拿我的历史学科来说，古代的遗迹复原如果运用了 AR 增强现实技术，学生不仅可以从各个角度观察古迹的全貌，还能看到遗址上残缺部分的虚拟重构。这要感谢学校为我们所提供的经费支持，不仅让我们可以进行真实 AR 体验，而且激发了我们将其应用到自己学科中的积极性，不仅由于学校公平的分配举措，更是因为由此而产生在精神上的被肯定感，可以使我们在专业更快成长。

> ——"机器人技术工作坊"裴老师

三、融合机制

（一）研修内容上，通识与个性课程相融合

对于师德类综合素养类课程，全部工作坊按照统一时间、统一形式参与统一内容的研修；对于跨学科实践类课程则以各工作坊的项目式研究主题为主，各工作坊自主选择研修形式、研修内容，自主设计研修作业；整个研修过程因研修课程的不同而采用

坊间互动与坊内互动相结合的形式,灵活开展。

     两年来工作坊在坊主厉老师的带领下开展了多样化的研修活动,有聆听教育专家的德育工作指南,有微视频制作培训,有德育工作坊联合活动,参加学校心理老师指导下的沙盘活动,有一起去日本人学校参观学习,也有坊员一起学习北师大资深教授、著名心理学家的关于"人才培养关键在教师——从德育到核心素养"的讲话,学习《给班主任的建议》《班主任工作中常遇到的 36 个问题及应对建议》和《中小学德育工作"456"密码》等,也有工作坊内,老师们根据自身专长给老师开设的精彩讲座,如美术孙老师开设的《美术作品欣赏课》,生物朱老师开设的《生态瓶的制作》等,同时还有坊员一起听吴老师的班会课,共同学习探讨班会课的上法等等。活动形式丰富多彩,有专家讲座,有学习研讨,也有技术培训;有本校听课,也有实践活动;有校内展示,也有外出参观;有坊内学习,也有工作坊联合活动等等。

——"特色班级建设工作坊"沈老师

(二) 研修方式上,教、研、训一体化融合

    传统的学科类培训,教师是以单学科为单位被动接受,而"定制式"工作坊从建坊之初教师就是带着问题加入的,每个教师都是凭借教育研究者的身份,在做研究的过程中实现教学、研究和培训三位一体的融合。虽然各个工作坊的研究主题不同,但研究过程都遵循着大致的框架,以王老师为坊主的《提高课堂效率微技能的研究》项目为例,其研究过程包括:

    调查阶段:由组员分头收集目前教学各环节存在的突出问题、疑难问题,梳理影响课堂效率的各因素,分类整理。

    研究阶段:查阅资料,由组员分工针对提出的问题寻找对策和解决问题的技能方法,并进行汇总。

    实践阶段:组员根据分工将汇总的各种对策方法和技能带到教学各环节中进行实践,通过比较、验证、修改、创新,筛选出行之有效、方便操作、符合我校学情、教情的若干微技能。

    总结阶段:由组员分工合作,将提炼和筛选出的微技能进行整理,分类汇编成集。

    展示阶段:将编制的《提高课堂效率的微技能》集锦在全校范围内进行展示,辐射成果。

    正如老师们在研修日志中所写的:

通过工作坊的学习，大家都感受了教学研究的过程，从提出问题、寻找资料到编制问卷，到根据问卷数据进行分析，这种体验的过程是十分宝贵的。平时教师们的教学工作繁重，要开展教学问题的研究本来就不易，这种完整的研究过程就显得尤为有价值。

工作坊成员大多都参与了学校市级课题"校本国学课程开发实践研究"的研究工作，我主要负责校本国学教材《国学经典诵读读本》的开发任务。教材编写的过程历经框架设计、选篇定篇、文本修订、分类汇编和导读训练等环节，每一次编写和修订，首先由坊主组织开展头脑风暴，老师们集思广益；在编辑过程中，初、高中三位责编老师及时沟通进度，分享问题，集团队之力解决问题；在解决问题的过程中多次得到了课题领衔人濮虹书记、初中语文教学骨干顾瑾副校长的关心和指导。坊内成员以课题为研究载体探索出一条"导引—诵读—探究—拓展"课堂教学国学渗透的教学方式，在古诗文教学上积极实践"诵—悟—赏—析"的阶梯式学习方法。

——"中华传统文化工作坊"丁老师

(三) 评价方式上，多元化与个性化相结合

教师作为课程改革的主要实施者和推进者，教师教育教学质量的高低直接影响着教育教学改革的成败，学校开展校本研修，教师既是接受者又是受益者，教师参加校本研修的质量影响着全校校本研修活动的质量，影响着教师教育教学的质量，所以对校本研修进行评价是引导教师提升自身专业发展水平的主要手段。教师专业能力的提升，除了受教学能力的影响外，教师的学历、交往能力、性格、人生观等综合素质也是影响教学水平的重要因素。因此，"定制式"工作坊评价的内容和项目中既包括对教师的专业知识技能掌握程度的评价，也包括教师的课程参与程度、教师的学习能力、同伴间的合作沟通等综合能力的评价，多元评价包括评价维度的多元化与评价主体的多元化等。

评价以促进教师专业学习为目的，通过真实的评价实现对教师专业学习的促进。多元化的评价更注重人性化的标准，包括过程性评价、诊断性评价、形成性评价及终结性评价等；既有对教师研修成果的评价也有对教师研修过程的动态评价；既有单项评价也有综合评价；既有坊主对学员的评价，也有学员自身的评价，还有学员之间的互评，甚至各不同工作坊间的交互评价。

"定制式"工作坊组建的初衷就是满足教师学习的个性化需求，尊重教师在校本研

修中的主体性,所以研修的评价也坚持以教师为本,强调教师评价的自主性、个体化、凸显教师在评价中的主体地位,研修的评价摒弃了传统的以单一的教学成果为标准的静态评价,也并不追求教师学习得面面俱到,而是关注教师个体,与每位教师的个人特点和研修重点有机结合,引导教师追求个人学习的独特性。

四、学习机制

传统的在职教师研修往往依托大学或培训机构,教师们往往在短期内密集地接受某些教学技能、策略或教育理论方面的培训,这种培训虽也能拓宽教师的视野,但从长远来看却起不到促进教师可持续发展的理想效果。原因在于这类短期的密集式培训缺乏后续的跟进环节,即忽视了教师经验的连续性。而"定制式"工作坊项目强调活动的系列化和教师经验的连续性,"定制式"工作坊模式下的教师研修是一系列的活动,体现出三大特征与取向。

(一)学习的实践性特征:问题解决取向

"定制式"工作坊立足于教师个人的实践经验,并倡导将"微真问题"作为研究的起点。这些问题大多可以归属为三大类别:一是关于课堂教学与学生发展的显性问题;二是教师自身专业学习中遭遇的隐性问题;三是关乎学校特色与可持续发展的关键问题。通过与坊内不同学科教师合作开展项目式研究,教师通过实践、观察与反思,使经验不断得到重组和改造,完成对认知的重新理解与建构,以及不断明晰问题解决路径。

工作坊根据坊员的问题解决需求,围绕研修主题进行项目设计与申报,请专家进行项目研究可行性和科学性论证,通过项目实践分工体现坊员不同研究侧重点和问题解决导向。在项目式研究过程中不同学科教师、不同教龄的教师开阔了问题解决的视野,拓宽了问题解决的路径,教师的研究能力得到极大提升。

表 3 - 3 - 1 部分工作坊课题区级立项一览

工作坊名称	项目主题	立项级别
微视频教学应用工作坊	运用微视频提升中学外语课堂教学有效性的实践研究	区级
批判思维培养工作坊	"提问交互模型"培养高中学生批判性思维的实践研究	区级
VR 技术工作坊	VR 技术在高中生涯辅导中的应用研究	区级

工作坊名称	项目主题	立项级别
慕课J课堂开发工作坊	移动端微课在课堂教学中的应用与实践研究	区级
中华传统文化工作坊	基于核心素养的高中历史课微阅读方法探究	区级
课堂教学微技能工作坊	立德树人在初中道德法治学科课堂教学的渗透研究	区级

例如,全员坊主制工作坊自主开发的十四门培训课程聚焦了坊主家访、师生沟通、表达情绪等一个个"微真问题"的策略研究。VR技术工作坊汇集了信息科技、外语、化学、地理和历史等学科教师,在坊主带领下共同围绕主题寻找网络VR平台,集多学科教师之合力开发本学科和跨学科VR教学资源,设计VR教学活动案例。在聚合效应产生之后,教师们又引领优质资源回归课堂,更好地服务于学科教学和学生指导,从而形成以问题解决为本的良性动态循环。

（二）学习的差异性特征：个性化发展取向

美国学者诺尔斯对于成人学习特点及其规律性的研究揭示了成人学习的主要动机在于更好地适应自身承担的社会角色需要,成人学习者具有很强的自主性和独立性,有能力根据自身发展需要选择学习内容和学习方式。[①] "定制式"工作坊主张教师具有多种发展的可能性和个体学习的差异性,强调"借助经验进行连续不断地学习"。工作坊中的教师需要不断反思自身的教育教学经历,要借他人的优秀成果与自己的前行历程做横向与纵向的对话、对比与反思,既重视理论与实践的融合,又重视知识的动态性和教师主体性的发展,因而,对话反思取向的教师学习更注重智慧培育,更强调可持续推动。

例如,"中华传统文化工作坊"以传统文化校本拓展课程资源开发为着力点,力图通过多种渠道以国学经典浸润滋养学生,丰厚其国学底蕴,滋养民族情怀,养成君子品格。在坊内研修过程中,语文老师希望拓展知识领域,使学习内容更系统;历史老师建议扩大国学的研究范畴,加入中国传统茶艺等;对外汉语老师希望为中外学生搭建中华文化交流的平台;思政老师希望将国学的主题学习通俗化。针对这些多样化的需求,坊内搭建了以"通识性系统培训、个性化主题研修、多平台综合实践"为主体的课程

---

① 张铁道.回应成人学习需求创新教师研修机制——本土实践探索30年[J].教师发展研究,2020,4(03):7—14.

框架及相应的具体课程。从坊间联动的专家讲座，到各具特色的专题体验活动，再到结合课题研究的实践探索，我们力图引导教师站在全新而多元的情境视角开展教育教学实践，该工作坊承担的市级课题"国学课程开发的实践研究"研究成果《君子养成》一书公开出版。

(三) 学习的多变性特征：融合式取向

科技的迅猛发展带动教育与信息技术的深度融合，加之教育的外界环境复杂多变，线上教育飞速发展，教师的创新素养、信息化素养、研究素养等成为教师专业学习的重要内容。通过参与工作坊基于研修主题的团体内互动，通过多学科交流、多角度探索，站在学科融合视角、问题解决视角开展教育教学实践，集多学科教师之合力，转变自身的知识、态度与行为，提升自身综合素养。如"VR技术的应用工作坊"汇集了信息科技、外语、化学、地理和历史等学科教师，在坊主带领下共同围绕主题寻找网络VR平台，进而开发跨学科VR教学资源，建立VR资源库，增加了情境教学对学生学科学习的兴趣，提升了课堂教学的效率和教师对学生生涯规划的指导能力。

> 工作坊坊主王老师自身信息技术水平较强，带领我们尝试将信息技术与学科教学进行融合，在工作坊里教师可以围绕教学问题一起探讨，开展协作交流，完善教学方法。在工作坊的活动中，王老师使用无人机等新型的工具，在老师们的上课过程中，围绕信息技术运用于教学中存在的问题，一起探讨解决问题的方法及对策。借助不同学科的教师扩大交流、聚焦研讨、增强协作，建构并达成对问题的理解与共识，这样有助于提高教学质量。工作坊搭建了教师进一步学习、交流、提高、创新和发展的平台。通过工作坊的研修活动，坊员们有机会面对面地讨论、分享自己的经验，每一个学科视角观点的分享、每一个教学风格特点的展示都给彼此带来了不一样的收获。
>
> ——"机器人课程开发工作坊"曹老师

历经了"青蓝工程"和"529工程"两项，前后四轮校本研修项目的洗礼，学校在设计、组织校本研修时越来越从教师自身专业学习角度出发，关注教师整体的内在学习需求，在促进教师的专业学习的同时，同步促进学校的发展和学生的成长，进而形成校本研修中学校与教师"双赢"的局面。在日趋成熟与完善的顶层设计思考的基础上，学校基于特色发展的需要、教师专业学习需求和甘外学生培养目标，历时十八年，通过特色鲜明的三项校本研修工程的滚动实施，将学校教师队伍建设不断推向新的高度。

第四章 "定制式"工作坊的个案分析

第一节 德育管理类工作坊—中学生领导力培养研究工作坊

【工作坊简介】

中学生领导力培养研究工作坊属于德育管理类工作坊,该类工作坊主要是从学校德育现状出发,聚焦教师育德能力的提升,包括侧重于班主任核心素养的实践研究、关注班级管理的班主任实务能力的研究、聚焦多元融合的班级生态文化的特色班级建设研究,以及结合学校中外学生身心发展特点开展的中外学生教育比较研究等。其中,中学生领导力研究紧紧围绕学校"有教养、有个性、有竞争力、有国际视野的现代人"这一育人目标,集结了一支来自语文、化学、艺术等学科的老师,通过理论解读、互动研讨、实践研究、案例分析、情境模拟等方式就中学生领导力的七大核心能力:自我领导力、感召力、前瞻力、影响力、决断力、控制力、组织力等展开研修。工作坊坚持以人为本的研修理念,引导学员了解中学生领导力的相关理论及研究现状;探究中学生领导力培养的路径;提升教师在中学生领导力培养方面的理论素养和实践能力,最终把学生培养成为具备领导力素养,德智体美劳全面发展的社会主义建设者和接班人。

【坊主简介】

张老师,2001 年参加工作,中学高级教师,校学生工作部主任,具有丰富的班主任、年级组长工作经验,区德育高级指导教师,主持市级课题《特色班级培育的实践与研究》。公开发表《主题班队会的组织与设计》《关注价值引领,设计深层活动》《机制管理长效发展》等论文。

一、研修目标与主题的提出

随着世界经济一体化和教育国际化进程的不断加快,培养拔尖创新人才已经成为每个国家提升国际竞争力的重要途径,也成为教育改革与创新的重要方面。发现、发掘与发展学生的领袖潜质,积极探索培养学生领导力的路径,是创新人才培养的重要组成部分。领导力在领导系统中是一个根本性、战略性的范畴,是领导者凭借其个人素质的综合作用在一定条件下对特定个人或组织所产生的人格凝聚力和感召力,是保持组织卓越成长和可持续发展的重要驱动力。中学阶段是学生形成个性、自主发展的关键时期,也是领导力培养的重要阶段。工作坊坚持平民领导观,提出进行"中学生领导力培养的路径探索",目标是让领导力成为有教养的中学生的基本素养。平民领导观打破了领导者和被领导者的界限,明确了人人都可发挥领导作用,领导者与被领导者应该面向全体学生,而不仅仅是所谓的"资优生"。

基于现有的研究成果,结合中学生的身心发展规律,结合学生自身健康成长的需要,在充分进行学生调研的基础上,工作坊将研修目标确立为:

基于中学生领导力的相关理论及研究现状,探究中学生领导力培养的路径;

通过主题研讨、活动设计等多种方式,形成与提高教师培养中学生领导力的基本技能;

通过中学生领导力培养微课程的开发,将研修成果运用到教学实践中,促进学生领导力的提升,同时提升学员自身的育德能力。

工作坊提炼出中学生领导力的核心能力为:自我领导力、感召力、前瞻力、影响力、决断力、自控力、组织力,以此作为中学生领导力培养的主要维度,并对中学生领导力培养进行实施路径的探究,并以此为基础制定相应的研修方案。适合学校校情的中学生领导力的七种核心领导能力,对中学生而言都非常重要,但这些领导能力并非孤立存在,它们相互融合,彼此渗透,在具体情境中,共同发挥作用,形成集成效应,共同构筑健康、积极、和谐的中学生形象。我们认为提升中学生领导力关键在于教师,教师对中学生领导力的认识与理解、教师的个人素养、教师的教育教学的方式与方法都决定着中学生领导力的培养是否能够有效。因此,工作坊将研修主题确立为:探索学生领导力培养的实施路径。工作坊基于研究目标,组建研修团队,开展定制式研修活动。

二、研修团队的组建:基于专业发展需求的青年教师队伍

在工作坊组建之初,学校根据德育未来发展的需要,摸排德育队伍中学有所长的教师,让有丰富德育工作经验的老师担任坊主。由坊主拟定工作坊研修的主要内容和基本框架,提出了研修的相关设想,将通过互动研讨、实践探究等方式就领导力培养的路径进行探索,以吸纳有兴趣的老师加入到工作坊中来。拟定学员招募条件包括有:希望学员有从事德育研究的意愿,热心于提升学生的领导力,并愿意从事相关实践;能够主动学习相关的理论知识,设计中学生领导力提升的相关方案;能够积极参与每次活动,认真投入积极互动,并能够在互动后及时地形成反思和总结。

工作坊公开发布了招募坊员的信息后,吸引了不少缺乏班主任工作经验的年轻教师报名,其中教龄在 5 年以下的老师占比 58%。这部分职初教师来自不同的学科,但都在班主任工作、班级管理、班干部培养等方面有强烈的学习需求,尤其对学生干部培养这一主题有较浓厚的学习兴趣。其中,一部分意向坊员来自艺体学科,这些学科的青年教师虽然缺乏班主任育德等领域的实际经验,但他们在学校中大多承担社团、特长学生培养等方面的工作,在学生活动设计策划、组织运作等方面有一定的经验。经过层层筛选来自不同学科的致力于学生工作研究的青年教师组成了一支颇具特色的研修队伍。

申报教师教龄分布图

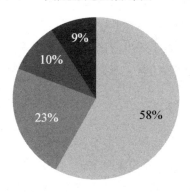

■ 5年内 ■ 5—10年 ■ 10—20年 ■ 20年以上

图 4 - 1 - 1 学校"定制式"工作坊申报教师教龄分布图

表 4-1-1　工作坊坊主成员构成表

中学生领导力培养研究工作坊					
坊主	张老师	教龄	22 年	学历	本科
班主任/年级组长年限	16 年/5 年	职务	学生工作部主任	职称	中学高级
是否市区工作室成员	是	学科	中学语文、德育	研修专长	主题班会
坊员	职称	学科	参加工作时间	班主任工作时间	
1	一级教师	化学	2003.7	8 年	
2	二级教师	音乐	2015.9	无	
3	二级教师	美术	2016.9	无	
4	二级教师	语文	2016.7	无	

　　组建后的工作坊由常年工作在德育一线、擅长德育研究与实践的校学生工作部主任担任坊主。坊主负责学校的学生社会实践活动,是普陀区德育中心组成员,同时是普陀区教师专业发展队伍高中班主任方向的德育高级指导教师,能够调动多方资源进行深入的实践研究。学员中的汪老师班主任经验丰富,兼任学校团委书记,在校内参与学生工作部组织的各项活动,擅长调动学生参与活动的积极性,并且做事认真负责。语文、艺术教师年轻有为,思维灵活,擅长学科德育,能够在自己的教育教学过程中通过各项活动培养学生的领导力,学校里的诸多国学活动和艺术活动都能看到他们忙碌的身影。工作坊成员结构合理,团队实现了跨教龄、跨学科的融合,坊员积极性高、凝聚力强。

三、研修方案的确定

　　工作坊以中学生领导力的培养为研修主题,采用文献研究法、行动研究法、个案研究法等研究方法,制定具体的研修方案,开展实践研究,摸索中学生领导力培养的路径,提升教师在学生领导力培养方面的实践能力和专业素养,从而进一步挖掘学生潜能,提升学生的领导力,促进学生的全面健康发展。

要素	具体内容	实施方案
研修目标	了解中学生领导力的相关理论及研究现状。学习、探究中学生领导力培养的路径。提升教师在中学生领导力培养方面的理论素养与实践能力。	在研修内容上，学习中学生领导力的相关理论，了解各国的研究现状，进行学校教育实践，呈现研修内容多元丰富性。在实施形态上，通过主题研讨、活动设计等多种方式，自主探究、合作探究，做到理论和实践相结合。在师资建设上，关注工作坊成员的独立思考和反思总结，做到观念认同，自觉实践，辐射学生，切实提高学生的领导力。
研修内容	学习中学生领导力培养的相关理论，探讨学生的自我领导力、感召力、前瞻力、影响力、决断力、控制力、组织力的培养路径。	组成学习共同体，搜集学习相关理论，进行资源共享；同时坊主进行理论培训，形成思想共识。在课堂教学、学校活动、主题教育等教育教学活动中实践中学生领导力培养的教育教学方法，探索完善其培养路径。在学校现有资源的基础上，通过整合、打磨、创新，进行学生领导力培养等校本项目开发，在提升学员能力的基础上，吸引更多的同学参与项目，提升自身的领导力。
实施途径	采用实践演练、情景模拟、调查访问等研修形式，有序地分阶段进行研修与实践。	坚持校内和校外结合，线上和线下结合，个性发展和团体学习相结合的方式，通过主题研讨：组织学习"中学生领导力"方面的相关理论学习，反思教育教学行为；活动设计：在坊主带领下对中学生领导力培养进行相关的活动设计；案例分析：总结学校中学生领导力培养的相关案例，进行经验的积累；项目开发：开展领导力培养的校本项目等，结合实证研究和行动研究，分阶段有序开展活动。
研修管理	坊主为第一责任人，对研修过程进行管理，并采用多元评价方式对坊员进行综合评价。及时整理和汇总研修过程资料。	坚持每两周活动一次、每次不少于两课时，并严格考勤。每次活动前发布活动主题和研讨内容，坊员准备发言内容，进行研修互动。活动后，及时进行反馈总结。线上学习，做好笔记，活动后交流学习感悟。实践研修，设计活动预案；全程管理；活动后及时反思总结。学期结束全面总结，撰写心得体会，坊主对学员进行多元评价，同时接受学员和学校的考评。
特色创新	在工作坊研修的基础上，形成"中学生领导力培养"的特色项目，系列课程。	将研修活动和学校教师专业学习、学生成长紧密结合，在提升教师育人能力的同时，在学校已有经验的基础上，形成领导力培养特色项目和课程，服务学生成长。

　　在工作坊研修过程中，为了便于资料的整理和汇总，及时记录研修的亮点和学员们思维的火花，工作坊始终坚持将每次的研修活动用研修日志的形式进行记录。研修

活动由一位学员主讲,通过学员提出方案,工作坊研讨方案、完善方案、活动实施、活动反馈等环节,完成"预设——讨论——实践——反思"的全过程,不断完善实施路径,积累经验教训,切实提高学员们的实操能力。

表4-1-3 "定制式"工作坊研修日志

中学生领导力研究工作坊研修活动			
时间	2018.5.11	地点	1号楼教师专业发展办公室
出席人员	坊主及全体坊员		
研修主题:中学生领导力的培养研究			
研修内容: 　　中学生领导力理论简介;中学生领导力培养路径梳理;中学生领导力案例分享讨论;中学生领导力培养活动设计原则总结。			
研修过程记录: 1. 前期研究总结 　　坊主介绍前期研究的中学生领导力的相关理论,明确适合本校学情的中学生领导力的核心能力为:自我领导力、感召力、前瞻力、影响力、决断力、自控力、组织力。坊主带领坊员梳理中学生领导力培养路径:主题教育、社会实践活动、社团活动等。 2. 案例分享 (1)汪老师主讲案例"有效领导,团队协作" 　　学生干部拓展活动: 　　建立信任—情感与信任—学生干部决策的基础 　　挑战自我—自信与激情—学生干部决策的源泉 　　团队协作—沟通与协作—学生干部决策的保障 (2)蒋老师主讲案例"艺术课堂借助微视频制作提升学生的领导力" 　　以小组为单位拍摄微视频,视频主题不限,健康向上表现校园生活即可。要求有故事情节、有背景音乐、有字幕、有演职员人员表;以5至10人为一小组,每组产生小组长、导演、编辑、剧本创作者等;每个小组派小组长分享拍摄的视频成果,并介绍拍摄的分工、过程以及小故事,时间为8分钟左右。 (3)连老师主讲案例"让阅读成为自己的必修课" 　　通过观看视频、分享阅读的价值。走进经典,汲取知识,获得教养。通过阅读经典这一载体提升学生的组织设计协调能力、规划能力等。 (4)汪老师主讲案例"班干部的培养" 　　案例包括三个环节:我是班干部,我是模范;我是班干部,我要监督;我是班干部,我会监督。 3. 案例分享总结指导(坊主) (1)主题性:根据班级和学生实际,一次集中解决一至两个重点,只有内容集中,领导力培养才会变得深入。 (2)系列性:领导力的培养要形成系列,制定长远的教育计划,做到循序渐进。 (3)分层性:活动设计要因材施教,尝试对学生进行分层指导,才会更有效。			

学员收获与反思
汪老师：拓展训练活动主要目的是"磨炼意志、陶冶情操、完善人格、熔炼团队"。它能有效地提高人在体能、毅力、智慧、沟通、协作等方面的素质和能力，并且可以把其升华到领导力的顶端；在具体的活动实践中还需要进一步落实领导力的培养点，建立每一个小活动之间的联系，实现进阶式培养。 蒋老师：依托艺术课堂教学，拍摄微视频，在小组合作中，领导力体现在每个人对小组中的人和事产生的积极影响。这次活动，让我看到了每一个人都可以承担任务并付诸行动，每个学生都是潜在的领导者，都可以扮演领导者角色。教育教学中，要充分调动学生的积极性，给学生提供更大的舞台，展现自己的才华。

下面以中学生领导力培养的综合活动"南京爱国之旅"社会实践活动为例，呈现工作坊的一次研修过程。

提出方案。为期两天的南京爱国之旅一直以来是学生文化活动的名片，此活动力求让学生在考察南京的历史、文化、名人等活动中，学会自我管理、自主学习、提升信息意识、合作意识，培养科学精神，厚实文化底蕴，激发爱国情操，弘扬民族精神，继承革命传统，增强民族自尊心、自信心。此项活动经过多年的延承，发展至今渐入瓶颈，如何让活动有所突破和创新，是我们一直考虑的问题。学员汪老师主讲时，提出可以为此活动注入领导力培养的因子，让此项活动焕发新的活力。

汪老师认为南京是六朝古都，历史底蕴深厚，那里有鸡鸣寺、玄武湖、雨花台、明孝陵、明故宫、郑和墓、中山陵、总统府、原国民政府旧址、汪精卫公馆、阎锡山公馆等历史遗迹，还有遍布全市的博物馆、纪念馆，如南京大屠杀纪念馆、渡江胜利纪念馆、孙中山纪念馆、太平天国历史博物馆、南京明城垣史博物馆、中国科举博物馆、中国近代史博物馆、江宁织造博物馆、南京民俗博物馆等，加之当地的风俗习惯、饮食文化、建筑风格、地理气候及网络化资源等都是课堂的补充和延伸，这都为学生的社会实践提供了优质的校外课程资源。培养学生的领导力可以让学生分组设定考察方案，研究考察课题，过程中需要小组成员能够分工合作，绘制合理的考察路线，此方案得到了学员的一致认可。

方案研讨。为了提高学生考察的有效性，连老师提出建议：活动开始前，可以先分成小组，确定研究课题，每个小组都可以找一位任课老师作为课题的指导教师，对研究方案提出建议，并进行修改。蒋老师提到：老师的指导不应该仅仅停留在活动前，还应该贯穿活动的始终，在活动的过程中也需要积极引导学生解决疑难问题，将研究深入下去,避免活动沦为浮光掠影。汪老师提到:既然走出了学校,学校就要大胆放手,让学生在广阔的社会大天地中磨炼自己,提高生存能力,这样才能彻底激发学生的领导力。工作坊坊主充分肯定了大家的想法,并提出:在主题开发与活动内容选择时,要充分尊重学生自身发展需求,学生自主选择课题研究小组;根据兴趣自主确定研究课题;结合学科老师的特点自主寻找指导老师;在老师的指导之下自主制定并修改研究方案;自主设计修改调查问卷;根据研究课题自主确定考察路线,学生自己在观察、记录和思考中,发现并提出问题,分析并解决问题;社会实践活动的评价也要坚持自我评价、小组评价和教师评价相结合。总之,大家达成共识,在整个活动中,不以单一、僵化、固定的模式去约束学生的具体活动过程,而是为学生创造性地发展开辟广阔空间,充分培养学生的领导力。

完善方案。参照以上建议,为了将学生的研究引向深入,工作坊整合坊员老师的想法,形成比较完善的方案,落实了具体的培养路径。南京爱国之旅社会实践活动自始至终贯穿于课题研究中。活动虽为两天,但研究远远不止两天。活动前一个月,就要商议进行课题选题方面的指导,组织学科教师进行南京历史文化的相关知识辅导,引导同学们以小组为单位通过网上查询、翻阅书籍等方式,初步确定课题方向,明确研究对象。随后进入课题指导环节,在小组自行聘请的指导教师的辅导下,小组确定研究方案,进一步收集课题相关资料。之后根据研究内容,每个小组确定实地考察的路线和方向,设计好问卷,在为期两天的社会实践活动中,收集相关资料,丰富课题内容,开拓立题思路,留下考察足迹,做好摄影、摄像、问卷调查、采访录音等图像、数字资料的积累。最后,从南京回到上海后,进行资料的研究整合,对所有的资料进行选择、思考、整合,并提出自己的见解,在指导教师的指导下,形成针对性强的课题报告。学校在回南京一个月后组织课题研究的评比和成果展示汇报会,各小组以多媒体、论文或者录像、影集、网页等多种成果方式互相交流,并通过升旗仪式、微信推送、校刊展示等形式多途径地展示学生的成果。

活动过程。为了确保活动的顺利进行成立学生自管会,下设三个部门:分别是权益保障部,负责制定活动的纪律要求,对违纪现象提出批评,对好人好事推荐表扬,评选出南京爱国之旅社会实践活动的优秀个人和小组;活动策划部,负责策划活动方案,包括策划主题集会,组织征文摄影,组织活动评价等;宣传拓展部,负责收集各班和个人的突出事例,撰写活动报道,负责返校后的成果展示。为了进一步提升学生的领导力,在活动中加入了一次学生自己组织的名为"追寻红色记忆,奏响青春之歌"的主题集会,集会地点设置在渡江胜利纪念馆。学生们可以通过主题发言,诗朗诵等多种形式在集会场所缅怀历史。另外,工作坊把主题集会之外的剩余时间,都给了小组集体活动,这为学生提供了一个相对独立的学习生态空间。在这个学习生态空间中,学生是主导者,能够以自我和团队为中心,更加独立自主地完成整个活动,而教师只是一个引导者、指导者和旁观者。

活动反馈。整个活动,学生的研究性课题内容广泛,涉及南京的历史考察、南京的民俗文化、南京的文学作品、南京名人名家研究、南京地质地貌、环境保护、城市规划的研究等。丰富多彩的研究课题让社会实践活动不是停留在观察游览和查找资料的层面,而是注重运用实地观察、访谈、实验等方法,获取材料,形成理性思维,培养批判质疑和勇于探究的精神,让社会真正发挥大课堂的功效。整个活动需要小组合作,集思广益,同学们学会了有效沟通,求同存异;学生走出学校,生活自理,锻炼生存能力,学会适应陌生的环境;深入南京调查访问,集会参观,深受民族文明史、屈辱史、抗争史、发展史的熏陶,培养了文化自信,爱国情怀;民俗、建筑、地理等方面的探究,拓宽了学生的视野。活动充分发挥了学生的主体地位和主观能动作用,更好地发展了学生的特长和个性。一次南京爱国之旅多角度、多层面提升了学生的领导力,增强了学生的社会责任感、使命感。南京爱国之旅活动中,我们也发现了存在的不足,如领导力的培养需要学生能够自觉地在团队中发挥作用,具有责任担当意识,如何进一步发挥每位同学的参与意识还有待研究。汪老师总结,领导力的培养必须以学生的安全为第一要务,让一群未成年人在陌生的城市生存,这本身对学生来讲就是极大的考验,活动中出现的种种小插曲还需要我们在预案中做周全的考虑。

四、研修内容的开发

1. 实施多措并举,激发内驱力

相对于外驱力来讲,人的发展归根结底靠的是人的内驱力,内驱力是在需要的基础上产生的一种内部唤醒状态或紧张状态,内驱力强的老师会主动学习,主动发展。为此,工作坊坊主引导学员充分地认识自我,了解自己的长处和不足,根据自身的不足,结合工作坊的研修主题制定自己的成长规划。有的老师想要借助学生领导力培养的研究形成自己的课题;有的老师想尽快提升自身的理论修养,成长为特色班主任等。坊主适时地给予学员职业规划的建议,带领学员丰富阅历,开阔视野,增长见识,做到见贤思齐,进而激发专业学习的内驱力。同时,工作坊开展案例分享活动,引导学员进行学科渗透,在相互评价中促使学员审视自我,在追求进步中激发专业发展内驱力。

2. 厚实理论素养,强化学习力

理论是实践的基础,在研修活动中,工作坊全体成员结成学习共同体,通过网络搜集,文献查找等多种方式研究学习"领导力"方面的相关理论资料。工作坊查找了《国家中长期教育改革和发展规划纲要(2010—2020年)》《基础教育课程改革纲要(试行)》纲领性文件,明确了领导力培养的方向。工作坊着眼于中学生领导力培养的渊源和理论基础、中学生领导力的研究现状,参照了《领导力与组织发展》一书,专家对领导力的界定,包括:斯托格迪尔(Stogdill)在1974年提出的领导者必须具备十个方面的能力或素质,即成就、韧性、洞察力、主动性、自信心、责任感、协调能力、宽容、决策力、正直和社交能力;诺豪斯(Northouse)归纳的领导力的主要特性:才智、自信、决策力、正直和社交能力;卡什曼(Cashman)提出的七种路径:目标控制、变化控制、人际控制、本质控制、平衡控制、行动控制和个人控制;以及查普曼(Chapman)在《发现,然后培育领导力》中提出的领导力开发模型:充满理想色彩的使命感、果断而正确的决策、共享报酬、高效沟通、足够影响他人的能力和积极的态度等。最后,工作坊结合英国领导学学者阿黛尔和美国学者哈维·罗森(Rosen),国内学者苗建明、霍国庆的领导力五力模型,以及学者托尼·布赞提出的六维领导力,并在结合校情的基础上,明确了领导力的内涵,确定了中学生领导力的七大核心能力,为后续的研修奠定了坚实的基础。工作坊通过持续的理论学习,提升了专业素养,强化了学习力。

3. 坚持多元实践,提升行动力

在理论研究的基础上,结合学校的实际情况,工作坊在学校现有活动的基础上融入中学生领导力的培养,不断探索新方法,挖掘新举措,实施新路径,带领学员进行多元实践,在实践中夯实能力,锤炼本领,让中学生领导力的培养路径更宽,内涵更深刻,实践更有可操作性和有效性。学员结合自身的特长和学科背景,尝试了一系列的领导力培养的实践活动,如:设计开展了侧重于感召力、决断力培养的学生干部团队拓展活动;侧重于自控力、组织力培养的南京爱国之旅、绍兴文化之旅活动;侧重于组织力培养的社团活动;侧重于影响力培养的公益社会实践和社区服务活动;侧重于学生自我领导力培养的"主题班会"系列等。

实践多样的培养方式,情景模拟、参观访问、调查研究、学长示范等,可谓精彩纷呈。在不断的实践过程中,也凝练出中学生培养的多条具体路径,如:领导力培养的社会实践活动,需要在活动前,教师进行实地的考察,设定活动预案,并对学生进行相关知识的普及;活动中实行分组合作,进行实地探访,通过采访和问卷调查等方式完成课题研究,积累课题素材;活动后分组完成课题研究报告,制作汇报PPT,撰写活动感悟,学校进行活动成果展示评价等。整个活动中,每个环节都有具体的实施方法和步骤,以及活动组织的注意事项。研修活动中学员多次进行方案的交流,在思维的碰撞中不断调整,挖掘领导力培养的落脚点,发挥团队的实力,共同确定成熟的活动实施路径,再通过实践进行验证和完善。学员汪老师说:"通过社会实践活动提高学生的领导力,起初我的设想较为简单,只是几个活动的简单组合,经过工作坊的研训,大家头脑风暴后,我才意识到,多个活动的叠加并不能直接提高学生的领导力,需要在每一个活动中发挥学生参与的积极性,设置领导力培养的关键环节,找到领导力培养的落脚点,并且活动能够层层递进,环环相扣,这样的设计才能够较为系统地发挥活动育人的最高效用。"学员们各显神通,通过持续不断的努力,坚持多元的实践,锤炼了自己过硬的本领,将专业研修成果化作实践行动。

4. 研发项目课程,促进聚合力

工作坊开展项目研发,在原有学校活动的基础上进行整合提升,打造培养学生领导力的专项活动,如适合年级开展的"美丽成长计划"以及适合班级开展的学生自我领导力培养的"主题班会"系列。美丽成长计划是通过一系列形式丰富的活动,在理想、知识、能力和人格四个维度上采用体验式学习方法,通过游戏、练习、分享等多种形式,培养学生的领导力。系列主题班会是工作坊研制的适合班级内部开展的系列活动。例如:工作坊根据高一学生的身心发展需要,设计了为期一年的系列活动,分为"修身篇""励志篇""行动篇"三个篇章,实现对学生领导力的进阶性培养。系列主题班会的三个篇章的内容侧重于学生自我领导力的提升,但是每次主题班会的整体设计力图改变以往主题班会只是同学们坐着看的方式,而是让每一位同学都成为班会的参与者。

通过项目课程的实施,工作坊成员之间协同一致,与学生一起共同经历活动策划、组织、实施等各个环节,合作的过程提升了团队的聚合力。例如:主题班会的策划与实施,具体的实施路径为:工作坊通过班主任会议发布主题班会的主题,招募班会策划组成员,策划组设置活动方案,征求班主任的建议,确定活动方案,招募主要工作人员在每一个实施环节,尽可能地调动学生参与的积极性,让学生发挥自己的感召力、影响力等领导力,在具体的实践中磨炼,提升自身的能力。

表 4 - 1 - 4　工作坊研发课程一览表（部分）

年级	序号	课程	内容/形式	目的	课程时间
高一	1	破冰之旅"共托明天的太阳"	体验式学习	团队意识、感恩教育责任教育	4 小时
	2	时间管理	讲解、讨论	引导学生学会安排时间，做计划	2 小时
	3	了解你自己	自陈式问卷，通过反馈了解别人眼里的自己	引导学生增强自我了解和认知，接受自己，进行自我整合	2 小时
	4	公益理念和活动	参与及实施公益活动	引导学生学会和别人相处和帮助他人，引发对自我价值观和幸福观的思考	实际需求
	5	思想的盛宴	用生动的方式介绍古今中外精彩的哲学、历史及其他人文知识	拓展思维宽度，激发学生对哲学、历史的兴趣，拓展视野	2 小时
	6	学习能力/知识结构	介绍、讨论	引导学生思考并开始建构知识结构，保持持久的学习能力	2 小时
	7	浩瀚的宇宙	用生动的方式介绍星空，宇宙，奇妙的自然现象	激发学生对自然科学的兴趣、拓展视野	2 小时
	8	我与他（她）	介绍人的性格类型，思维方式，情商，通过讨论来了解别人的想法	引导学生了解他人，正确看待人际交往中的挫折，为社会化做准备	2 小时
	9	生活中的经济学	介绍，讨论和练习	引导学生了解理财的基本概念和兴趣	2 小时
高二	1	我与甘泉	分享一年来在甘泉享受的资源、美丽甘泉的人与事以及在甘泉的成长	感恩教育	2 小时
	2	寻宝游戏	体验式学习	引导学生确立目标并制定行动方案	4 小时
	3	我的未来不是梦（职业规划）	选取几个典型职业进行介绍、互动、讨论	引导学生思考未来的职业选择	2 小时
	4	尊重与自尊	反思，讨论，引导思考	引导学生思考何为自尊，何为尊重，生活中有哪些地方可以继续完善	3 小时

年级	序号	课程	内容/形式	目的	课程时间
	5	商业实践	分配课题,小组任务,结果呈现,可留作业	用实践的方法增强学生对商业运作的了解,激发兴趣	2小时
	6	分析/解决问题	讲解,小组讨论和互动	培养抽象思维能力、解决困难的能力	2小时
	7	身边的法律知识	讲解、讨论。选取与青少年有关的案例,了解法律在成长中的重要意义	培养法律意识和基本的法律常识	2小时
高三	1	半马苏河	室外拓展	坚毅的品格、团队意识、目标意识的培养	2小时
	2	我的职业梦想	选取几个典型职业进行介绍、互动、讨论,提出高考志愿填报的建议	引导学生思考未来的职业选择,为学生的学习增添动力	2小时
	3	突破瓶颈	突破学习瓶颈的方法、计划交流	分享经验、心理建设,为冲刺准备	2小时
	4	放飞理想	高考心理辅导和减压	调试心态、顺利渡过高考,放飞理想	2小时
	5	自主招生面试的技巧	讲解自主招生面试的内容、技巧,体验模拟面试过程	提高综合素养	2小时

表4－1－5 系列主题班会内容介绍

项目	教育目标	教育内容概述	选题参考
修身篇	学生能获得"为人处世"的能力,学会做一个受欢迎的人。	以本校的《学生日常行为规范》为内容,展开讨论:如何做一个"美丽的甘泉人"。	学会守规矩
		探索获得知识的途径,思考获得知识的方法,明确科学的学习方法。	学会求知
		探讨高效率做事的具体方法,克服拖延症,并找出班级收作业、换座位等的最佳方法,以提高做事的效率。	学会做事
		创设班级活动情境,找出生生交往中存在的问题。从人与人的共处拓展延伸到班级与班级,年级与年级,与陌生人之间,人与自然,人与社会等的共处。	学会共处

项目	教育目标	教育内容概述	选题参考
		创设情境,进行小组合作项目或游戏的设置与完成,分享合作的体会和竞争的心得,懂得"共赢"的道理。	学会合作与竞争
		从班级卫生的责任入手,谈谈每一位同学在班级中承担的责任,拓展到在年级、学校、家庭、社会应该承担的责任,做一个对自己负责的人。	学会承担责任
		从考试作弊谈起,谈谈诚实守信的重要性,并延伸到社会上"扶起摔倒老人"等社会现象,谈自己的看法。	学会诚实守信
		从校园美在何处开始,去发现身边的美,拥有一双发现美的眼睛。	学会审美
励志篇	学生充分挖掘自身的自主意识和成功动机,开发自身的潜能,树立远大志向。	借助孜孜不倦的英国首相"丘吉尔"、微软亚洲研究所创始人张亚勤的事例,小组讨论分析目标的实现靠的是持之以恒的努力,并探讨让自己拥有持续动力的方法。	持之以恒的努力
		借助名人经历启发学生思考成功的关键是要有"永不言败的信念"。学生也可交流自己了解到的名人经历,树立学习的偶像。	永不言败的信念
		小组讨论分析中国女孩赵小兰撞破美国"玻璃天花板"的事例,明确赏识自己的重要性。在自评和他评的基础上开出一张罗列自身"优点"的清单,发现自己的长处以此来激励自己。	学会赏识自己
		在自评、他评的基础上开出一张罗列自身"缺点"的清单。小组讨论,班级交流大家普遍存在的不足,并为此开出"治病的良方"。	做最好的自己
		讲述两名瓦工的故事,出示制定长远目标的依据,并引导学生制定出自己的长远规划表。	规划好你的明天
		学生在相互启发和交流中进一步设计自己的月计划、周计划、日计划,按照时间管理的有效策略对具体的目标进行合理排序,并思考讨论规划表的可实施性和可度量性,完善和细化自己的规划表。	完善和细化规划表
		学生根据自己的具体情况列出实现目标的理由,实现目标所需的条件,明确马上要解决的问题,并设定完成目标的"下时限",以此方式来督促自己坚定地执行自己的规划,通过建立"追踪机制",检测每天的进度来衡量自己努力的程度。	规划执行中的自我管理

项目	教育目标	教育内容概述	选题参考
行动篇	学生能够积极、主动规划自己的人生,并为自己的人生不懈奋斗。	用马化腾等名人的事例来说明行动的重要,倡导把握当下,付诸行动。	行动的重要
		引导学生每天列出自己的行动清单,并严格按照执行。	行动的实施
		借助"施瓦辛格"成功的事例,明确行动需要根据自身的情况和发展的具体阶段进行适当的调整。课堂上需找出自己的"行动清单"中存在的问题,并进行科学的调整。	行动的调整
		包括行动的自我监控和他人监控。制定自我监控的实施策略。找到他人监控的"重要他人",探讨"他人监控"的实施策略,形成共识。	行动的监控
		讨论可行的自我激励的具体方法。根据自身的特点合理地制定自我激励的规则和策略,纳入"自我监控"和"他人监控"的规则范围,进行跟踪、调整。	行动过程中自我激励

五、研修成果的提炼:"美丽成长计划"品牌项目

工作坊的研修成果中,"美丽成长计划"项目不仅成为中学生领导力培养的载体,也成了学校的特色品牌项目。该项目是我校与来自中欧国际工商学院的志愿者合作开展的,针对高中生素质教育的长期公益项目,该项目曾被上海教育电视台等多家媒体报道,在校园内外有一定的影响力。

"美丽成长计划"公益活动引用体验式学习方法为活动基础模式,透过游戏、练习、分享,来达到以上特质。体验式学习方法始于 20 世纪 70 年代,由美国斯坦福大学开创,这种学习模式继而被广泛使用,并尊崇为一种有效的学习方法。这是从美国引进的一种被称为「新游戏」(New Game)的体验式游戏,它有别于传统游戏,非以胜负为目标,而是让参加者从游戏中体验感悟,从中引发思考,激发学生积极、向上的人生态度,传递正能量。活动通过一系列形式丰富的活动,在知识、能力和人格三个维度上帮助学生在高中阶段有效学习、健康发展。"美丽成长计划"开展至今,在学生领导力培养上初见成效,成为学校校本德育品牌课程。

工作坊在实施"美丽成长计划"的过程中,不断探索课程实施的路径。该活动课程纵贯学生高中三年,内容上源于学生的实际生活;方法上注重学科教育、社会教育、品

德教育、艺术教育相融合；目标上关注学生兴趣、态度、能力、知识相整合，通过系列活动，营造特定情境，力求使每一次活动都成为一段完整的、和谐的、富有弹性的领导力培养教育经历。每一次活动都坚持设计详细的方案，坚持调动学生的主体性，让学生在体验活动中，潜移默化地受到影响。如"破冰"活动的"劲歌热舞""牵手"等活动环节、"大小呼啦圈""小草与风""拼图"等游戏环节，都让学生们了解良好规划的重要性。

为拓宽中学生领导力培养的新途径，"美丽成长计划"项目还与学校的社团活动、拓展研究型课程相结合，以学校的"JA"经济社团为例，学校在JA提供的教学资源基础上，利用企业志愿者的协助，结合本校的理念与特色，进行了个性化的创新，开设了"JA经济"系列项目，学生自主成立学生公司、建立"JA经济学社"，学生领导力培养初显成效。

项目着力于培养更多有品德、有激情、有创新意识、有执行力、有抗压能力的年轻人，关注学生面对成功和面对失败的相关教育和引导。JA学生公司的学生们在项目化教学的课堂中了解并实践如何将商业理念从概念转变为现实课堂。学生们在企业志愿者的协助下创办学生公司，经历寻找用户痛点、产品设计、产品升级、产品销售、产品展示等环节。在运营、管理公司过程中学生能学习如何合作与沟通、把握机会、承担责任等知识。项目化学习的形式培养学生发现问题解决问题的能力、创业创新的能力，激发学生自我效能。

各家学生公司如同迷你的正式公司一样组织运营，学生需要设计公司相应的主题产品，自行解决公司产品的设计定位、销售方式等问题，同时还不可避免地需要考虑到不同学生公司间的个性差异等问题，需要应对处理公司经营中各种风险和问题。参与该项目的老师们为学校各家学生公司提供尽可能的帮助。学生在公司经营中涉及经济、心理、慈善、礼仪学、信息技术等学科的知识，老师们会根据学生的实际问题做相应的指导。项目负责老师全面跟进的同时配有JA招募的企业志愿者和相关学科的老师作为顾问。志愿者会让每位学生知道公司各项决策和行为的可能后果、风险、责任，志愿者和任课老师是教练，会共同关注培养学生的能力，督促学生的进度，呵护学生的兴趣与信心。除此之外，学校为学生公司聘请校外导师，提供针对性的咨询和帮助。

学校的大型活动樱花节为学生公司提供产品宣传、产品销售专场。学校结合校内其他主题活动提供一些项目，由愿意承担任务的学生通过"招标"完成。比如2021年毕业季的毕业生祝贺礼物由多家学生公司参加招标,最后酷睿学生公司凭借设计制作别具一格的祝福香囊脱颖而出。学校为优秀的公司成员授予"甘泉优秀小创业家"的称号。

JA 中国还有一系列的拓展活动,为学生提供展示阶段性成果和相互交流学习的平台:秋季学期末的学生公司产品展销会,学生公司地区选拔赛、全国赛。全国赛的优秀团队有机会成为中国代表,参加第二年春季学期初举办的亚太区国际赛事。学校针对这些活动,会根据学校安排选择举办相应的校级活动和比赛,促进学生的学习积极性。2023 年 6 月,在 JA 学生公司大赛上海地区赛上,我校两家学生公司——泉欣泉艺、life 公司双双入围(全上海仅三家公司入围);2023 年 7 月,在 JA 学生公司大赛全国总决赛中,我校泉欣泉艺学生公司获得第二名的好成绩,将在 2024 年 4 月参加亚太区 JA 学生公司大赛。

在 JA 中国举办的成立 30 周年庆典活动上,我校获得"卓越合作学校"奖项。该奖项是颁发给与 JA 合作超过十年的学校,并且要求学校是中国职业教育、财商培养和创业教育的先驱者,更是 JA 课程的全国示范学校。这些学校不仅与 JA 合作多个课程和项目,还帮助 JA 将课程推广到更多的城市和学校。我校借助 JA 中国平台,开设多门经济类课程已超过 15 年。其中 JA 学生公司已开设了 10 年。学校一直都高度关注学生的职业生涯规划,根据学校办学理念和办学特色,在 JA 提供的教学资源和企业志愿者基础上进行了个性化的创新,将 JA 学生公司打造成了体验创新创业的跨学科课程。(泉新闻)

曾经是"美丽成长计划"项目第一届学员的肖同学、钟同学分别被交通大学、复旦大学医学专业本硕博连读等院校、专业录取,这些学生在各重点大学展示着自己的综合实力,继续追寻着自己新的梦想,同时他们也成了这个活动项目的志愿者。

第二节　特色学科与领域类工作坊—中华传统文化工作坊

【工作坊简介】

中华传统文化工作坊属于特色学科与领域类工作坊,该类工作坊聚焦学校办学特色,以外语教学与研究、国际理解教育、艺体文化教育为主要研修领域,实现建设学科特色教研组,培育学校特色教师,探索构建特色学科高地的师训目标。其中,中华传统文化—国学工作坊紧扣学校"民族情怀、国际视野"的办学理念。作为一所国际化的外国语中学,首先要培养能对中华民族文化的基本理念、基本价值真正理解、有感情、有强烈认同感的人。"民族情怀"就是要通过多种渠道以国学经典浸润滋养学生的内心,做真正的中国人。工作坊集结了一支来自语文、历史、政治、对外汉语、艺术等学科的跨学科教师队伍,旨在提升教师的国学基本素养、特色教学能力、跨学科教学整合能力等。工作坊开展各类丰富多彩的研修活动,通过课题引领、校本实践、校推辐射等研修板块与项目,为教师设计与定制围绕"中华传统文化教育校本化"这一主题的系列研修课程,包括:传统文化通识课程与跨学科传统文化教学资源开发、传统文化综合实践活动开发等实训课程等,借由研修活动,工作坊开展相关课题研究,尝试开发适应我校学生底蕴涵养、生涯发展的中华传统文化教育教学资源;工作坊的研修成果结集出版,同时推广辐射周边学校;研修其间,坊员各类教育教学成果丰硕。

【坊主简介】

李老师,中学高级教师,校国学课题主要负责人,校文学社、国学社团指导老师,参与市级课题《国学课程开发的实践研究》、区级课题《国学课题推广的实践研究》,参与编著《君子养成》一书。

一、研修目标与主题的提出

"民族情怀、国际视野"是我校的办学理念,作为一所公办外国语中学,首先要明确民族的才是世界的,要培养能对中华民族文化的基本理念、基本价值真正理解、有感情、有强烈认同感的人,以实现中西方文化的融通而非同一。为此,中华传统文化工作坊将研修目标确立为:

立足学校办学目标,以学校教育教学实践为基础,努力开发适合学生成长需求的中华传统文化校本资源,努力探索行之有效的传统文化教育方法,志在传承中华民族的传统文化,志在滋养学生们的民族情怀。

中华传统文化课程学习应首先做到尊重经典,尊重传统文化中蕴含的传统价值观,并在此基础上有所感悟和思考,受到情感熏陶,获得思想启迪,享受审美乐趣。

中华传统文化课程学习不是传统私塾的教授,应该是开放而有活力的,展示的平台要开放,教学过程中学科的界限要开放。加强渗透,相互融合,引导学生用多种形式理解传统文化精髓。

在师资建设上,做到底蕴扎实,辐射效益。工作坊全体成员须积极认同课程开发理念,积极参与到课程开发中来。参与课程开发的教师能积极地引导和培养学生对中华文化的自觉意识,并将研修的效益辐射课堂,辐射学生,辐射校园。

在教育国际化的今天,我们既希望学生拥有广阔国际视野和国际交往的能力,也希望学生能够浸润在传承千年的传统文化之中,具有深厚的民族底蕴与民族情怀。推进中华传统文化教育关键在教师,教师的兴趣与责任、教师的国学素养、国学教育的方式方法,都直接影响到学校传统文化教育的实施和效果。

中华传统文化工作坊定制研修主题,研究和探索传统文化教育的校本化,工作坊组成研修团队,开展定制式研修活动。坊员教师围绕中华传统文化开展主题研修,不仅能提升自身的教育教学水平,促进自身专业发展,还将辐射研修效益,探索中华传统经典进课堂的实施路径与方法,在校园中营造浓厚的国学氛围,共同提升全校师生的民族文化素养。

二、研修团队的组建:基于主题式教学的多学科教师队伍

在工作坊组建之初,坊主由学校的资深学科教师担当,坊主通过工作坊研修框架内容的设想,草拟研修设计构想,同时,拟定学员招募条件,并在学校定制工作坊启动活动中公开发布招募信息。在初次申报学员中,以文科教师为主,教龄跨度从 3 年到16 年不等,这些教师普遍表现了对中华传统文化这一教育教学领域的学习兴趣。经过双向选择,考虑到中华传统文化研究的学科特性,工作坊最终吸纳了来自语文、历史、政治、艺术、对外汉语等学科的教师,这些教师本身都具有一定的传统文化功底,同时以文科教师为主体的多学科教师队伍,有利于工作坊突破传统文化教育等同于语文课的局限,尝试基于主题式教学的、多学科教师共同参与的研修项目。

由跨教龄教师、多学科教师构成了一个结构合理、凝聚合力的工作坊团队,由此开展紧密结合学校办学理念、契合学校办学现状与未来发展的传统文化教育校本化探索,包括主题项目活动、教学资源的开发与实践等。经过较系统的校本研修,提升教师的国学底蕴,壮大学校国学教育师资队伍,实践中华传统文化进课堂、传统文化教育校本化的构想。

表 4-2-1　工作坊情况发布

上海市甘泉外国语中学中华传统文化教育研究工作坊坊员招募

一、坊主简介
　　坊主:中学高级教师,校国学课题主要负责人,校文学社、国学社团指导老师。
二、研修目标与方向简述
　　中华传统文化教育研究工作坊隶属于特色学科与领域类工作坊,研修的主题是中华传统文化拓展课程资源的开发。
三、工作坊研修课程简述
　　本工作坊将研究的主要方向确定为中华传统文化教育的校本化,即将中华传统文化课程与我校"民族情怀、国际视野"的办学理念相结合,致力于开发适用于我校实情的中华传统文化校本资源。工作坊将筹备并组成一支跨学科的师资队伍,在课堂教学中实践中华传统文化的教育教学方法。在工作坊中开展通识培训,推进教师对传统经典的阅读,开展定期的读书活动,开展主题式的学习研讨活动。工作坊将开展校本资源的开发与实践。以学校现有的国学校本资源为依托,开发跨学科资源。工作坊开展综合活动和社团活动的开发与实践,以"国学堂"的新形式,组织传统文化学习活动。
四、学员申报与资格认定
　　1. 本工作坊为跨学科申报工作坊,对学员无学科限制。
　　2. 申报学员需对中华传统文化的教育教学研究有一定的兴趣。
　　3. 文史类、艺体类学科优先招收。
　　4. 有特色课程开发经历,有信息技术特长,有慕课、微课制作经验的学员优先招收。
五、联系方式(略)

表 4-2-2　工作坊学员申报表(部分)

学员序号	职称	学科	参加工作时间	班主任/年级组长工作年限	是否愿意服从调剂	备注
1	中学高级	语文	2001	13	否	
2	中学一级	语文	2003	12	是	
3	中学一级	语文	2002	14	是	
4	中学高级	语文	1994	16	是	
5	中学一级	语文	2002	3	是	
6	中学二级	语文	2007	无	是	

学员序号	职称	学科	参加工作时间	班主任/年级组长工作年限	是否愿意服从调剂	备注
7	中学一级	对外汉语	2002	5	否	
8	中学一级	数学	2004	6	机器人工作坊	
9	中学一级	历史	1993	无	是	
10	中学一级	政治	1997	10	是	

三、研修方案的确定

中华传统经典是指那些已经深入人心，最具有研习价值，世代流传影响深远，作为中华民族文化杰作、文化精华流传下来的原创性典籍，作为中华民族的文化瑰宝的核心，是中华民族不朽精神的沉积，承载着民族血脉中的最高智慧。工作坊将研究的主要方向确定为"国风汉韵、君子养成——中华传统文化教育的校本化实践"，即将中华传统文化教育与我校民族情怀相结合、课程主要内容包括以下几个方面：

传统儒学经典的阅读。以传统儒学经典为主，兼顾文学艺术、社会科学等领域中的经典文化作品，同时开展培训，由坊主主持，学员主讲，在研习活动中明确进一步开展研修的侧重。

理论与信息技术学习。包括学习和梳理相关国学资源研修的开展途径与策略，参观走访区内外国学特色学校，学习相关的资源采集与信息技术处理的手段。

学科渗透与课堂实践，坊员以前阶段学习为依托，寻找研修的突破口，制定个性化研修主题与方案，开展课堂实践与社会实践，所有坊员参与研讨，共同参与教学案例的研讨，不同学科的教师分头开展国学在本学科领域的学科渗透，撰写教学案例，汇编校本化资料。

项目式活动的组织与推广，在学校现有的国学社团、国学书院、白水文学社的基础上，整合学生社团资源，开发跨学科国学项目活动，例如学生吟诵课、国学堂、国学之旅、诗词大会等，工作坊尝试运作相关项目，进一步形成项目运作经验并予以推广。同时，在具体研修实践活动中，及时听取坊员关于研修活动的意见与建议，研修课程也在不断地完善修正，从项目构想到具体实践再到推广辐射，促使每一个研修课程与项目都达到预期效果。研修课程实施过程中，工作坊制定每阶段的研修计划，每月的研修活动都以研修日志的形式记录并呈现。

表 4 - 2 - 3 "中华传统文化工作坊"研修计划

工作坊维度	学员维度
工作坊筹建准备与学员招募:	
筹备并组成一支跨学科的师资队伍;	学员参与申报理论学习与通识培训:
传统文化经典的讲座与研讨;	学员参与学习与研讨:
资源开发理论基础;	学员参与学习与研讨
信息技术辅助手段理论与实践;	学员参与学习与实训
项目活动与实践研究:	
诵读项目;	学员参与校本学习资料的采编
	汇总
资源开发项目;	
综合实践活动项目;	学员汇编教学案例
课堂实践与研究反思;	学员参与个性化学习
资源整合与课题研究;	学员整合教学资源、参与研修
	成果汇编

表 4 - 2 - 4 "中华传统文化工作坊"研修实施方案

要素	要求	实施内容或方案
课程目标	课程立足学校办学目标,立足学校教育教学实践基础,努力开发适合学生成长需求的中华传统文化校本课程,努力探索行之有效的传统文化教育方法,志在传承中华民族的传统文化,滋养学生们的民族情怀。	在内容编排上,做到尊重文化,学科融合。在研修内容编排上关注传统文化的多样性和丰富性,做到有机融合,兼容并包。 在实施形态上,做到开放包容,形式多样。中华传统文化课程学习不是传统私塾的教授,应该是开放而有活力的,资源的收集方式要开放,学习的方式方法要开放,实现形式要开放,评价的形式要开放。 在师资建设上,做到底蕴扎实,辐射效益。工作坊全体成员须积极认同理念,积极参与到研修活动中来。坊内教师能积极地引导和培养学生对中华文化的自觉意识,并将研修的效益辐射课堂,辐射学生,辐射校园。
课程内容	本工作坊将研究的主要方向确定为中华传统文化课程的校本化,即将中华传统文化课程与我校"民族情怀、国际视野"的办学理念相结合,致力于开发适用于我校实情的校本拓展课程资源。	筹备并组成一支跨学科的师资队伍,在课堂教学中实践中华传统文化的教育教学方法。在工作坊中开展通识培训,了解教师的情况,包括他们的基本国学素养,对传统文化的态度、兴趣等,以便根据实际开发研修课程。 校本项目活动与教学资源的开发。以学校现有的国学教育教学资源为依托,开发跨学科的项目活动与学习资源,在提升教师专业能力的同时,吸引更多学生自发投入学习,参与学校特色项目、学生社团等实践活动,真正成为传承中华文化的主人翁。

要素	要求	实施内容或方案
实施途径	依据实际情况选择或创造适合的研修形式，通过专家引领、团队合作、自主研修等渠道促进教师的发展。围绕课程主题有阶段性地实施方案，并有序地展开学习、交流、研讨和实践。	开展通识培训和理论学学习。工作坊将开展通识培训和理论学学习。在学员教师中组织跨学科通识培训，以儒学经典为主，兼顾文学艺术、社会科学等领域中的民族文化传统。 多渠道培训。通识与个性学习相结合；理论与实践学习相结合；线上与线下学习相结合。 调查与访问。调查和了解参与申报教师的教育教学现状，明确他们在专业发展方面的诉求，继而安排和调整研究的分工和任务责任，实现教师有效发展。 实证研究。采用行动研究与案例研究相结合的方式，注重课堂教学的实践与反馈，并在此基础上积极反思与调整研究步调、方向。在研究过程中采集汇编个案，形成案例分析。
课程管理	坊主为第一责任人，重视对研修的过程管理，并对学员进行多元评价。档案管理严格规范，有专人负责。	严格两周活动一次、每次不少于两课时的学习制度，并进行考勤管理。 每次活动提前布置研讨内容，明确主讲人，认真记笔记，积极讨论，及时小结。 网络学习讨论活动，做好活动过程性记录。
特色创新	在工作坊研修的基础上，开展中华传统文化教育教学进校园的实践研究，设计和开发中华传统文化经典课程、综合活动课程，构建甘泉特色课程资源库。	将研修活动和学校教师专业发展有机结合，将课程设计与实践纳入教师校本研修内容，其成绩纳入教师专业发展的评价体系，从根本上实现建设学科特色教研组，培育学校特色教师，探索构建特色学科高地的师训目标。

表 4－2－5　中华传统文化工作坊研修日志

中华传统文化教育研究工作坊研修活动			
时间	2017.4.27	地点	一号楼 4 楼小剧场
出席人员	华东师范大学教育学系教授、博士生导师，普陀区教育学院教师指导团队项目负责人，校教师专业发展领导小组成员，全体坊主与学员。		

研修主题:工作坊揭牌仪式暨"研修中研究方法的指导"全员研修

研修内容:
（一）工作坊揭牌仪式。
（二）第一次全员研修活动，主题："研修中研究方法的指导"，主讲:华东师范大学教育学系教授、博士生导师。主要内容:
1. 教师做研究的优势与常见的问题
2. 好的研究特征

3. 不断提升自身的研究水平 4. 发现亮点诊断问题
研修过程记录： （一）刘校长介绍"工作坊"师训项目的指导思想，对全体坊主和全员进行动员。 （二）课程教学部副主任介绍"工作坊"师训项目的总体方案和前期开展情况，并宣布相关活动要求与细则。 （三）坊主和学员代表发言。 （四）区级师训层面指导。 （五）专题讲座《研修中研究方法的指导》。

学员收获与反思：
    今天聆听了名为"研修中研究方法的指导"的专家讲座。专家在讲座中反复提及一线教师进行教育科研的重要意义，同时指出做好文献综述的价值。的确，在开展教科研的这些年间，反观自身对于文献的阅读热情，老师们都觉得相较身为初职教师的时期消减了不少，在日常的教育教学工作中也很少会关注到这一方面。专家指出：作为教科研过程不可或缺的重要环节，文献的检索、阅读与呈现这些看似前期工作，却对研究的成功来说至关重要。
    在工作坊成立初期，我们会在学员们中间普及文献阅读的基本途径与方法，与学员们一起循着教育科研最起始也是最重要的步伐前进，以期在今后的工作坊活动中，能够真正地为这些来自不同学科的老师开展教育研究提供支撑和帮助。
    教授的讲座十分生动，她多次联系了自身的成长经历，让学员们觉得仿佛回到了大学时，回想起开展课题研究工作时的情景，虽然的确经历了无数次被导师推翻、否定、从头再来的经历，但是一次次地打磨最终诞生的是一篇篇优秀论文、一项项优秀科研成果。正如专家所言，今天我们不再是孤立的教师个体，团队的力量可以让我们更好地应对教育教学中层出不穷的困惑与问题，共同探问，最终找到解决问题的方向，最终实现在个人专业发展道路中继续成长，最终实现课堂变革、学生受益。
    最后，我们也想向学校提出小小建议，CNKI资源库检索文献资料对于教师来说十分方便，作为学员教师个人注册账号使用频率相对较低，以每篇每页的方式计费，费用也较高。学校是否可以考虑在教师工作室或图书馆提供相应的联机电脑，注册统一的账号，供学员教师们集体使用。

四、研修内容的开发

1. 激发内驱发展：通识培训与学科渗透

工作坊在研修实施之初，通过各种形式激发教师们的内在学习动力，例如：对坊员个人的学习需求展开访谈与调查，理解他们对研修的希望、学习的需求等，在了解教师国学素养、对传统文化的态度、兴趣等的基础上，制定教师国学素养提升计划，以此激发教师发展的内在动力。

通识培训，指中华传统文化领域的教师专题研修和理论基础知识研修。为推进不同学科的教师对传统经典的阅读,选定阅读书目,开展定期的读书活动,开展主题式的学习研讨活动,组织教师开展专题阅读活动,活动中制定研讨主题和方向,充分发挥学员的自主性,完成研讨心得,初步商讨个性化的课程研发方向。在学员中组织理论学习,通过系统化的学习和梳理,了解课程开发的主要过程和主要方法,明确下一阶段的研究方向和主要目标,拟定学员的课程开发方向。例如:在工作坊成立之初的通识培训中,由坊主李老师主持的传统文化经典讲习,其中《王阳明与心学》一课,李老师介绍了王阳明"心学"的发展历程,以及新儒学在儒学发展脉络上的价值及当代意义,来自语文、历史、艺术等学科的坊员,对学科教学之中"知行合一"分别阐释了各自的理解和教学实践中的思考。

研修活动中,老师们对今后研修学习的具体内容提出了许多建议,例如丁老师希望多了解相关领域的知识,积累学习的材料;谢老师提出将学习的内容更系统化,例如节日文化等;王老师建议将国学的范畴扩大,例如可以在研修中加入茶艺活动等,身为历史教师很希望在研修的同时,将自己的兴趣爱好融于学习,不断充实自己;李老师针对自身的对外汉语教学经历,希望在语文学习方面多和大家交流,也希望通过一些项目活动的组织,搭建中华文化交流的平台,让外国学生们了解中华传统文化;王老师希望将国学的主题学习通俗化,对考核的要求提出了具体的建议。

李老师:王阳明的"知行合一"说主要针对朱学而发,朱学主张"知先行后",将"知""行"分为两截,认为必先了解"知"然后才能实现"行"。而王阳明在"心外无物,心外无事,心外无理,心外无义,心外无善"的基础上,提出了"知行合一"的主张。

王老师:要研究新儒学在儒学发展脉络上的价值及当代意义,应先初晓它的发展及历史背景。中国的儒学经历了"孔孟之道—儒家经学—程朱理学—陆王心学"的历变,无不是在特定时代背景之下的思想嬗变。了解了这些,才能摒弃中国儒家读书人狭隘的"用圣贤经典解圣贤经典"地把王阳明"读偏了、读漏了、读小了、读弱了,甚至读丢了。"

吴老师:王阳明的"知行合一"说与朱学"知先行后"不同。王阳明认为"心外无物,心外无事,心外无理,心外无义,心外无善",一切万事万物之理都在我心中,内心代表真理的"知"就是"良知"。"良知"表现在行动上就是"良能"。一个人如果能不断发掘和表现良知,就能与天地万物为一体,达于至道。这给了我们很好的启发,知而不行即为无知。

坊主：对"明天理,灭人欲"之说,做点补充：南宋大理学家朱熹主张"遏人欲而存天理",此话先是被明清时代的俗儒奉为教条,演化为绝对主义的"存天理,灭人欲";后又被近代的启蒙主义者当成"礼教吃人"的罪证。实际上,朱熹对天理与人欲的区分,并不是今天许多人想象的那般极端、刻板。朱熹并不反对正当的人性需求,而是反对没有节制的欲望。这对我们在教育教学中如何去因势利导,如何进行有效的中华传统文化教育也有很多启示,希望老师们能在工作之余率先拿起国学经典,带领学生一起营造校园浓郁的国学氛围,为日后的传统文化教育校本化实践多出金点子。

学科渗透,指坊员将研修的内容应用于课堂,开展行动研究。从教师们层面而言,教师参与研修活动,最根本的需求是改善教学现状,提升教育教学能力;从学校层面而言,作为一所外国语学校,除了建设日语、德语等外语学科高地,还要加强语文史、艺体等目前具备较强实力的学科建设特色。因而,工作坊在回应教师个人发展的同时,培育一批特色教师,探索构建若干个特色学科高地。由此,工作坊对中华传统文化的校本化的探索首先从学科教学开始,研修依托课堂,充分发挥学科优势,弘扬国学精神,探究语文、历史等学科教学中进行传统文化教育的具体途径,使学生受到国学熏陶,积淀国学底蕴,提升人文素养;另一方面研究开展基于国学精神培育的跨学科整合,积极探索与人文科学学科有机结合的课堂样式。工作坊成员分头在各学科进行中华传统文化校本化的课堂实践,设计专题案例,尝试新型教法,在坊内开展听评课活动,在研修的全过程中不断修正与调整。以高中语文教师为例,坊员们的语文古诗词五步教学法的实践经验在校内推广,同时,历史、艺术学科的教学案例也在校内外更多平台交流。工作坊的研修活动,不仅贴合教师的研修需求,还能有效作用于课堂教学的改善,充分激发了教师发展的内驱力。

传统文化融入高中历史教学,有利于提升历史课的趣味性,丰富教学内涵。有利于学生形成正确的世界观、人生观、价值观,有助于完善学生的知识结构,提升其人文素养。在工作坊的实践过程中,在文科类课程践行学习成果,例如：在课堂教学实践中针对传统文化的学习与理解,如果充分了解背景知识,并且站在作者的立场去理解,那么学习起来必将事半功倍,我们在面对传统文化学习时,要以"取其精华,弃其糟粕"的态度对待传统文化。继承传统文化,需要秉持推陈出新、革故鼎新的理念,对于传统文化中的精华部分,应该予以继承弘扬,总的来说,继承传统文化,重在批判继承。中华民族传统文化源远流长,博大精深,中国传统文化是中华民族不朽的脊梁,是区别其他国家民族的重要标志,历史教师要探寻中华民族的文化品质和文化精髓,弘扬中华传统文化,不断地继承和发扬。(坊员:历史教师)

例如:坊内几位语文教师的研修侧重于古诗词教学上"感、析、悟、诵、赏"五步教学法,充分利用好教材中的每一篇课文,教学中突出民族文化的传承性和国学知识的延伸性,探索"导引、诵读、探究、拓展"语文课堂教学的国学渗透的教学方式。"感"即感知诗词意境,"析"即分析理解诗词大意,"悟"即体会诗词的思想感情,"诵"即优秀诗词朗诵,"赏"即优秀诗词赏析。具体包括:①导引:通过与教材相关的古代名言警句、诗词赋文、传说故事、名人逸事等将学生带入特定的情境,建立词语和事物之间的联系,导入新课,激发学习兴趣。②诵读:通读与精读相结合,美读与品读相联系,以激发并锻炼朗诵能力,扎实基本功,达到理想的教学目的和效果。③探究:引导学生探究古汉语的词法、句法现象,思想内涵,结合实际教学需要,促使学生在愉快的气氛中得到良好的发展,以取得新经验和新知识。④拓展:以课文为基点,进一步向作者的其他作品扩展;以节选的文章为基点,向整篇(部)著作拓展;以课文为基点,向同类题材的作品扩展等。

2. 聚合团队行动:项目活动与资源开发

工作坊在研修之中以项目活动的形式开展具体研修,作为学校传统文化项目的承办团队,学习主题项目的开发、组织的环节、运行的维护等,组织、运作项目活动,凝聚团队合力,共同参与开发校内国学主题项目。例如,国学三个"一"、国学之旅、国学场馆体验等综合活动项目,具体如结合我校樱花节的国学专场活动,包括:"金声雅韵"唐诗宋词吟诵、"汉字英雄""文化星语"传统文化巡礼、古诗文大赛等;结合学校德育实践类课程如绍兴文化之旅、南京文化之旅、带着课题去旅行等开展国学综合实践活动;以及以学生为主体的"国学社""白水文学社"等社团活动,进一步搭建活动平台,推进国学热潮,增强学生学习兴趣,提高师生参与热情。

其中,策划实施樱花节国学专场,包括"风雅颂古诗文吟诵专场""汉字英雄汉字听写大赛""樱花杯作文大赛"。国学作文大赛依托我校"樱花杯作文大赛",大赛主题围绕"中华传统文化",包括"吮吸国学乳养、书写优雅人生""学国学孕育情怀、展素养抒写青春""读诗书礼乐、塑君子人格"等。每届比赛的学生优秀作品都编辑成集。

策划实施"文化万里行——国学发现之旅",以此为驱动,带领学生走出课堂,走向更广阔的天地,与人文、自然对话,收获更丰富的文化体验。如:"山东曲阜国学之旅",

社团教师带领学生前往曲阜拜谒孔子先圣。"陕西西安国学之旅",师生一行人前往陕西,拜谒黄帝陵,观瞻兵马俑,脚量高原文化之旅,秦风汉唐国学无疆。

社团活动是学生参与国学学习的又一种重要形式,我们通过成立国学社、白水文学社等社团,开展系列活动,比如:组织学生阅读经典书目,进行学习交流,成立志愿宣讲团,宣讲国学,参加校内外的古诗文大赛等。已创建学生国学社团、白水文学社等,满足那些国学基础好、学习能力强的学生对国学教育的需要。

作为学校国学项目活动的主要承办者,在项目活动的设计与组织中,工作坊成员协同一致,同时参与项目的策划设计、组织实施、资料编写等环节,在坊主的带领下共同围绕项目积累资源以及项目开发的经验,同时形成校本资源,在日常教学、学生社会实践、学校综合活动中实施与推广。

表 4-2-6　中华传统文化工作坊研修项目预期构想

国学栏目	主 要 内 容
国学课堂	学科渗透,国学在学科教学中的渗透,结合教研活动,公开教师进行国学教学的信息,展示教学设计和教学案例。立足国学经典,搭建交流平台,实现教学资源的共享。
国学微课	专题性、系列性国学微课程设计,用于拓展研究型课程的补充学习,推广国学小知识。
国学活动	汇集各种国学活动的开展信息,包括:活动的设计、活动过程的资料、学生的参与和收获等。
国学地域	结合我校国学特色传统场馆,以及场馆中开设的课程与活动。
他山之玉	结合国学教育的一些前沿信息和临近学校、地区的国学教育教学的经验和好的做法。
国学驿站	国学知识的普及,以及在我校课题研究的引领下的一些具体做法。
国学作文	依托学校"樱花杯作文大赛"开展全校国学作文大赛,每年一次,分初中组、高中组和外国学生组,选择优秀作文刊登。
国学游记	课题组策划实施的"国学万里行"活动,已先后开展山东国学之旅、陕西国学之旅、河南国学之旅和北京国学之旅。杂志专设栏目,记录专题活动的过程,展示专题活动的成果。

3. 提倡终身学习:研修成果与辐射推广

工作坊开展研修活动以来,作为教、研一体化的有机体现,学校自 2017 年开始推进"国学课程的开发与实践研究"课题研究,研训一体的实施过程中,校园国学氛围日益浓郁,师生国学素养日益提升。调查显示,近七成学生都认识到国学学习的重要意义和必要性,同时表示参与现有中华传统文化主题学习和项目活动利于促进目前的学习。分别有近1/3的学生表示通过国学学习最大的收获是品德修养的提高和诗词理解能力的提升;超过六成的学生对现有国学课程所使用的教材表示喜欢;学生所喜爱的学习方式趋向于生动的形式,如故事、表演等,对于吟诵和专题讲座也有近1/3的学生有参与的兴趣。同时,对于我校现阶段所开展的国学活动如风雅颂国学专场和国学之旅,学生的认同度较高,并乐于参与。《三字经》《论语》《唐诗赏读》《宋词赏读》等吟诵读书活动普遍被学生所接受。

此外,工作坊还关注研修的可持续性,工作坊团队在形成研修的阶段性成果之后,将已有的成果不断推广辐射,例如经典诵读活动与校本学习资源的推广,参照我校的研究成果,推广校已编写了适用于初高中各个年段学生的国学活动案例,探索适合初级中学学生游学活动"国学之旅"的活动规划、学习活动任务及学习单设计、学生体验活动后的效果反馈形式等;尝试开展以国学内涵为核心话题的初中学生写作比赛;与年级组活动或语文学科活动整合,筹划并实施若干与国学相关的专场活动,包括汉字听写、诗词大会、课本剧展演等。推广校积极实践我校的定制式工作坊活动模式,营造国学教育团队的研究氛围,通过多种活动形式引导教师探索国学教育途径,梳理学校自身国学活动的开发策略,开展国学教育教学实践,为学校国学教育提供师资保障。

五、研修成果的提炼:君子养成"中华文化"精品课程

工作坊研修活动开展至今,参与过工作坊实施全过程的教师已基本覆盖语文学科,还同时涉及历史、艺术、体育、信息等学科,尤其是多学科的国学课程,更是在提升教师专业能力的同时,吸引了更多学生自发投入国学书院的学习,参与国学社团的实践,真正成了甘泉国学研修的主人翁。工作坊课题立项为上海市教育科学研究市级项目,同时也立项为普陀区的教育科研重点课题,并向兄弟学校完成成果推介与实践。通过国学课程的开发与实施,激发了学生学习中华优秀传统文化的兴趣,增强了民族自豪感和民族凝聚力。通过课程的实施,拓宽了学生的知识面,培养了对国学的兴趣,学生通过多读、多背、多说、多写,达到了积累知识,丰富想象,陶冶情操的目的。学校国学氛围日益浓郁,师生国学素养日益提升。

工作坊以中华传统经典校本化为切入点带动校园国学氛围的形成,实现通过多种渠道以国学经典浸润滋养学生的内心，丰厚"国学底蕴"，滋养"民族情怀"，养成"君子品格"的目的。工作坊形成了"中华文化"系列精品课程，如"君子养成——国学堂"课程、经典晨读吟诵课程等。"国学堂"系列课程、"国学发现之旅"、樱花节国学专场活动、孔子诞辰年国学系列活动、外国学生中国文化推广活动、依托双新课改以语文学科为主要载体的课内经典学习活动等，成为学校中华传统文化进课堂的主要载体。甘泉学子们对学校的中华传统文化系列课程认同度高，并乐于参与，国学正在潜移默化地影响和塑造着师生们的言行和品格。

"君子养成"国学堂课程是研修活动中一门注重知行合一的研修课程。工作坊组织坊内教师，开设国学特色讲堂。团队以"国学堂"的新形式，组织国学学习活动，即同时由来自不同学科的教师根据同一主题，共同备课，共同设计活动，共同参与课题的全过程。跨学科整合的"国学堂"不再受传统的课堂局限，能够开阔学生的视野，更好地提升国学素养。

传统文化工作坊的国学教师团队对每一堂国学课都精心打磨，在形式上有所创新，在内容上更聚焦重点。我有幸开设了这堂国学微课，由语文、历史两位老师同台授课。其特色和创意在于并不是由历史老师介绍历史背景语文老师教授文章。而是试图对同一内容，分别从语文和历史两个迥异的角度加以呈现。历史的视角客观，讲究实证；语文关注修辞和情韵，善于对生活进行艺术加工。对同一内容从不同角度加以呈现，以期帮助学生感受语文和历史的学科特点，树立学科意识，激发学生对历史和文学的研究兴趣。这种全新的尝试，对教师来说也是一次挑战，它的难度在于既要尽可能地呈现本学科的特色，又要使各自所上的内容有联系有衔接，还要在有限的时间内呈现相对完整的教学过程。为此，我们在前期做了大量的准备工作，对文本进行了非常广泛细致和深入的研读，反复讨论，三易其稿，选准了切入的角度，对每一个环节都做了精心的设计和调试。跨学科的课堂上，历史和语文的学科特色得到了鲜明地呈现，都关注到了学生的活动和体验。在文学方面，克服了传统文言文教学重字词解释轻品味鉴赏的习惯，通过学生的比较、品味、朗诵和思考，对作品的文体特色、写作意图进行了一定的了解，既入乎其内有对细致修辞的体验品味，也出乎其外有对整体内容特点的把握理解，有效地突出了《阿房宫赋》的历史价值和文学价值。本课还力图体现传统文化中知识分子为民立言的情怀和担当，希望通过国学课，激发学生对传统精神的认同感、亲切感，通过对中华经典文本的品读将传统文化的思想精髓发扬光大。而从学生的

课堂发言和课后感悟来看,学生对作品中的情怀和担当的确很有共鸣。(坊员语文学科吴老师)

在晨曦中走过"礼"文化长廊,琅琅书声不绝于耳,这是极具甘泉特色的国学晨读吟诵。为了哺育学生的民族情怀,我校始终坚持师生国学涵养的积淀,其中吟诵课程是中华传统文化校本化的重要项目之一,工作坊及其成员承担该项目的组合和运作。项目旨在养成诵读和积累中华经典名篇的习惯,拓宽传统文化研习的外延,丰富学习体验,提高品德修养和审美情趣,提升学生人文素养和综合学习能力,我们以"学生成长体验"为出发点,通过诗歌赏读,体验、传承中华民族诚信、仁爱、正直宽容的精神,提升道德修养,树立社会责任感。项目内容包括:初高中吟诵读物的选择、学生吟诵活动的开展、吟诵活动的主题展示,樱花节国学专场古诗文吟诵大赛等,工作坊成员分工合作,在初高中组织和实施晨读吟诵项目。

工作坊成员参与诵读资源的开发,根据精神、文化、技艺三个层面的要求,遵循学生身心发展规律和年龄特点,精选国学经典诵读内容,在初中各年级开设国学经典诵读活动,诵读活动中做到注重整体感知,如《三字经》《论语》《诗经》,晨读活动中,师生肃然站立,大声齐读,徜徉在经典之中,与先贤对话。在高中阶段,坊员们在综合学科教学内容的基础上精心设计、开发以赏读为主的《唐诗赏读》《宋词赏读》等学习资源,引导学生在项目活动中学习阅读赏析名篇的方法和技巧,切实提高阅读、品析、欣赏经典名篇的能力。参与探究活动,具有自主探究的意识,在活动中了解文化背景,提出质疑问题,探究诗词内涵,感受中国文化精神,探究传统文化对人生和社会的影响及作用。

同时,创新晨读吟诵的组织形式和诵读方法。书读百遍,其义自见,熟读成诵是中国传统的教学方法,自古至今有许多精辟的见解和优秀的经验。国学课程学习更应注重诵读,让学生从整体感知入手,读懂文本,学以致用。国学课程学习不是传统私塾的教授,引导学生用多种形式学习和理解国学精髓,让国学走进学生的现实生活,让国学学习的内容引导学生铸造青春,形成健康的价值观,创造美好的未来。

2017年春,传统文化工作坊正式成立,而我有幸成为其中的一员,和来自不同学科的老师们一起以"跨学科国学课程的开发"为主题开展研修活动。

申报传统文化工作坊的初衷,是身为一名语文教师,本身对国学比较喜爱,日常教学中也尝试将国学引入课堂,但教学中也经常感到"国学进课堂"光靠教师自身的力量,可谓势单力薄;此外,自己对于教育科研总有一定的畏难情绪,在个人专业发展上也希望依靠团队合作的力量,互补互助,以期实现快速成长。此时,恰好工作坊成立,集结了一群与我有同样困惑和期望的同伴们、老师们,在为期一年的时间里,从工作坊联合层面的专家讲座,到具有国学特色的专题体验活动,再到结合课题研究的教材开发实践,可谓收获颇多。

1. 专家引领,同伴学习

工作坊从各个层面为我们的专业发展指点迷津,既有学校层面聘请校外导师举办系列专题讲座,如华东师范大学鞠玉翠教授"研修中研究方法的指导"的专题讲座等,又有坊内由坊主李老师组织的系列文化讲座,从专业层面给我们很多启发,也为日后我确定研修的主题提供了理论上的支持。

2. 丰富活动,亲历体验

为了提升教师们的国学素养,坊主李老师不仅经常带领教师们来到"读懂中国"、创智中心等校园特色场馆,创设各种亲历体验传统文化的学习环境和氛围,还带领老师们走出校园,来到九州书院等国学实践基地,感受传统文化的深厚底蕴。丰富的活动经常获得老师们的交口称赞,让老师们能够有机会在繁忙工作之余走进国学、静心学习。

3. 课堂实践,形成案例

语文教学,文以载道,传统文化的渗透,不是一蹴而就的,它需要"随风潜入夜,润物细无声"的潜移默化,不断地在语文课堂上渗透传统文化。立足文本,感受文字之美。在教学中立足文本,循序渐进地引导学生了解这些作品的历史背景和作者介绍,何其芳的《我为少男少女歌唱》写出了对少年的热爱,袁宏道的《天目》写出了作者对祖国河山由衷的赞美。通过引导学生知人论世,不仅能培养学生的学习兴趣,更能陶冶学生热爱祖国的高尚情操。讲演结合,反复诵读,深入人物的内心,体会人情、事理。例如《小石潭记》,授课时引导学生反复诵读课文,体会"日光下彻,影布石上,依然不动;俶尔远逝,往来翕忽,似与游者相乐"中鱼的灵性、游人的乐趣。在《伤仲永》中,在学生对文本大意掌握的情况下,指导学生把课文变成课本剧,分角色扮演,引导学生最终领会仲永父亲强迫孩子获取利益,不让孩子接受后天教育的危害。语文教学是一种本土文化的传承,在现行的语文教材中,编者选取了不少负载着中国优秀传统文化的内容。教学中,我们从发掘教材所蕴含的优秀传统文化入手,帮助学生找寻文化之根,使学生在学习语文知识的同时,受到传统文化的熏陶。

4. 课题研究,辐射经验

工作坊依托学校市级课题"校本国学课程开发实践研究"的实施推进,让坊内学员及时将所学的课程开发的理论知识运用于课题研究实践,亲自体验教育科研的全过程,收获研究科研的丰硕成果。课题研究中我主要负责《国学经典诵读读本》的开发。编写的过程经历了:框架设计、选篇定篇、文本修订、分类汇编、导读训练等环节,每一次编写和修订,首先是坊内开展头脑风暴、集思广益;同时在编辑过程中,初高中三位责编老师及时沟通,分享问题和解决问题;坊内成员探索出一种"导引、诵读、探究、拓展"课堂教学国学渗透的教学方式,在古诗文教学上积极实践"感、析、悟、诵、赏"五步教学法。最后,我和老师们的成果一并被收入了课题组公开出版的《君子养成:国学课程开发与实践研究》一书。

学习的时间虽然短暂,但是"定制式"工作坊这一全新的师训形式让我体会到了"定制学习"的诸多益处,希望今后能和大家一起收获更多。(坊员　语文学科丁老师)

第三节　创新研究类工作坊——"心理＋"跨学科融合工作坊

【工作坊简介】"心理＋"跨学科融合工作坊属于创新研究类工作坊。创新研究类工作坊主要是为校内一批具较高跨学科素养的教师打造的专业学习平台,由他们率先示范跨学科课程整合、跨学科教学活动设计及实施等,目的是培养一批具有较高学科融合素养和自主研究素养的教师队伍,探索提炼跨学科整合方案、策略,开发跨学科校本课程等。

"心理＋"跨学科融合工作坊由学校专职心理教师领衔,吸纳了日语、语文、艺术、生物、化学等学科的教师,从心理特色课程开发起步,在学校多年的特色课程群建设基础上,结合学校特色,从心理＋体育、心理＋艺术学科着手,打破学科界限,进行跨学科融合特色课程的开发,希望借助"心理＋"系列学科融合课程,增强教师心育意识,提高师生心理品质,提升师生跨学科素养,通过基于真实问题的项目式探究为师生的差异化发展和个性化需求提供强大的心理素养支撑,为学校跨文化素养培育的特色定位奠定心理学基础,打造甘泉特色心理品牌。

【坊主简介】黄老师,校专职心理教师,心理高级教师。曾获上海市中小学心理健康教育先进青年、上海市学校心理健康教育先进个人、普陀区教育科研先进个人等荣誉称号。多项教学与科研成果获市、区级奖项。自 2013 年起,尝试将心理学科与艺术学科进行整合,将绘画、音乐等元素运用在心理辅导和学科课堂教学中,后在两年的时间内接受了台湾表达性艺术疗法的专业系统培训,随后将培训所得应用在自己的心理健康教育教学中,使之发展成为学校心理健康教育工作一大特色。

一、研修目标与主题的提出

1. 呼应国家与上海市教育改革要求

为全面贯彻党的教育方针,落实全国与上海教育大会精神,进一步加强新时代心理健康教育工作,提升心理育人质量,根据教育部《中小学心理健康教育指导纲要》与《关于加强中小学心理健康教育的若干意见》、上海市教育委员会《关于加强上海学校心理健康教育的意见》系列文件,中小学开展心理健康教育,既是学生自身健康成长的需要,也是社会发展对人的素质要求的需要。

2. 应对教育转型对教师素养提升的需要

现代社会中,教育已成为一种高度专业化的活动。教师一方面需要了解学习者的特点和学习活动规律,掌握丰富的教育教学理论知识,驾驭各种学科和领域的知识和现象等,这些已经构成了非常专业化的学问和技能。近年来,教育改革如火如荼,标志着中国的学校教育从"大工厂生产"模式走向以人为本的个性化教学模式。另一方面,社会转型期的青少年问题给我们带来很大的挑战,经济全球化和文化多元化的发展为广大学生学习知识、开阔视野、增长智慧提供了广阔的平台;但享乐主义和极端个人主义等不良思想的冲击,导致部分学生道德观念模糊,因此,现代学校教育的转型对教师提出了更高的要求,教师不仅要关注课堂教学,还要关心学生心智的成长、人格的健全和潜能的开发。

3. 提高学校心理健康教育工作的针对性

新时代赋予心理健康教育新意蕴、新要求、新挑战。社会转型让我们思考开展心理健康教育的整体性、发展性,有鉴于此,我们倡导"大心理健康教育观"。它的实质就是从整体性和发展性思路出发,充分考虑中国社会环境和新时代的发展特点,建立符合本校校情和富有学校特色的心理健康教育体系。学校立足心理健康教育的主要任务,建立健全师生心理状况的监护和预警系统,对师生的心理状况保持敏感性,及时发现和识别现实的和潜在的危机。提高师生的心理自护能力,在学生预防性心理预警系统建立的基础上,我们着手借助学校心理健康教育资源,构建教师心理健康监护系统,以教师心理体验课程的开发和实施来推进系统的建立。

二、研修团队的组建:基于融合式教学的跨学科教师队伍

学校在第一批工作坊阶段性总结后,积累了"定制式"工作坊运行的实践经验,适时推出了第二批"定制式"工作坊,并公开向全校招募坊主。校专职心理教师根据自身专业特长,结合学校"大心理"体系建设需要,尝试申报心理学科与其他学科融合式工作坊。依据工作坊的功能定位,学校将其列入创新研究类工作坊。

学校破格通过了专职心理老师的坊主申报,在工作坊筹建过程中,坊主拟吸纳一些对心理学科感兴趣、愿意尝试将自身学科与心理学科知识进行融合的教师,在心理学科渗透、学科德育和跨学科课程开发以及教师心育素养提升等方面进行全面实践,探索路径的可行性、提炼成功经验,为构建学校大心理健康教育体系,扩大心理健康教育实施范围,提升学生心理健康教育品质做先行探索。在这一功能框架指导下,相关老师进行了"坊主申报",内容见表4-3-1。

表4-3-1   上海市甘泉外国语中学"定制式"工作坊坊主申报表

姓名	×××	性别	女	出生年月	×××
教龄	10年	学历	研究生	学位	硕士
班主任/年级组长年限	2年	职务	教师	职称	一级教师
是否参加过市、区工作室	否	政治面貌	中共党员	研修专长	教育心理学
与研修方向相关的荣誉称号与重要经历	1. 上海市心理健康教育先进青年; 2. 上海市学校心理健康教育先进个人; 3. 2015—2017先后四次参加台湾彰化师范大学高淑贞教授的"表达性艺术疗法"系列培训				
近5年与研修方向相关的工作成果综述					
从2013年起,作为学校心理团队一员,尝试将心理学科与艺术学科进行整合,将绘画、音乐等元素运用在心理辅导和学科课堂教学中,使之发展成为学校心理健康教育工作一大特色,并于2015年在全市中小学心理学年会"校长论坛"上进行了经验交流。					
近5年发表的相关论(译)著、教科书、教育教学研究论文及经验总结等科研成果					
题目	何时在何刊物发表、出版或在何范围交流		本人承担部分		
《运用×××的实践与思考》	《普陀教育》20××年第×期		全部		

学校利用教职工大会召开了新一轮"定制式"工作坊启动大会,坊主借助这个平台进行了"心理＋"跨学科融合工作坊情况的发布,初步介绍了工作坊的研修定位、研修目标与内容,公开招募对心理学科融合感兴趣,有志于提升自身心理健康素养的教师,感兴趣的教师与准坊主进行了互动,通过提问进一步确定工作坊研修方向与自身需求的匹配度,展开了坊主与坊员的"双选"。

在了解了本轮"定制式"工作坊的概况后,教师根据自己的专业发展需求,寻找适合自己的工作坊进行申报,坊主和教师专业发展工作小组通过对申报坊员教师的研修需求、研修目标等进行审核后,有选择地吸纳进入工作坊,使其成为该教师学习共同体的一员。

在坊员申报阶段,坊主共收到教师申报表9份,申报教师来自不同学科,但都表现出了对心理学科与自身学科融合的兴趣,并且对提升自身心理素养有明确的需求与目标。全部审核通过后工作坊组建完成,开始按照学校规定,由坊主带领教师定期开展研修活动。

表4-3-2　上海市甘泉外国语中学"定制式"工作坊学员报名表

申报工作坊名称:"心理＋"跨学科融合工作坊

姓名	××	性别	女	出生年月	19××.××	
民族	汉	政治面貌	党员	最后学历	本科	
参加教育工作时间	20××.××	专业技术职称		中教一级		
学科	物理	担任班主任或年级组长年限	4年	是否服从调剂到其他工作坊		是
近五年区县及以上获奖、荣誉及主要科研成果情况	"第三章运动和力3.6惯性牛顿第一定律"被评为教育部2014年度"一师一优课、一课一名师"活动"优课" 获上海市青年教师教学评比活动二等奖。 2016—2018区教育教学能手。					
主要经历(包括学术团体职务、国内外进修等)	参加上海市物理青年骨干班第九期 参加市级课题"E教易学"工作室					
参加工作坊个人成长目标(两年)	1. 进一步了解中学阶段学生的身心发展特点,有效地处理好课堂教学中学生的突发事件,提升师生沟通的质量,让学生感受到老师的关怀。 2. 学习心理学知识,在学科教学中运用心理学知识激发学生学习动力,传授学生科学的学习方法,提升教学实效性。 3. 提升自我的心理素养,学会缓解生活、工作中的压力。					

校工作组意见	单位(盖章)： 年 月 日

三、研修方案的确定

"心理＋"跨学科融合工作坊的构建一是回应学校特色发展对心理健康教育工作的要求；二是满足学校教师对心理健康教育水平提升和自身心理品质提高的需求。所以工作坊研修方案的确定是从学校和教师的实际出发，由学校专职心理教师为坊主，带领多学科教师，利用团体心理辅导的原理、方法、技巧开展跨学科研究，探索心理学跨学科整合的路径与方法，对教师进行心理辅导和业务提高的校本研修。

表 4 - 3 - 3 "心理＋"跨学科融合工作坊研修计划

要素	要求	实施内容或方案
课程目标	以学校专职心理教师和外聘心理专家为主讲教师，针对教师自身存在的心理困惑和在班级管理、课堂教学、师生关系等方面的心理需求，运用团体心理辅导理论、教师能有意识地将心理学原理和方法运用于教育教学，解决实际问题。	有心理教师开发心理健康教育通识性课程，提升坊员教师心理健康水平；开发"心理＋"跨学科系列融合课程，探索课程融合的形式，总结提炼跨学科教学的经验与策略，并予以推广，形成学校心理健康教育特色品牌。
课程内容	本工作坊将研究的主要方向确定为"心理＋跨学科融合课程的开发"，学习心理学知识、原理与策略，提升坊员教师心理健康水平，并将所学应用于学科教学与学生教育中。	工作坊将开展通识性课程培训等理论学习内容。在学员中组织跨学科通识培训，以心理健康课程为主，兼顾儿童发展心理学、教育心理学和家庭教育指导类课程。"游戏体验式"团体辅导。开展参与式、体验式、互动式活动，设计大量的游戏及模拟情景训练，将主题贯穿于活动之中。"体验反思式"案例研讨。案例选择具有代表性和典型性，可在研修过程中选取坊员教师教育教学工作中的典型案例，这也是工作坊活动顺利进行的前提所在。

要素	要求	实施内容或方案
		"分享观摩式"课堂教学研讨。以坊员在教育教学中遇到的共性问题为主题进行设计。一是由坊主开课,学员进行观摩;二是由坊员上课,坊内进行研讨。
实施途径	围绕研修主题有计划、有步骤地开展研修活动。依据坊员的学科构成情况和个性化的发展需求,选择灵活多样的研修形式,如专家指导课题研究、专家深入课堂进行教学诊断;坊员互相听评课、坊内成员合作开展跨学科教学实践。	研修渠道的多样化。通识性与个性化学习相结合;集体学习与个人学习相结合;书籍阅读与案例实操相结合;线上与线下学习相结合。 研修成果的多样化。根据坊员的特长与优势,采用多种研修形式提炼多元化的研修成果,有通识性课程开发、有心理类团辅活动设计与实施、有"心理＋"跨学科融合教学实践、有心育在学科中渗透策略的案例研究,还有心理类科研课题的研究。 评价方式的多主体。采用自评与他评相结合;坊主评价与坊员互评相结合;坊内评价和坊间评价相结合。
课程管理	坊主是工作坊研修的引领者、管理者和合作者,确保工作坊研修的规范性、科学性和有效性。	制定坊内研修管理制度。规定研修活动的频次、开展的时间及考勤管理方法。 明确坊内研修活动分工。根据坊员个人情况,自动认领研修任务,并制定阶段性研修实施方案计划,严格按照计划推进研修。 提升坊员研修成果转化意识,提前规划研修成果的呈现形式,并进行阶段性展示与优秀成果的评选,给予奖励。
特色创新	在工作坊心理通识课程研修的基础上,带领坊员开展所任教学科与心理学科融合的教学实践,提炼融合的经验与策略;构建甘泉"心理＋"特色跨学科课程资源库。	可为学校组建一支具有较高心育素养,能够开展跨学科教学设计与跨学科课堂教学的师资队伍,他们擅于在学科教学中渗透心育,能够从心理学视角解决学生发展中的问题,可以壮大学校心理健康教育师资团队,提升学校教师整体心育水平。

四、研修内容的开发

1. 基于团队契约,保障共同运行

在研修计划的制定、研修形式的选择、研修课程的开发方面,学校不进行行政干预,完全是由坊主带领坊员在团体动力学理论指导下共同讨论决定。工作坊坊主首先介绍了工作坊的构成,考虑到坊内教师学科构成较为多元,还需要兼顾各自的学科组教研活动,所以仅仅在工作坊的研修时间的确定上就遭遇了难题,坊内就此展开了讨论。坊员们在建坊之初就体验到了个体与团体的关系问题,作为团体的一部分,不同个体会有不同的需求、不同的困难，但面对共同的研修目标，每位团队成员都需为团队的共同目标让步。

工作坊研修时间确定后，坊主带领坊员讨论工作坊研修的规章制度问题，涉及成员的出席与考勤办法、阶段性评价的制度与细则、研修任务的分解与坊员分工，这些都是在坊主的组织协调下，由全体坊员共同参与制订并承诺遵守的制度。

2. 基于融合学习，创新实践行动

坊主带领坊员学习了工作坊研修计划的制订，首先由坊主介绍研修计划的撰写要求，包含对自身发展阶段的认知、对任教学科与心理学科融合的认识，以及希望通过工作坊的研修达到的个人发展目标等具体内容，随后坊员教师现场完成了研修计划的撰写。在这一过程中坊主运用心理学技术与方法营造了一种友好、安全、合作的氛围，赋予工作坊成员共同的团体研修目标；虽然坊员们来自不同的学科，但他们却具有相似的学习经历或背景；对个人发展具有相同或相似的态度与感受，这样相对同质的团体研修有助于突破教师个体的视野局限，助力教师站在更宽广的平台，以更宽阔的视角看待自身发展。

这学期我任教的"科学"和"劳技"都可以跟心理学进行融合。"劳技"可以针对不同心理焦虑和亚健康人群设计手工活动，让师生通过不同的手工活动缓解压力、愉悦身心，达到治疗的效果。心理学的沙盘疗法、拼贴画疗法、曼陀罗画疗法等都属于易操作的活动，体验者通过参与活动进行自我潜意识的表达，为心理咨询师的诊断提供帮助。从手工活动入手，开创新的表达性方法，定期为学校教职工和学生开设各类缓解压力、释放身心的手工活动，并让她们参加完活动完成问卷以便评估。"科学"是以"培养科学素养为宗旨"的科学启蒙课程。"情感、态度、价值观"是科学课的教学目标的三个维度，即要对学生进行健康的心理品质的教育，提高学生的科学素养。在科学教学中进行心理健康教育的渗透，比如，六年级科学上册第三章讲到细胞与生殖时，我让学生体验一个生命的形成过程的不易，让他们回忆父母从小到大把自己养大的艰辛与不易，与学生一起讨论如何珍爱生命和尊敬父母，并且一起分析讨论了几个真实的案例，与学生达到共情，让学生懂得感恩父母、报答父母、珍爱生命。讲到"青春期身体的变化"时也可以拓展青春期心理健康知识，使学生对自身出现的一些正常的生理变化有了正确的认识，及时进行自我疏导和调节，避免了青春期心理问题的产生，倡导了正确的价值观，助力学生身心健康成长。通过这两年的工作坊研修开发有益于教职工和学生身心健康的活动,开发出一些富含心理学元素的实践活动课程,探索心理学科与科学学科跨学科整合的途径和方法,形成合力提升学生心理健康水平,提高科学学科教学效率,形成尊重学生心理发展规律的教学风格。

——坊员沈老师

3. 基于团体发展,开启个性学习

根据前阶段讨论确定的工作坊研修主题,坊主组织了坊内聚焦研修问题的头脑风暴,以项目式研究作为研修主题落实的载体,围绕研修主题实施"心理＋"跨学科课程开发、教师心理素养提升课程两个项目式研究,通过示范课观摩、坊主经验分享、外出参会、专家培训等形式,在完成团体研修目标的同时,提升坊员教师跨学科课程开发与实践能力、提高坊员教师自身心理健康素养,以团体的发展带动个体的进步。

各取所长,开发工作坊研修课程。坊主根据每位教师的研究专长,统筹兼顾,鼓励坊员自行申报研修项目,对于具备课程开发能力的教师,鼓励其进行跨学科融合课程的开发。如坊内有教师申请开发了"心理＋艺术""心理＋劳技""心理＋日语"等系列跨学科课程;坊内心理教师申请开发了通识性课程,通过系列表达性艺术疗法的应用,帮助教师在活动中释放工作和生活压力,提升教师幸福指数,提高心理品质。如此丰富的校本研修课程不但是本轮"定制式"工作坊的成果总结,更可以辐射推广到后续的校本研修活动中,甚至推广到区内兄弟学校。

各取所需,开启个性化学习方式。尊重每位坊员的个性化学习需求和路径的选择,作为成人学习者,坊员教师具有较强的自主性和独立性,有能力根据自身发展需要选择学习内容和学习方式,如想在课堂教学上有所突破的教师,申报了跨学科融合教学实践项目,通过坊内听评课、共同磨课,然后再邀请专家进行现场诊断,不断改进自身优势在教科研方面继续提升,结合研修主题申报了子课题,并在坊内协同其他坊员教师开展合作研究,过程中请专家进行课题研究指导,既丰富了工作坊的研修成果,又提升了自己的科研水平。

在多年的教师职业生涯,尤其是班主任工作中,我深深体会到了心理健康教育的重要性,和学生的沟通需要更多的艺术性,而很多时候,这需要有心理学知识作为支撑;同时针对自己身上间歇出现的职业倦怠,也需要为自身进行减压。工作坊的每次活动都是黄老师精心设计的,尤其是每次期末结束时安排的活动,让我们在不知不觉中放松了身心,润物细无声中让大家体会团队合作的重要性和必要性,工作坊内组织阅读的《为心灵减压》一书让我收获颇丰,这本书的每个篇章中都精选了一些教师工作中最常见的困扰,通过呈现典型案例来展现问题,并以心理学的观点为依据展开讨论,帮助我们更好地理解问题,书中最后还根据教师的不同学习需要,精选了相关测验和练习,以便于我们更好地了解自身,试着用书中所说的方法直面压力,学会与压力共处。

——坊员张老师

4. 基于共同需求,解决现场问题

"心理+"跨学科融合工作坊成员来自不同的学科,这些教师因对心理学共同的研究兴趣和工作中的实际需求而自发地形成了一个研究共同体。教师们针对教育教学中遇到的教学瓶颈、班级管理和学生沟通问题,借助心理学知识予以解决,尝试在教学活动中融入心理学知识,提升教学实效性,提高师生沟通质量。坊主在了解坊员们的需求情况下,运用心理学专业技术营造一个开放、安全的团体沟通氛围,坊员们在这种聚焦问题的交流中,贡献自己的知识资源,并在研讨中拓宽自己的知识宽度,学会用多元视角看待、解决问题,以共同需求促进跨学科合作。

例如:学生由线下学习转为居家网课学习,返校复课后,坊主根据学生在校学习期间表现出的各种问题,组织坊员对这些问题进行梳理归纳。接到研修任务后,坊员教师从各自角色出发,尝试运用心理学知识对学生进行了初步干预,并整理出了自己在该阶段的主要困惑,希望借助工作坊团队的力量予以解决。

表4-3-4 工作坊坊员研修任务表:疫情复课后班级学生问题梳理

学生问题描述	学生背景信息	原因分析	采取的针对性措施	困惑
部分学生网课期间完全放弃学习,昼夜颠倒,作息时间紊乱,导致复学后学习状态不佳。 网课期间,很多自律性较差的同学自我要求不高,作业漏做或完成作业独立性较差,导致开学后面临突然增加的学习任务感到压力大、焦虑,抵触心理强。 由于网课期间的网络或环境原因,部分学生学习效率低,落下不少内容。	父母工作较忙,没有时间陪伴孩子,对于学生的学习情况不够关心。 部分学生父母关系差,经常争吵或者和学生关系很差,家长的控制欲很强,导致学生有很强的叛逆心理。	学习的自觉性不高,没有自我定位,需要有人监督。 学习环境差,没有静下心来学习的地方;和父母关系差,没有安心学习的心理。 父母较为强势,或者过度冷漠,导致孩子总想摆脱束缚。	加强部分学生的心理辅导。 对于部分网课期间知识欠缺较多的学生,一对一辅导和交流,舒缓学生的紧张情绪。	面对学生的不信任,甚至对于我非常不尊重、攻击性很强的语言,该如何回应才能既去维护孩子的自尊、得到教育效果,又维护自己的尊严和底线。

针对团队成员梳理出的问题,坊主组织坊员教师通过现场案例解析和头脑风暴的形式,大家从各自视角出发,出谋划策,或是从已有经验出发,或是从新学理论着手,发挥团体智慧,聚焦难点问题解决。

表4-3-5 工作坊坊员研修任务表:复课后班级学生问题梳理

学生问题描述	学生背景信息	原因分析	采取的针对性措施	困惑
学生相比在家里的比较放松的状态,对紧凑的校园生活比较不适应。班级干部,对于自己职责范围内的工作经常疏忽忘记,因为长时间待在家里。人比较懒散,总是不愿意动,因为来回学校的时间增加导致睡眠时间减少,一时间不适应。	父亲工作较忙,没有时间陪伴孩子。母亲对孩子照顾有加,在各个方面都有些过于照顾。父母对孩子的期望非常高。	学习的自觉性不高,需要有人监督。父亲忙于工作,母亲花非常多的时间去监督孩子。导致孩子总想摆脱母亲束缚。	在体育课多释放自己,既可以宣泄心情,又可以助眠。对于学习安全感不强的学生,需要和他交谈,告诉他不要害怕试错,勇于犯错,不要太过完美主义。	面对学生自己说"我是个很不自觉的人,就需要有人时时刻刻在监督我,我就可以好好学习",如何去培养学生的自主学习能力。

对于原则性问题,班主任一定要向学生明确自己的立场,这是班主任威信和威严的重要来源。教师有原则性,学生才会趋善避恶。对于试图违反原则的,一定要及时发现,在第一时间就进行彻底的处理。如果发现不及时或者姑息纵容,会形成不好的风气。还有,我借用剪刀这个"道具",鲜明地表明了我的立场,对学生也是一种震撼和警示。班主任在言语教育的同时,也可以适当借助一些实物道具帮自己演一出"好戏"。学生既感受到你的威严,又感受到你朋友式的鼓励和提醒,最重要的是他在这个过程中融入了集体,有所受益,所以他会感激你的教育引导。

——坊员高老师

在生活和工作中,教师难免会出现各种心理上的不适应现象,如紧张感、焦虑感和受挫感等,严重的甚至会出现各种心理异常现象。教师要正确认识自己的心理问题,学会心理调适,保持积极乐观的心态。在教学过程中,教师一定要通过多种渠道全面了解学生,对每个学生的知识基础、学习能力、性格特点、兴趣爱好、家庭状况等做到心中有数。教师要不断创新自己的教学方法,杜绝传统教学中居高临下式的说教,重视学生的意见,保证学生的主体地位,尊重学生的人格。

——坊员张老师

要改变这种现状的孩子,建议监护人适度关注孩子,在照顾好生活起居的同时,注意督促孩子坚持良好的学习习惯,多关心孩子的心理状态,保持家庭氛围和谐融洽,多鼓励孩子,引导孩子提高时间管理能力,合理分配自己的学习、运动和休闲时间。另外需要调整家庭教育模式,请父亲多参与孩子的教育,给孩子做出榜样示范,辅之以学校心理咨询室的干预,也是一种后续可尝试的方法。

——坊员胡老师

五、研修成果的提炼:"心理+"跨学科实践案例

工作坊通过心理+艺术融合课程的开发,一方面为坊员教师做了学科融合课程开发的示范;另一方面从整体上提升教师的心理健康水平,使更多的教师在提升专业水平的同时,获得个人的心理成长,提高教师职业幸福感和生活满意度。心理+跨学科融合工作坊经过两年的研修,提炼了研修成果,完善了坊内开发的校本课程。工作坊申报的区级课题《全员导师制背景下"师生沟通指南"的构建研究》顺利结题并获得良好的鉴定等第,坊主撰写的《心理老师如何做导师的"导师"?》征文获得区级奖项,撰写的论文《心理老师与班主任和导师协同解决学生问题的案例研究》在杂志上公开发表。坊员通过工作坊系列活动,围绕工作坊研修主题"心理+跨学科融合课程开发",针对各自教育教学生活中急需解决的问题进行案例撰写。借助心理+学科融合案例的撰写,增强教师的心育意识和研究意识,形成相关成果集。

工作坊形成了表达性艺术疗法的系列课程,坊员们通过心理与绘画艺术相结合的体验活动,疏解了生活与工作的压力,调整了自己的焦虑情绪,习得了人际沟通、师生沟通的多元方法与策略,形成了工作坊系列跨学科融合课程。坊主带领坊员积极挖掘、梳理学科教材中的心理健康教育元素,如坊员们从积极心理品质的24条内容出发,寻找学科教学中心理健康教育的落脚点,有的放矢地进行良好心理健康品质的培养。

表4-3-6 "心理十"跨学科融合工作坊课程开发框架(部分)

专题名称	课程内容	课程目标	实施方式
释放情绪 自由表达	组建团队、破冰	制订规则,加强团队意识	箱庭疗法,风景构成法,拼贴画疗法和MSSM法
	无主题创作	正视情绪,缓解压力	
	释放压力,自由表达		
自我认识 自我察觉	客观认识,自我认知	正确认识完善自己,调动内在积极力量	箱庭疗法,风景构成法,拼贴画疗法和MSSM法
	倾听心灵内在的声音		
感知他人 沟通传达	接纳自我与他人的差异	提高沟通能力,包容接纳对方	箱庭疗法,风景构成法,拼贴画疗法和MSSM法
	学会沟通,包容对方		
提升思维 观察品质	自由创意表达	发挥想象创造力,培养多角度观察思维力	箱庭疗法,风景构成法,拼贴画疗法和MSSM法

坊员们通过坊内通识性课程的学习,掌握了学科融合的路径与方法,纷纷在自己的课堂中尝试,从最初的心理元素的挖掘和强化,到将心理元素导入课堂,再到将心理学知识应用到课堂教学活动的设计,再到学科教师和心理老师同上一节课,坊员教师积极实践,并针对实践进行了及时的反思与总结,形成了以下跨学科融合的策略。

营造宽松、和谐的课堂心理环境。课堂环境作为教学活动的主要外因,对教学效果有着直接的影响,而心理环境则影响着学生内部动机的效果。坊员教师在这方面进行了积极尝试,并分工合作开展研究,有教师对如何运用心理学方法设计导入环节提升学生专注力开展研究:在课初的导入环节,教师可以运用音乐、微视频、游戏活动、生生互动的小活动来营造轻松愉快的课堂氛围,引导学生以最快的速度将注意力转移到课堂上来。对于上下午学生易疲劳时段的课,可以用1—2分钟带领学生做一些简单的律动,使学生在放松躯体的同时,自然地将注意力集中到课堂中来;有的教师尝试将心理学的积极情绪体验等元素融合在课堂活动设计中,关注学习过程中学生的心理体验,激发学生的学习兴趣;在作业设计环节,将信息技术运用在学科作业设计中,通过通关及时奖励的方式,激励学生对知识进行巩固,强化学生的复习行为,收到了较好的效果;在学生评价方面,教师从坊内通识课程中掌握的多元智能理论出发,实施多元评价,发掘每个学生的潜能与优势,多为学生搭建展示平台,提升学生自信心,使师生间、生生间形成一种互相接纳、互相欣赏的良好氛围。

积极挖掘、梳理教材中心理健康教育因素。坊主带领坊员有选择性地重温教育心理学知识,学习积极心理学理论,梳理学科教材,寻找心理健康教育与学科融合的落脚点,有的放矢地进行学生良好心理品质的培养。坊员结合心理学中的"4C"模型,在活动设计目标中,有意识地将"勇于接受和挑战""自信""承诺有担当"和"自我控制"融合在课堂活动中,帮助学生调整心态,增强自我控制能力,有针对性地提升学生的心理弹性,培养学生的勇敢、坚毅、果断、吃苦耐劳等良好的心理品质;在课堂小组活动中关注学生团队精神、协作精神的培养,锻炼语言表达能力,习得人际沟通的技巧与策略,学会积极地与人交往。

心理学知识的灵活应用不仅能够实现学生心理健康品质的培养,还能够有效辅助教学质量的提升。将心理学知识与学科教育融会贯通,将会带给教育"润物细无声"的作用,让学生在学好学科知识的同时身心健康成长。我将在以后的教学过程中继续探寻如何更好地融合心理学知识,达到课堂教学效果提升和学生心理品质提升的双赢效果。

——坊员沈老师

丰富活动设计,提高心育与智育融合度。坊员们充分利用工作坊内成员学科背景多元化的优势,设计出了丰富多彩的活动调动学生参与的热情,给不同个性特征的学生提供展示自我的舞台,舒缓学业压力,化解不良情绪。如:艺术学科教师抓住学校各类活动的展示契机,举办小型音乐会、赛歌会、联欢会、校园原创歌曲擂台赛等鼓励学生积极参与;坊员老师还动员学生大胆创新,在学校每年一度的达人秀活动中将学科知识和心理知识进行整合,通过心理短剧表演、脱口秀和心理健康主题演讲等形式为学生创造各种实践展示机会,教师用心去捕捉、放大学生每一个细微的亮点,帮助学生在活动中不断锤炼阳光、健康、积极、向上的心理素质,激励学生成长为更好的自己。

"心理+"学科联合研修。每月组织一次"心理+"学科联合研修活动。邀请工作坊专家指导团队,深入研修现场与坊员教师一起参与,交流"心理+"学科的融合案例,对于学科教学如何渗透心理健康教育进行深入研讨,寻找方法和策略;申报跨学科融合教学实践项目的教师进行公开课展示,专家进行现场搭脉诊断。评课环节,专家结合课堂教学设计与现场教学情况进行指导点评,帮助教师进一步优化教学设计,进行再实践,总结提炼成功经验,提高教师的"育心"能力。

在工作坊的集体学习中,我更加发现各学科融合的研修优势。我们的心理教育绝不仅仅包含心理咨询、心理治疗,学校心理健康教育的主阵地是满足学生发展性的心理需要,它应该能在更为广阔的课程领域中得以凸显。以学科教育教学活动等方式融入心理教育的融合型课程应被重视,可尝试探索学科融合型的课题,以实现心育目的。

——坊员张老师

案例一:

德语教学中心育渗透的策略:“如何应对压力”

“心理＋”跨学科融合工作坊　李老师

教学内容及对象分析:

本节课围绕“压力”这一话题,选用自编讲义。目的在于让学生认识到身边的压力并能应对压力;同时能够用德语表达自己面临压力的情形、感受,并对于有压力的情境给出自己的建议。本节课的教学对象是初二年级(学习两年德语)学生。

一、教学设计

教学目标:

1. 能够用德语表达自己的情绪。

2. 能够理解和压力有关的德语文章,认识到压力的过度存在会给我们带来负面影响。

3. 了解缓解压力的有效方法,并能用德语表达;能够针对别人的问题,用德语提出建议。

教学重点和难点:

了解缓解压力的有效方法,并能用德语表达;能够针对别人的问题,用德语提出建议。

二、教学过程

(一) 创设情境,营造良好的氛围

1. 播放不同情感风格的音乐,请同学欣赏。

2. 学生用德语表达自己听完不同音乐的情绪感受。

(二) 了解学生的情绪状况

1. 小组讨论:自己最近的情绪状况,自己是否感受到压力,是什么原因引发的。

2. 小组发言,根据学生的诉说进行分类并板书。

3. 阅读德语文章 Stress(压力)，归纳总结生活中遇到压力的主要原因。

（三）指导情绪认知，教给具体方法

1. 阅读德语文本，利用思维导图总结应对压力的主要方法。

2. 小组合作完成小报，讨论更多应对压力的方法。

3. 小组角色表演准备：在不同的压力情境下，如何给你的小伙伴支招(考试压力、家庭关系紧张、同学关系压力)，准备一个小短剧。

（四）分享

1. 小组展示短剧，学生欣赏评价。

2. 教师总结应对压力的主要方法。

3. 集体体验音乐冥想练习，放松自己。

（五）总结

教师总结本节课的主要内容，并引导学生：压力是正常的，但是压力应当是适度的，需要用恰当的方法应对压力，让自己在压力的陪伴下健康成长。

三、**教学反思**

心理健康教育和德语学科教学之间有许多可以结合的点。教师需要根据德语教学的具体内容寻找合理的渗透点，充分利用这些结合点能更好地实现德语教学的情境化，从而充分调动学生的学习兴趣，把德育落实在学科教学之中，起到潜移默化的作用。

案例二：

心理＋艺术课程："开启创意之门"

心理＋跨学科融合工作坊　张老师　汪老师

教学内容及对象分析：

中学生正处在生长发育的关键阶段，正是开发大脑潜能、培养发散思维能力的重要时期。激发中学生发挥创意勇于创造，有利于他们更好地适应未来学习、工作、生活的需要。老师们时常感到学校在征集创意类作品时学生上交的作品充满想象力，但参加活动的人数终究为少数，如何引导和帮助整体层面上的学生进行创意活动，使之走进每位学生成为学校教学的需要。若能通过一堂课，促使学生主动而有新意地投入创造，并迁移至现实的学习和生活，其意义则更加深远。

通过热身活动引发学生认识到创意的乐趣，了解新材料石墨烯的制取过程，体会创意带来的意外收获。引导学生将身边的废旧物品创作成为艺术品，鼓励学生从生活中寻找和发现各种废旧材料，充分利用废品的形状、色彩与材质特征，发挥立体空间想象力，并实时创作。这不但有利于学生创意思维的发展，而且能在创造美、欣赏美的过程中提高环保意识、培养合作精神。学生分享作品的制作过程，总结激发创意的方法和途径。

一、教学设计

教学目标：

1. 创设艺术品的制作情景，引导学生开发和展现各自独有的创新思维。

2. 认识到用废旧物品制作而成的雕塑的特殊艺术魅力和文化含义，提高环保意识，并将创意思维运用到平时的学习生活中。

教学重点：启发学生从生活中寻找和发现各种废旧材料，充分利用废品的形状、色彩与材质特征，发挥立体空间想象力，用多种立体造型的手法重新组合，创造新奇、独特的新造型，开发和展现出学生的创新思维。

教学难点：创造性地运用不同材料，尝试将插接、粘贴、串联、缝纫、捆绑等多种方法组合和连结起来进行创造活动，并将这种创意迁移到平时的学习生活中以解决现实问题。

教学资源：课件、任务小册子、废旧物品等。

二、教学过程

1. 热身活动(心理老师)：

指导学生完成任务小册子；

2. 获得新发现(心理老师)：

新材料石墨烯的制取；

3. 美术创意作品赏析(美术老师)：

蛋壳作品、核桃壳作品、易拉罐作品、果壳作品、纸板箱作品、拼贴画、废木料作品、酒瓶装饰等；

4. 学生创作(美术老师)：

学生合作完成一件简易的工艺品(小组讨论)；

(1) 提出多种设计方案。

(2) 选择材料：给各种废旧物品归类，发挥空间想象力，思考它们如何重新组合，可做成什么。

5．学生自评互评与教师点评（美术老师）：

从作品的主题、选材、表现手法、造型、色彩搭配等方向入手点评。

三、教学反思

本课的主题内容是组织学生在课堂上用创意思维进行艺术创作，在时间上是一个很大的考验，艺术创作需要时间，一节课的时间显然不足，课前学生被建议做一个初步的融合，两位老师如何进行语言上的衔接也是难点，学科间的差异，教师间的差异，容易产生合作课堂中的问题。比起一个人，两个人在语言和时间上的把握更具挑战性。当然，融合课的尝试也让我们看到了许多闪光之处，学生感到新奇有趣的同时，综合实践的能力也得到了锻炼。

"心理＋"跨学科融合课程的开发是"心理＋"跨学科融合工作坊的研修目标之一，围绕这一目标，工作坊内教师在理论学习的基础上进行了形式多样的学科融合教学实践，有的教师在外语课上融入心理元素，设置心理教育情境，让学生用外语表达情绪；有的教师尝试跨学科教学，心理、艺术教师共同走进课堂，实现了从课堂形式到内容的深度融合，为其他学科的融合教学提供了样板和参照。

第五章 "定制式"工作坊的实践特征

第一节 两难冲突:现实困境的破解与突围

回顾国际教师教育及研究的发展历程,教师专业发展的路径从关注教师个体心理发展,到关注教师的整体实践,然后到关注教师的集体学习。教师学习的模式也从传统的以知识灌输为主的"习得模式",走向建设教师实践共同体的"参与模式",然后到共同建构知识客体的"拓展学习模式"。社会性学习和共同体建设,首先指向的是对于教师培训诉求的满足与引领,其次指向的是对于教师实践行为的改进与实践性知识的变革,最终指向的是教师专业的成长与发展。这不仅有利于教师将在培训和教研中学到的知识进行"再情境化",而且能够激发他们的跨界创新,实现"转化式学习"。[1]

从教师层面而言,教师专业学习是教师自身不断成长蜕变的过程,从根本上说,无论是新手教师还是成熟教师都渴望自身的不断提升。教师这个职业决定了教师工作的整体性、情境性、复杂性、价值性等特征。教师是一种精神性的工作,需要激发从业者的高尚情操、内在发展动机以及自我教育的意识和能力。教师专业学习是一个由自我实践主导、多方信息与资源协助下的主动发展过程,它受个体教师的生存生态和外部支持环境的制约。因而作为教师专业学习的外部支持方式的校本研修应该通过引导、激发教师实践性知识的积极变化,促使教师成为实践的反思者,激发教师潜在的学习需求,提升教师的教育境界,从而帮助他们实现专业成长。从学校层面而言,教师专

---

[1] 陈向明,张玉荣.教师专业发展和学习为何要走向"校本"[J].清华大学教育研究,2014(01):36—43.

业研修的蝶变更是一种潜在的供给侧改革,从关注、应对教师个性需求,到引领、激发教师需求,实现教育现实困境的突围,从早知一步到更远一步。

一、教师发展面临的现实困境

1. 个性发展与共性需求的矛盾

在课程改革的大背景下,学校和教师面临着许多普遍性的问题,例如后疫情时代的教育信息技术化、创新融合教育,在学校层面,也包括学校特色发展时代面临的机遇与挑战等,这些都将依托专业化的教师校本研修得以落地,因而对校本研修的课程内容进行设计时,要充分考虑学校和多数教师的当前需求。

另一方面,教师发展需要满足教师的个性需求。教师的个性需求是教师以自身专业发展的内在需求为基础,在职业生涯的不同阶段不断地实践和反思中创新和挖掘自己的教育、教学的个性,主动寻求不断地超越和自我超越的意愿。教师在专业发展的过程中只有产生专业情意、专业知识、专业能力等个性发展的需求,才能制定个性鲜明的成长规划,创新自有的独特教学风格,实现教学工作的突破和进步。

不同的教师有不同的个性、不同的成长环境、不同的教育背景,职初教师、成熟型教师、专家型教师,不同教师对自身专业发展的需求也不尽相同。对于教师而言,这些需求表现为达成培训目标的最近发展区在哪里,怎样的课程才更有针对性、有效性,如何更好地满足学校、教师的长期发展需求,如何更好地满足不同职业发展阶段、不同学科、不同学段、不同个性特长的教师发展需求……不胜枚举。

教师的需求复杂且多元,这些需要培训者进行诊断与发现。校本研修课程的设计就需要关注教师的个性化需求,引导教师发现和解决实际问题,但是,关注教师专业发展的个性并不是否定教师专业发展的普适性,教师专业发展应该是有共性、有规律的,因此,"定制式"工作坊的课程设计要在遵循共性的基础上,关注每个教师的优势发展区,引领不同教师对自身的专业发展和职业规划都有清晰的理解和认识。

2. 习得知识技能与应对教育现场的两难

教师专业化研修对教师专业成长有着重要的推动作用,然而管理者和一线教师都深感常规教师研修的形式和内容整齐划一,难以调动教师的积极性,研修收效甚微。以往,教师通过专业研修习得教育教学的先进知识、技能,或者是教育教学的经验。然而,我们也不难发现,所谓的教育教学经验往往具有缄默性的特征,教师在潜移默化中累积经验,当面对问题时,习惯联系过去已知的情境,进而匹配解决,事实上这是在一种不确定中重构问题的情境。作为一种实践性较强的职业，需要实践者不断重构问题，在行动中反应，与情境对话，进行实验性探究。

因而，教师最需要的不是按照统一标准被集中"管理"，而是根据学校的具体情境被激励、被支持、被辅助。对教师的专业发展而言，短期集中培训和行政要求下的教研往往不是最好的方式，教师更需要的是基于日常工作的、自我启动的、既有外部专业支持又有内部同行相互帮扶的校本学习。衡量教师的质量标准也不仅仅是预设的，而是根据具体情境和时代要求的变化而变化的。

相较于传统的教师研修，"定制式"工作坊的课程设计正是应对这种"不确定"，帮助教师梳理教育教学中的实际问题，重构教育教学的现场，进而从中鉴别、甄选，提炼出关键问题或突破口，关注教师在教育教学实践中的常见问题和棘手问题，以问题引领，进而基于专业校本研修，实现问题的解决。

校本研修是基于教育变革背景下的真实问题而开展的，需要精准的诊断与挖掘，需要针对性地设计学习内容与研究活动，教师通过校本研修所获得的不仅仅是停留在应知、应会层面的理念、知识与技能，而是在教育教学实践中可以学以致用的真实能力，因而校本研修课程从根本上说应当嵌入教师的实践过程，为教师的实践提供标准、支持，引导教师采用一种主动的、探究的方式解决教育教学的实际问题，获得自身教育教学能力的持续提升，进而促进教师的持续成长。

"自觉""自主"应成为教师专业发展的关键词。它具体表现为教师能自觉地对自己的专业发展负责，自觉地对过去、现在的状态进行反思，对未来的发展水平、发展方向与程度做出规划，并能自主、自觉地遵循自己专业发展的目标、计划、途径，努力实践，成为自身专业发展的主人。只有充分激发起教师专业发展的内在动力，才能使教师的成长由自发转向自觉。自发性和自主性可以通过自我规划、自我反思和自我修炼来成长，但是仅有这点还不够，这种内在驱动还需要有外在推力，对教师来说，外部组织给予的动力有益于教师在职业生涯中找到身份的自我认同。

二、兼顾个性与共性的研修课程

1. 定制兼顾需求的课程框架

传统教师培训的形式，教师的学习缺乏一定的主动性，受到任务式学习的心理意识主宰，学习的短期效益和长期效益均不显著。"定制式"工作坊的校本研修课程设计更多关注教师的内需，调动和激发教师的内在学习诉求，聚焦培育教师终身学习理念，在通识课程之外,为教师定制个性课程,贴近教师专业发展的个体需求,促进基于实践的反思,提升教师专业发展的自觉意识。

(1)定制特色鲜明的研修主题。"定制式"工作坊以特色鲜明的研修主题,关注教师个体的学习需求,围绕研修主题形成不同的学习团体,定制的意义同时包括:研究主题的定制、研修内容的定制和研修形式的定制。工作坊菜单式的研修主题,能够应对不同的个性需求,充分调动教师的学习的主动性。以"定制式"工作坊为形式,围绕定制主题,展开研讨,在提高教师专业化水平的同时,不断提升教师队伍的团队意识和协作能力。关注团体的共同发展目标与团体成员的学习内需,助力教师个人成长。

表 5-1-1　工作坊定制研修主题一览

工作坊名称	工作坊研修主题
礼仪美育研究	常规工作中渗透礼仪与美育方法与途径的研究
班主任核心素养提升研究	提升班主任核心素养的实践研究
	班主任实务能力提升的研究
特色班级建设研究	多元融合的班级生态文化建设研究
学生领导力培养研究	中学生领导力培养的路径探索
中外学生教育比较研究	多元文化背景下外国学生德育工作的研究
课堂教学艺术与效能研究	提高课堂效率的教学微技能研究
日语教学研究	思维导图在日语教学中的应用研究
英语教学研究	中学英语阅读理解与完形填空命题探究
	初中英语写作教学设计与实践研究
德语教学研究	DSD 课程实施的教师研修实践研究
中华传统文化教育研究	中华传统文化拓展课程资源的开发
	初中国学课程开发的研究
双语教学研究	中学学科双语教学的设计与实践
艺术体育特色教学研究	初中体育教学常规落实关键问题的实践研究
慕课 J 课堂开发	学科教学中微视频资源的设计制作和应用研究
创新思维培养研究	提升数学思维素养的实践研究
	学科教学中学生批判性思维培养的实践研究

工作坊名称	工作坊研修主题
VR 技术使用与课堂的应用研究	VR 技术在课程中的应用与开发研究
甘泉家化创意工作坊	学科融合与课程统整
机器人创新课程开发	基于机器人技术的综合理科课程设计研究

例如，德育类工作坊中，坊主们根据各自不同的研修重点展开研修活动，各有侧重，而研修课程的设计、研修主题的确立，都是围绕在德育领域中的具体情境与问题，有的放矢，又能够解决教师们在班级管理等德育领域遇到的实际问题。德育工作的研修主题既有班主任德育领域的班主任核心素养、班主任实务，也有针对特色班级建设的班级生态文化，还有礼仪美育、中学生领导力、外国学生德育等颇具学校特色的德育研修方向。

其中，以中学生领导力工作坊为例，工作坊坊主是学生工作部的张老师，在她的带领下一批中青年教师致力于开展优秀学生培养相关方向的研究，工作坊以中学生领导力的培养路径为主要研究问题，定制了特色鲜明的研修主题，围绕研修主题，学员开展了各种形式的研修活动。

表 5-1-2 中学生领导力工作坊研修主题一览

项目	研修主题	研修路径
中学生领导力培养	学生自我领导力培养	校园文化建设、学校教育理念等 自我设计、自我完善 自我评价、自我学习、自律自制
	学生组织力培养	小组长、课代表、班委、年级干部、学校干部的竞聘、工作交流、工作总结、评比 学生自治委员会、仲裁委员会、公民委员会等
	学生感召力培养	学长辅导员、学生指导员、同伴心理辅导员结对引领 校园活动的设计、组织、参与、总结 主题班会、主题教育的学生策划、组织、总结、反思
	学生影响力培养	问题探究，发现问题、分析问题、解决问题 社会实践，项目设计、团队组织、方案商榷、假期实施 记录、经验分享展示、实施成效评估等环节 参观走访，参观著名企业、了解运作情况，访问名校，调查、座谈等

项目	研修主题	研修路径
	学生决断力培养	情境模拟,如模拟联合国、模拟人大会、议会、法庭、模拟董事会、听证会等,通过拓展视野训练、多元文化训练、目标激励训练、科技创新训练、演讲辩论训练、人际沟通训练、团队合作训练、决策执行训练

　　工作坊将"中学生领导力培养"作为研修的主题,正是基于学校对优秀人才的理解,其中关注的是学生全面的发展和综合素养能力的提升。从领导力要素看,首先是形成远景目标及筹划未来的能力;其次是表达力、说服力、感召力等;第三是策划、设计、规划、决策能力;第四是坚持、让步或妥协、沟通、协调能力等。同时基于学校的培养目标,不仅仅局限于优秀学生的培养,更是注重每一个有教养的学子自我领导能力的培养。工作坊课程设计结合社团、社会实践、班级活动的设计,在实现教师专业学习的问题解决的同时,更使得学生的综合能力得到锻炼和提高。

　　在研修过程中,各工作坊还根据坊员的问题解决需求,围绕研修主题进行进一步的课题研究项目设计与申报,邀请专家进行可行性和科学性论证,以课题研究承载坊员老师的实际问题,通过课题实践分工体现坊员不同侧重点和问题解决导向,以课堂教学为主阵地,以课题研讨课开展跨学科教研,探索学科教学问题的突破;通过案例研究总结科学育人的智慧,通过思维模型的构建,集多学科教师之合力,探讨学科融合培养学生批判性思维的方法。在专业研修过程中不同学科教师、不同教龄的教师开阔了问题解决视野,拓宽了问题解决路径,教师的科研能力得到很大提升。

　　　　正如有位老师在研修日志中所写的:"通过工作坊的学习,大家都感受了教学研究的过程,从提出问题、寻找资料到制作问卷,根据问卷数据进行分析。这种体验的过程是十分宝贵的。平时教师们的教学工作繁重,要开展教学问题的研究本来就不易,这种完整的研究过程就显得尤为有价值。"

　　(2)定制切合教师发展需求的课程框架。基于学校教师队伍发展现状,结合教师个人学习需求,从激发教师专业学习的内在需求出发,我校设计研修课程框架体系,充分调动教师的能动作用和主体意识,发挥广大教师的学习热情和发展动力。我校通过量身打造的校本研修主题,切实促进教师的专业成长,从而实现教师专业知识、专业能力、专业精神和专业素养的全面提升,通过贴合教师内在发展需求的课程框架设计,充分考虑教师个体需求以及成长的动态过程。同时,通过教师自组团队,共设团体目标。

在团队激励作用下,通过个人主动发展促进团队的整体发展。在满足教师发展的个体需要的同时,全面提升教师队伍的综合素养。

表 5-1-3　德育管理工作坊自主开发研修课程

课程名称	课程目标	学员作业设计
巧用家访调查表,聚焦家庭教育真问题	指导学员有意识地积累信息,进行教育科研的准备	整理家访遇到的难题
每周 100 分自主管理制度,助力学生快速适应高中生活	班级自主管理和学生适应期问题的研究与对策指导	文献检索自主管理
破解成长密码——我的第一本专业书籍写作体会	如何进行案例积累和科研成果表达	整理自己的论文
班集体建设与管理的创新艺术	高中班集体自主管理的实践研究	文献检索:班级自主管理的典型案例
问题学生的转化	对实践中获得的系列问题学生案例进行科学分析,带领学员关注德育个案,指导学员如何面对个性和共性问题,有效进行针对性指导;指导学员进行德育案例分析和写作	案例写作与难题搜集整理
"厚积薄发,专业成长"系列研修课程	专业论文写作指导;德育案例写作指导;个性化专业发展档案整理指导;个性化书单指导	整理自己的个性化专业发展档案;形成自己的专业书单
班主任如何进行家庭教育指导	从学生和家长两个方面进行专业化指导,促进亲自有效沟通,形成合力共同促进学生健康成长	整理自己的家庭教育指导案例
巧用社会实践活动,加强特色班集体建设,促进学生全面发展	指导学员进行德育案例分析和写作	整理自己的家庭教育指导案例
"关注学生心理健康,守护秘密花园"系列课程	帮助和指导班主任,根据一些指标特征,尽早发现问题。通过案例研修帮助班主任掌握基本心理辅导常识和基本技术。直面抑郁症和其他异常心理现象;作为心理健康第一道防线的班主任的对策	根据自己的工作实际,整理自己遇到的难题案例;观察记录、随访、转介、及时沟通,情况汇总和记录分析

课程名称	课程目标	学员作业设计
特色班集体建设,班主任的顶层设计	如何根据学校文化特色和班级情况诊断,进行三年的特色规划与实施	《特色班集体建设论文征集》
带着梦想上路	综合培训:班主任的专业化要求;克服职业倦怠;班集体建设和班主任的自我成长	思考:打造自己的专业名片:你是谁,在做什么? 你的工作特色是什么?
逆风飞翔	案例分析	案例搜集
赢在长三角	闵行杯赛前专业辅导:如何进行主题班会课设计;班主任岗位的本体知识;案例分析与情景模拟演练;答辩训练	整理自己的主题班会课教案
班级文化的引领者	班级文化建设重视软文化、班级人际关系	思考:新时期师生关系的新特点;同伴互助
班主任的获得感	如何克服职业倦怠,从自发到自觉的专业成长	学员研修小结

（3）定制丰富多样的研修活动。传统的在职教师培训往往依托大学或培训机构,教师们往往在短期内密集地接受某些教学技能、策略或理论方面的培训,这种培训虽也能拓展教师的视野,但从长远来看却起不到促进教师可持续发展的理想效果。原因在于这类短期的密集式培训缺乏后续的跟进环节,也即忽视了教师经验的连续性。而"定制式"工作坊强调活动的系列化和教师经验的连续性,这区别于短期密集式的在职教师培训项目。工作坊定制了序列式的研修活动,立足于教师个人的日常经验,从实践经验中生发出的问题是研究的起点,在做研究和解决问题与疑难的过程中,教师的经验不断得到改组和改造,这为教师的可持续发展提供了源源不断的动力。

例如,中华传统文化工作坊聚焦"中华传统文化"的研修主题,工作坊开展通识研修,推进教师对传统经典的阅读,开展定期的读书活动,开展主题式的学习研讨活动。同时,在学校现有的国学社团、国学书院、白水文学社的基础上,整合学生社团资源,开展相关综合课程和社团课程的开发与实践,以"国学堂"的新形式,组织传统文化学习活动。工作坊的研修活动目标明确、循序渐进,凝聚团体合力,激发团体活力,从教师参与联合层面的专家讲座,到具有国学特色的专题体验活动,再到结合课题研究的教材开发实践,坊员在个人发展方面获益良多。两位坊员申报的课题"基于学习任务群的唐诗鉴赏课程实践研究""初中语文整本书阅读指导教学的案例研究"获得普陀区教育科研个人课题立项。以坊员为主体参与的市级课题"国学课程开发的实践研究"顺利结题,研究成果《君子养成》一书正式出版。

又如,德育管理工作坊,坊主每月的研修活动主题明确,同时形式多样,读书心得、课题研究、网络研修、走进名校、参观展馆,各种研修形式开阔了学员的眼界,也促使学员们不断反思与提升。

表 5 - 1 - 4   付老师德育工作坊研修活动一览

时间	研修内容	研究目的
1月	"用调查说明事实——教育调查法的运用"讲座 "巧用家访调查表,聚焦家庭教育真问题"讲座	培养、提高学员科研能力之实证研究的能力,科学运用教育调查法,提高专业成长的内驱力
2月	"班级审美化主体实践活动策划与实施"讲座 "每周100分自主管理制度,助力学生快速适应高中生活"讲座	通过讲座、子课题研讨,整合资源,帮助学员通过子课题的开展回顾自己的班主任工作实际,明确教育科研必须植根于现实的土壤,引导学员深入思考,学会借鉴、整合资源,培养一定的科研意识,以科研促工作实效性的提高
3月	学员研讨 "科研成果的表达"讲座 "破解成长密码——我的第一本专业书籍写作体会"讲座	理论联系实际反思自己之前的科研写作,提供专业性指导,帮助学员突破教育科研的心理惰性和瓶颈;进行科研成果的自我反思与自我评价,有利于学员提高自觉发展的意识
4月	网络研修:文献检索及点评;各学段智慧家长会典型设计案例及分析,小组网络讨论;走进名校:交大附中嘉定分校参观学习、听主题班会课	依托工作室研修项目开展伙伴互助研讨,学习交流
5月	上海市班主任基本功大赛赛前辅导及班主任工作实务、危机干预的手段策略辅导	班主任工作实务培训,提高建班育人能力和反思与质疑的能力,班主任的工作智慧跟思想和理念有很大关系,这些贯穿在日常工作中的东西更需要提升
6月	合作研修,参观走访合作学校;"因地制宜,自我成长——班主任成长条件研讨会"讲座	反思班主任专业化成长所需的条件,充分利用自己的环境因素,寻找适合自己的发展途径,形成自己的班主任工作特色;参观了解区县班主任工作
7月	学员《专业成长手册》的记录	学员梳理自己一年半的收获和思考,在反思中成长,为接下来的终期汇报准备充分的资源

时间	研修内容	研究目的
8月	参观展馆、读书交流活动	人文素养培训
9月	学员专业成长手册内容研讨与补充完善	形成独具特色的学员成长手册，即是对之前研修的记录和思考，也会给接下来的专业发展奠定基础，形成可以借鉴的经验
10月	子课题成果汇报研讨	梳理回顾工作坊的项目推进工作和阶段性成果，检验学员的进步与成长。
11月	项目汇总研讨，工作坊工作总结报告	工作坊项目推进成果汇总、学员成果汇总，听取学员的心声和要求，在接下来的培训中进一步补充完善。
12月	学员专业难题会诊：走进学员学校，聚焦工作实务；名班主任面对面	聚焦学员工作实际，进一步提升特色班集体建设的经验和能力

例如，特色班级建设研究工作坊采取了多种形式的学习活动，如集中学习、微信群交流。成员们从生态学的理论入手，领会人本主义学习理论、班级建设等相关理论。收集和学习有关文献资料，了解班级生态文化建设的背景和意义，对国内外关于教育生态学的研究，国内外班级文化的研究现状等进行简要分析及学习。成员们对自己所教年级学生情况进行分析。阅读推荐文件或书目，如《关于全面深化新时代教师队伍建设改革的意见》《修炼—百位特级谈教师专业成长》等，进行研读并交流。参加校德育工作坊联合活动，如"心理讲座——表达性艺术治疗"。

邀请校内外专家参与诊断。如：聆听特级教师陈老师的"主题教育课——班级德育的阵地，学生成长的沃土"的主题报告、参加区班主任高级指导教师张寒冰老师工作坊的展示活动——中学生领导力培养的路径探索探讨等。学习教育生态视野下的班集体建设的针对性、主体性、适用性等原则。设计任务、建构学习小组、交流合作，逐步建构班集体良好、平衡的生态环境，多元融合进行实践研究，并在此基础上不断完善。学员们在计划、行动、观察、反思、再计划、再行动、再观察、再反思的螺旋式循环过程中积极地进行着班级生态文化建设的尝试。

坊内班集体建设方案交流。如班级物质环境设计、班级规章制度建设、班级核心文化建设，班名、班徽、班级核心文化关键词、班级核心文化内涵解释等。

进行学生个案分析，在坊内交流。坊员们通过集中个案交流，构建良好成长氛围，营造班级生态平衡的人际关系。包括促进师生间、生生间、亲子间、家校间的和谐、可持续发展等,如开展"如何进行有效家校沟通"的讲座等,坊员根据自己工作实践,进行一些案例的分享与探讨。坊内主题班会或主题教育课展示交流。如观摩主题教育课视频《包容》,并探讨如何上好主题教育课。

2. 聚焦问题导向的课程核心

"定制式"工作坊研修课程设计的核心是发现并解决教育教学的实际问题,促使教师成为实践的反思者。"定制式"工作坊的研修设计围绕教师们在日常教学中遇到的问题,集中问题、甄选问题,进而制定研修主题。在研修实践过程中又不断发现新的问题,进而反思、调整。"定制式"工作坊的研修课程设计,遵循"从实践中来,到实践中去"的原则,引导教师不断反思教育教学现场,同时也借以解决多学科所面临的普遍问题。

(1) 重构教育教学现场。"定制式"工作坊重构教育教学的真实情境,聚焦学员教师们在日常教育教学中热切关注的问题,并以此作为研修的核心问题,立足课堂实际,重构教育教学现场。例如,特色班级建设研究工作坊,以多元融合的班级生态文化建设研究为研修主题,工作坊引入生态理念,针对学生的心理现状,反思教育教学中呈现的问题,在工作坊的研修活动中,重构教育教学的现场,积极实践班级生态文化问题。

又如,中学生领导力工作坊在研修中呈现并解决在学生培养中常见的一些问题与误区,重构了教育现场,进而有针对性地提出了对策。首先,主题性,即不管什么形式的活动,它不是一把万能钥匙,不要希望一次活动能解决所有问题,也不要希望活动解决所有人的问题,但可以根据班级和学生实际,一次集中解决一至两个重点,切忌眉毛胡子一把抓,只有内容集中,活动才会开得深入。其次,系列性,班主任要根据本班学生的实际情况,围绕最终的领导力目标制定一个较为长远的教育计划,例如每学期要举办几次活动,每次活动要解决什么问题,要有个通盘的考虑,同时还要考虑活动内容衔接的问题,看之前活动制定的目标是否达到,然后再制定出下一步的目标。中学生领导力的培养要形成系列,这样才能够循序渐进。再次,分层性,活动设计要因材施教。根据学生的特点,确定合理的分层标准,有的学生比较内向,不善表达,我们可以开设活动锻炼他们的胆量;有些学生专注力不够,我们可以设置活动提升他们的专注力。对学生进行分层指导,活动才会更有效。

(2) 成为实践的反思者。反思,是教师以自己的专业行为和活动、自己的专业成长过程为思考对象,对自己所持有的专业观念、所做出的行为和活动以及由此产生的结果,对自己专业成长的过程进行审视和分析的过程。对教学进行冷静的思考、分析,进而创造性地解决教学中存在的问题。传统意义上的教学反思,是教师不断反思自己的教学过程,寻找自己教学中存在的问题,并在理论的支持与指导下形成自己独特的见解与观点,以此来解决教学中存在的困惑,形成解决问题的有效办法。其中,需要围绕问题,以问题为导向,教师通过发现问题、采取对策、形成经验,进而得以不断提升自身的反思能力。

因此,反思是一种手段,其目的是促使教师寻找问题,思考问题,解决问题,并在其中得到提升与发展。反思使教师以研究者的心态置身于教学情境之中,以研究者的眼光对自身的行为进行积极的、深入的反思,对教学中自己的活动以及学生的表现进行认真的观察和分析,对出现的问题进行探究,对积累的经验进行总结。在不断实践、反思中实现自我的提升和专业的成长。

例如,特色班级建设研究工作坊,集中了多位具有丰富班主任管理经验的教师,他们能履行班主任岗位所赋予的各种职责,能完成学校安排的各项任务,他们在班级管理中都有多年的育人经验,也颇具个性特色,在日常管理中可谓是得心应手。他们以"知变—应变—主动求变"为核心展开的工作坊研修,正是敢于正视和积极应对育人中产生困惑与问题。他们发现孩子们思维活跃,有创造力,但他们喜欢沉浸在自己的世界里,不愿与人交流,喜欢隔空交谈,哪怕人与人近在咫尺。而现在,升学、考试压力很大,若缺乏交流,会出现很多心理健康问题。如何让学生热爱班集体,参与活动,团结协作,成了工作坊研修重点。他们以"多元融合的班级生态文化建设研究"为主题,开始书写坊主和坊员们班主任生涯新的篇章。工作坊引入生态理念,因为生态强调协调、可持续发展。在班级文化建设中强调教育生态学的相关理念,通过多元融合,创建班级物质文化、精神文化。创造一种富有特色的班级物质文化和精神文化的氛围,使学生们形成各自的优良品质和气质,使不同个性的学生在班集体中能够相处融洽、取长补短,最终能够获得共同进步和提高。工作坊的活动提高了工作坊成员的班集体建设能力,老师们以此为开始,挑战环境、寻找机会、超越自我,不仅满足于做一名合格班主任,更朝着专家型班主任的方向努力。

此外,重构教育教学现场,在实践中反思,工作坊的研修设计不仅仅解决教育教学的现实问题,同时,也能关注到多学科所面临的教育教学的共同问题,解决这类问题,归根结底是从培养人的角度,使更多的学生受益。

例如,日语教学研究工作坊,坊主是日语教师陈老师。陈老师是中国教育专家委员会成员,先后参与教育部义务教育阶段日语课程标准和高中日语课程的修订工作以及教材审定等系列工作。工作坊的研修主题是："思维导图"在日语教学中的应用研究，这一研修主题的确立正是基于日常教学的实践与反思。在研讨过程中，老师们发现，在语篇容量增加，难度增大的情况下，学生利用思维导图获取信息，提炼关键词或句，分析语篇的内部逻辑结构，以及表达观点的逻辑性等方面，存在明显差异。而现在的学生没有受过这样的思维训练，也缺乏这样的专门的课程学习。思维导图是由一个中心词无限发散的图形，图形中的分支之间可能存在各种逻辑关系：因果、先后、主次、整体与局部、分类、并列、类比等。在信息复杂的情况下，如何呈现思维导图十分重要。工作坊集结了不同学科的教师，希望通过思维导图的推进，积极在实际的教学中运用，帮助学生梳理好知识体系，不仅仅局限于外语学习，而是致力于改善学生学习习惯，进而有益于学生思维方式的改变和完善。

表 5-1-5　日语教学研究工作坊课程计划

要素	要求	实施内容或方案
课程目标	课程目标符合校情、师情和生情，体现学校办学理念和特色。从"知识与技能""过程与方法""情感、态度与价值观"角度进行三维呈现，力求序列化，突出需解决的重点问题。	1. 组织工作坊学员学习有关思维导图方面的文章和书籍，提高理论素养，并形成与提高应用思维导图开展课堂教学的基本技能。 2. 通过主题研讨、开课展示、创新设计等多途径增强学员研修的主动性，并指导学员对所承担的子课程进行研究。 3. 将研修成果运用到教学实践中，促进学生良好思维品质的形成和智慧潜能的开发，同时提升学员对课程的理解以及对自身专业水准的认同度。 4. 拟解决的关键问题：日语教学中如何利用思维导图进行有效教学。
课程内容	从学校教育教学现状、教师个性化发展需要出发。课程内容模块化、主题化，易操作实施；逻辑结构清晰合理，有较强的针对性。	1. 本校不同年段学生语言表达欠缺逻辑思维、发散思维的现状分析（生理、心理、态度、教学手段、教学环境等）。 2. 学习借鉴思维导图方面的相关理论和成功的案例，并与本校的校情、学情相结合，探索一条可行、可持续化的日语思维品质培养之路。 3. 从思维素养的角度设计平时教学的教案，应用思维导图，重点设计新课标倡导的日语实践活动。 4. 以思维导图为载体，教会学生梳理各学段的知识体系。

要素	要求	实施内容或方案
实施途径	依据实际情况选择或创造适合的研修形式,通过专家引领、团队合作、自主研修等渠道促进教师的发展。围绕课程主题有序展开学习、交流、研讨和实践。	1. 主题研讨:组织学习"思维导图"方面的相关理论,积极尝试应用思维导图本身展开学习。坊主每学期做3—4次主题讲座,每位学员平均每学期至少做1次主旨发言。 2. 开课研讨:依托校"自学提问·交流引导·体验反馈"教学模式,开展开课展示活动,重点关注两点:设计问题情境,激发学生发现问题;开展变式训练展示思维形成过程。此外,课堂中可以充分发挥思维导图的功能,让学生有逻辑、有条理、发散地表达个人观点,坊主和学员均完成1次公开课的展示。 3. 交流研讨:充分利用各种交流机会,从课堂教学、计划交流、校际访问交流、日常生活等,积累各种应用思维导图的案例开展交流和研讨。
课程管理	坊主为第一责任人,重视对研修的过程管理,并对学员进行多元评价。档案管理严格规范,有专人负责。	1. 严格两周活动一次,每次不少于两课时的学习制度,并进行考勤管理。 2. 每次活动提前布置研讨内容,明确主讲人,认真笔记,积极讨论,及时小结。 3. 学期结束全面总结,撰写心得体会,坊主对学员进行多元评价,同时接受学员和学校的考评。 4. 侯老师负责资料归档等。
特色创新	课程在某些领域有推广价值,或可适用于不同层面的教师教育。关注校本研修经验和成果的示范辐射。	1. 将"思维导图"应用在日语演讲的常规指导中,并将指导过程编印成册。 2. 汇集学员优秀的教学案例,通过《中等日语教育》杂志对外辐射。

反思实践不仅仅是对自我的反思,还包括实践中的各种关系,如自身与同伴的关系、活动与背景的关系等。集体同伴反思是高效能反思的要素之一,经常采取正式的或非正式的、伙伴式的考察、交流、切磋、协调、合作、讨论、分析和反思,既能够加深同事情谊,建立和谐的人际关系,又能够不断地获得和整合更多的信息资源和专业经验,不断地超越自我,更新和完善自我。教师反思的过程,是教师对教学诸要素、诸环节的再认识、再研究、再整合的过程,是教师思维再活化、再碰撞的过程。它能帮助教师及时捕捉、分析和研究各种教学现象、得失和灵感,加深对教学活动规律的认识和理解,有助于教师及时发现新问题,同时形成自己对教学现象、教学问题的独立思考和创造性见解,从而作出更有效、更合理的教学决定,提升教学实践的实效性,提升教学能力,

提高教学水平。

例如,中华传统文化工作坊招募与组织对中华传统文化的教育教学研究有一定兴趣的学员,形成团体。工作坊成立至今,集结了一群有同样困惑和期望的学习同伴,他们大多本身对国学比较喜爱,日常教学中也尝试将国学引入课堂,但教学中也经常感到"国学进课堂"光靠教师自身的力量,可谓势单力薄;同时他们大多对于教育科研总有一定的畏难情绪,对于个人专业发展也希望依靠团队合作的力量,互补互助,以期实现快速成长。

反思是基于实践的认知,教师的实践性知识,给教师带来多重可能性,更具持久发展和自我发展的可能性。

表5-1-6 日语教学研究工作坊研修日志

日语教学研究工作坊研修日志
主讲人:陈老师

观察学生的课堂笔记,有利于我们发现并思考学生在学习过程中出现的问题。
    如何有效学习?做课堂笔记或者课后的整理笔记,一直以来都是一项基本的学习技能,但通过任贺老师的观察和反馈,可以看出从小学开始,中学,可能甚至大学阶段,我们对学习方法的指导并不具体,或者说有指导,但并不会将它作为重要的内容坚持长期的指导和跟踪。久而久之,学习就变成了依靠学生个人悟性和个人习惯的东西,干预少。
    所以借思维导图的机会,我们需要更深入、更全面地调查学生的学习方法,了解学生学习的现状,如如何阅读、如何做笔记等。
主讲内容:
    一、阅读前思考
    ● 学生平时笔记存在什么问题?
    ● 优秀学生的笔记有什么共性?
    二、摘读《東大合格生のノートは必ず美しい》的七大法则。
    ● 东大学生的笔记七大特征
    1. とにかく文頭は揃える(首先写明标题)
    2. 写す必要がなければコピー(不需抄写的部分可以复印)
    3. 大胆に余白を取る(大胆留白)
    4. インデックスを活用(活用索引标签)
    5. ノートは区切りが肝心(笔记本最重要的是划分区域)
    6. オリジナルのフォーマットを持つ(保持原创)
    7. 丁寧に書いて(认真书写)
    三、回顾思维导图的绘图要点
    关键词、连线、图像、色彩
    四、分发彩笔,笔记本,合作完成思维导图
学员反思:
    侯老师:学生们从小比较习惯将老师黑板上展示出来的笔记内容机械照抄,不太会结合自己的学习情况,也没有系统的知识体系。运用思维导图,能够纵观全局,形成体系,突出重点难点,而且清楚直观,简明易懂。

> 任老师：大多数学生是从初中才开始正式记笔记的，但是并不会记笔记，部分同学是为了应付老师检查，而不是把笔记当成辅助自己学习的重要资料。记笔记常见的问题如：老师黑板写什么就抄什么，记录顺序比较混乱，没有思路；虽然记了不少内容，但没有突出重点，复习时不能很快找出重点难点和自己的薄弱点；有的同学笔记做得美观，用颜色突出了重点，但从来不使用它。简单说就是没思路，没重点，没使用好。
>
> 陈老师：运用思维导图，可直观地将文章要点呈现在视野内，对全文内容有个整体的把握，便于大脑的吸收。
>
> 高老师：在白纸上画思维导图和在软件上画思维导图是两种不同的体验。除了大脑里要有整体框架外，需要对文字大小、颜色、下笔的位置一开始就有想法。

三、实践案例：教师发展内驱力的激发

教师是自身专业学习的主体，教师专业学习的关键在于教师主体性的发挥，教师的思维、情感等内在要素直接决定了教师的教学态度、教学动力等问题，而内驱力是教师的内在动力，是教师基于思想、情感等各种因素而形成的意识。在这种内驱力作用下，教师的专业发展才能持久。教师内驱力的激发，调动了教师的主体意识，使不同学段的教师战胜职业初期的迷惘、职业中期的瓶颈和职业后的倦怠感，真正获得全方位的职业发展。以国学工作坊为例，工作坊集结了不同年段的教师，大家围绕一个共同感兴趣的主题，研讨初中国学资源的开发，在研究中老师们围绕"研""效""积"等关键词，针对教育教学中"如何传承国学精髓、注重课堂实效"的问题，有的放矢地展开研究与探索，同时，持续不断的反思也促进了教师自身内驱力的提升，进而促进了教师的专业学习。

案例：

打造专业名片：为每位老师量身定制的德育研修课程
德育工作坊坊主　付老师

工作坊成立伊始，在前期专业诊断的基础上，我为每位学员的个体专业成长把脉，制定了个性化的培养方案，帮助他们找到教师专业发展的突破方向，同时也在探索工作坊自身的培养机制和运作模式。

首先，我通过专业诊断，获得了一些重要的信息资源。例如：在专业成长方面，明确的专业发展规划、已经获得的奖项、发表的论文、参与的课题等方面，学员们大多没

有明确的发展意识,此外,在班主任工作方面提炼总结工作特色、风格的意识缺乏。在学员研修认识方面:学员们一般会认为研修就是听专家报告,读书就是导师给书单。学员大多不敢也不善于从自身成长的角度挖掘自身潜力,寻找突破口,自觉成长方面需要点拨和指导。学员优点方面:学员们普遍愿意改变现有的学习状态,渴望专业引领,希望得到专业提升,有一定的积淀,大多都具备工作经验、职业素养,也有敬业精神等可贵品质与能力,有学习的内在动力和需求。聚焦学员的工作实际和专业成长需求。我们将这些问题梳理如下:

表 5-1-7　工作坊学员专业发展现存问题与需求汇总

工作压力较大	工作任务繁重	学情诊断无力	工作方法传统
关注热点	建立良好师生关系;班集体建设	家校有效沟通	学生心理疏导;特殊学生转化
课程需求	资深班主任讲座;教育科研指导讲座	班级管理策略;特色班集体建设	课题研究;专业论文写作
研修形式	集中研讨;集中培训	远程培训;网络资源利用	跟岗学习;同伴互助
发展平台	课题	论文	名师结对

综合以上分析,得出的结论是:学员对研修的需求还是存在向外找的习惯,例如期望遇到名师,希望得到推荐的课程资源与资料,期望能学到所谓的班主任兵法或者独家秘籍。然而,从工作坊的角度来看,这样的研修形式虽然也在一定程度上行之有效,但实践中我们发现仅仅依靠外力其实会忽视很多真问题,不能充分调动学员的内驱力,对于工作中出现的问题很难正确归因,也不利于打造自己的专业名片,明确知道"你是谁,在做什么",即教师个体的发展方向。

我在实践中的调研也发现,上述问题也是一线班主任的共性问题,无论是从青涩向成熟阶段,还是从成熟走向优秀阶段,上述问题与认识误区正是班主任成长需要突破的瓶颈。如何打通瓶颈,依托项目和研修课程的开展,促进学员的专业成长,并寻找到能够为基层班主任提供的有借鉴价值的成长路径,即使没有机会参加名师工作坊,依然可以自觉成长,建立自己的专业成长档案,积累总结提炼自己的工作特色和风格,反思自己的成长,最终形成自己的专业名片。对于工作坊的学员来说,即使已经从班主任带头人工作坊顺利结业,其实仅仅意味着专业成长的开始,而不是结束,在这里形成的个人成长机制,可以成为助力未来专业发展的平台。

基于以上分析和思考，借助工作坊运作平台，努力进行探索，希望取得一定的成果，例如：带好这支队伍，促进学员专业化成长，使得他们不仅在自己的岗位上提高专业能力，增强实战水平和研究水平，并且在所属区县逐步成为骨干班主任，发挥辐射带动作用，进一步促成飞跃，推出一些在市区有一定影响力的优秀班主任。形成优秀班主任培养的长效机制，是工作坊的第一要务。

最初的课程框架预设为四个阶段，第一阶段：理论学习、充实自我阶段；第二阶段：科学诊断、反思突破阶段；第三阶段：实践探索、互助成长阶段；第四阶段：总结提炼、形成特色阶段。每个阶段各有侧重，也可以相互包含，结合学员工作实际，每个月安排一次集中研修活动，同时根据实际情况，安排网络研修和自主研修相结合，完成研修任务，达成实效。在具体实施过程中，逐渐摸索出一些行之有效的措施，并且对学员今后的自主研修和专业提升都会有一定的影响力和带动力。

通过指导学员整理自己的个性化专业成长档案，并且学会形成自己个性化的专业书单，进而在理论和实践相结合的基础上，打造自己的专业名片。

一份书单：个性化书单

在理论学习阶段，我们传统的做法就是依托市德育中心提供的高质量的通识研修平台，帮助学员形成基本的理论储备和提高一定的研究意识，后续就是导师开书单，学员认真研读并提交读书笔记。这个做法的好处是有利于资源共享，弊端是导师提供的书单其实属于"广谱抗菌"，对个体学员而言，很难具有针对性。帮助学员学会制定属于自己的个性化书单，在过程中的收获是终身受益的，这是我们在理论学习阶段进行的第一项探索。

关于个性化书单我们的做法是两条腿走路：第一，充分利用资源，指导学员充分利用《班主任》等核心期刊，平时学员们就是阅读，对栏目和其中的文章进行解读和分析。我要求学员整理栏目的文章题目，跟踪一个栏目，这样做的好处是除了学到作者的观点，同时真正了解这个栏目的学术价值，并学会发现学界关注和研究的热点和角度，对自己的实际工作和研究能力有较大的帮助。通过学习，学员们普遍发现自己原来存在的理论盲区或者不足之处，慢慢形成了第一份专业书单。我们的学员就相当于有了一群看不见的导师，学会利用身边的学术资料，进行基本的文献检索和综述，这就掌握了教育科研的基本功之一，加之悉心指导读书，对文章进行点评，会促使学员获得更大的进步和提高。第二，问题导向。整理自己这几年工作中遇到的有特色、有难度的案例，反思经验教训，带着难题找理论。发现教育教学背后需要的技术支撑和理论素养，通过实践反思,给自己开出第二份书单。这样做的好处是帮助学员学会把问题变成研究课题,通过问题驱动,提升主动追求的内驱力,真正做到理论联系实际,指导实践,慢慢形成习惯,进而潜移默化地形成专业立场、专业精神。

通过形成个性化书单,把单纯的读书活动,变成一种综合性的研修活动,这是我们的特色研修路径之一。通过这样的学习方式,让学员们即使已经从工作坊结业,离开导师给出的书单,依然可以继续自我学习,进而展开教育科研。建立个性化专业发展档案,促进学员反思自己的工作,从内部形成突破能力,并且借助多维度的评价体系,帮助学员客观、全面地认识自己。

一份档案:个性化专业发展档案

榜样的力量是无穷的,在工作坊成立之初,我不断跟学员分享自己成长的经历,希望学员们坚信,成功没有那么难,但是需要既善于积累工作资料,又善于总结反思自己的工作,并逐步提炼形成自己的特色和风格,这个过程是优秀班主任成长的必由之路。

在学习过程中,学员们不仅获得专业能力的提升,更重要的是收获了成就感和自信心,这是从自发到自觉的必要途径。如果说研究能力提升的关键点为何,那么首推给自己建立个性化成长档案。学员的个性化成长档案需要包括如下要素:个人简介(基本信息、成长轨迹)、个人成绩(获得荣誉、研究课题、发表文章、策划活动、开设讲座、参加培训)、个人规划(专业基础、优势分析、不足分析、发展目标、实施措施、预期进度、评价指标)、个人小结(个体成长和获得感、对他人和集体的贡献、进一步的思考)、研究方向(兴趣所在、已有课题、未来需要、现实问题)、研究成果(课题报告、案例分析、论文、主题教育课设计)、他人评价(多维度,学生、家长、同事、导师、领导、社区)、成长路径。

这份个性化专业发展档案,需要学员整理和反思多年的工作,主动客观对自己的工作能力和效果进行多维度评估,并且从发现问题的角度,为未来的进一步发展找到空间和方向。给自己建立个性化的专业发展档案,是工作坊进行的另外一项研修探索,相信学员们会在未来的发展中,不断通过这项独立的研修活动,收获更多的东西。

一系列课程:自主开发研修课程

在第三阶段即实践探索、互助成长阶段,根据设定的研修目标和工作坊建设目标,我精心设计课程,旨在提高学员的研究意识和能力,激励学员们自觉把工作实践和教育科研结合起来,达成双赢的效果。

坊主付老师从一份个性化书单、一份个性化专业发展档案,一系列课程入手,充分

关注教师专业学习中的实际需求。教师们通过工作坊的研修活动,经常性地、有意识地审视自身教育实践中的问题,运用反思实践来弥补认识的不足,不仅提升自身的教育教学能力,也能真正实现自我的快速发展。

第二节　打破藩篱:成为学校特色发展策源地

2016 年中国学生核心发展素养内容框架出台,为学校教育变革提供了一种全新的视角,对教师专业发展模式提出了变革的新要求,教师核心素养的高低很大程度上决定学生核心素养的培养、学习方式的转变能否真正落实,最终落脚点是教师专业发展模式的创新。

优化教师校本研修的形式和内容,提升教师对学科核心素养的解读和落实能力,明确学生发展核心素养的内涵,研究学生的需求,提升教师的综合素养,使教师从理念、思维、行为和态度等方面发生转变,才能有意识地培养学生的核心素养。面对现有教师研修的各种学科壁垒、专业壁垒,跨学科工作坊的组织形式,打破重重藩篱,建立学习共同体,致力于探索教师跨学科教学能力提升的机制、体制,构建教师跨学科教学能力模型,探索更有效的教师专业化研修的方法与路径。教师专业研修实现了从兼顾教师不同主体需求、关注研修本身的功能定位,到打造特色师资队伍,为学校特色发展提供支撑与动力,我们期望跨学科工作坊能成为教师教育教学研修成果的孵化场,成为学校未来特色发展的策源地。

一、工作坊的组织形式与运行路径的变革

1. 专业技能与跨学科能力

信息大爆炸时代,教育与信息技术的融合不断深入,知识不再是线性的、集中的,而是分散的、复合的、多元的,单一的学科思维已经难以适应问题解决的需求,社会对创新型、复合型、有多学科背景人才的需求倍增。为了适应科学技术的进步和社会的发展,对未来公民提出新要求,世界各国都掀起了跨学科人才培养的改革浪潮。如美国在 2011 年就发布了《K12 年级科学教育框架:实践、跨学科概念和核心概念》,对 K12 年级学生跨领域维度中的学习内容和学习进程进行了阐述。芬兰是跨学科教学开展最具代表性的国家之一,2014 年芬兰教育委员会颁布了《2014 基础教育国家核心

课程标准》，①明确将基于跨学科开展的"现象教学"作为课程教学的重要手段。德国基于工业化社会发展需要，从 20 世纪初开始各州就倡导并施行跨学科教学方式，如萨克森州在 2004 年的新教学大纲明确指出"基于合适的条件下，各层级各类型的学校和所有班级，正式实施跨学科教学"。② 2020 年日本教育领域迎来大变革，新一期的《学习指导要领》要求教师打破各学科之间的界限，进行跨学科教学指导。

传统的教师培训多采用单向传授、整齐划一的任务式的培训模式，培训多采用集中授课的模式，培训的内容多是关于教育教学的专业知识与技能，培训的组织形式和运行机制普遍单一，如此，难以调动教师专业成长的主动性，教师受到任务式学习心理意识的主宰，学习的短期效益和长期效益均不显著。现代教育越来越需要跨学科的知识与能力，而多门学科知识的相互渗透和融合，要求教师根据教学需要完善自己的知识结构，拓展自己的知识视野，教师专业化、师资高标准化已成为发展趋势。教师跨学科能力发展是新时期学校课程教学及考试评价制度持续深度变革对教师能力的必然要求。因此，在跨学科复合型、创新型人才缺口日益凸显的当下，传统的单一学科教师培训模式亟须打破。

2. 个体发展与团体动力

从实践主体来看，教师的专业学习势必涉及教师个体和教师群体两个层面。其中教师个体的层面主要是指作为一个独立个体的教师，其自身的专业成长和学习。从群体来看，往往是指向于整个教师队伍，既可以是全体教师，也可以是由于某种原因组织起来的教师团体，例如教研组、学科组等。

传统教师集体培训很大程度上是指向教师群体的，这样的培训形式往往会忽略其中作为独立个体的教师的成长和发展的实际需求和主体价值。另一个突出的问题是，教师职后的专业生活表现出较为明显的个人倾向，教师的专业成长更注重个体经验的累积。

校本研修旨在改变以往的培训模式，更多地关注教师个体的专业学习，以提高教师个体的教育教学质量为最终目标。另一方面，这种对个体的关注并不是将个体与群体割裂或孤立。相反地，更强调教师群体成员间的相互沟通与互动合作，在共享教育

① AulisPitkälä,Jorma Kauppinen. National Core Curriculum for Basic Education 2014 ［M］. Ministry of Education and Culture, Finland, 2014:68.
② Lehrplaene der Schulen Allgemeinbilden Freistaat Staatsministeriumfuer Kultus（2004）: Comenius-nstitul: Meissen. S.7.

教学经验的同时,促进自身的专业成长。教师个体参与共同体实践,在群体中沟通交流、发表自己的观点、分享实践经验,教师个人化的努力和个体知识在共享的过程中便会成为共同体共有的实践经验和实践智慧,从而实现教师个体智慧向集体公共知识的转化。

"定制式"工作坊的校本研修更多关注教师的内需,调动和激发教师的内在学习诉求,聚焦培育教师终身学习理念。以"学习作坊"的组织形式,通过教师自组团队,凝聚具有同样学习需求的教师团队,团队建立伊始共设团体目标,依据团体动力原理,打破学科壁垒,借助团体力量促进个体的专业成长。

二、跨学科的特色师资队伍的打造

1. 基于团体动力的研修策略

跨学科工作坊,是基于团体动力学视角的校本研修,突破传统单向传授式的培训形式,依据教师的职业特点,以团队的形式开展研修活动。团队聚合的形式,针对教师在专业发展过程中各自为政、同一教研组内不同年段和背景的教师发展需求不尽相同等现实问题,突破教师个体的视野局限。动力机制下,以某种共同目标聚集不同的教师个体,激发团队内聚力的同时,激发不同学科成员的团队合作意识和自主发展意识。

工作坊在运行中力图通过探索团体中各类要素的交互作用,通过团体对个体的行为影响,借以产生影响团队行为的潜在动力。

(1)团体内聚力与统合运作策略。团体内聚力是作用于所有团体成员并促使其参与团体活动的各种力的组合,所有团队成员为同一目标工作,每个成员各自分担团队的相应责任。影响团队内聚力的因素包括:团队中能否建立一种友好、安全、合作的氛围;能否赋予团体成员共同的团体目标;团体成员是否具有相似的经历或背景;是否具有相同或相似的态度和感受等。

工作坊在组织形式上,以坊主为核心,通过坊主带领坊内教师开展研修活动。工作坊内共同确定研修目标,着力建设一个互动良好的工作坊学习氛围,使工作坊有凝聚力、有认同感。坊员全程参与工作坊的整体研修活动的设计中,坊员行动时也能够得到来自工作坊的支持力量,推动工作坊顺利达成研修目标。在学习形式上,既有集中学习,也有坊员的个性化研修,既有小组综合活动实践,也有实践案例讨论后的反思等。

例如:中外学生教育比较研究工作坊,坊主是外国学生部主任张老师。他们的研修主题是"多元文化背景下外国学生德育工作的研究"。工作坊的成员是外国学生部的任课教师们,他们拥有不同的学科背景,但是都对"如何在外国学生群体中做好德育工作"这个问题感兴趣,老师们在坊主的带领下,以此作为研修的核心,在工作坊活动中协同一致,在团队中共同凝聚集体的智慧。

下面是他们的坊内研修活动的几种主要形式:

1. 共同阅读。坊主给出中外德育比较研究领域的专业推荐书目,坊员通过个人学习,记录个性化的学习心得,然后在小组内交流学习心得。

2. 集中学习。每月结合外国学生部的常规工作,确定外国学生部当月德育主题,坊内集体出谋划策,讨论围绕该主题可以开展何种形式的活动,在充分收集资料的基础上,由各位班主任利用班会课开展主题教育课实践,并做好案例记录。

3. 校内外联动。聘请心理学专家,为组员进行专题讲座,以便更好地理解青春期学生的心理。召开家长沙龙,倾听家长在育儿教育中遇到的问题,共谋良方。

4. 利用课余时间,与特殊学生交谈,建立个人档案,记录其成长、转变过程。通过工作坊沙龙,交流育生心得。坊员走出甘泉校园,走访多所学校,了解同行是如何开展外国学生教育的,取长补短,将参观中获得的灵感运用于实际教学。一年间工作坊成员走访了昆山杜克大学、上海协和双语学校、进才国际部、上海日本人学校等多所学校,这些学校国际化的硬件布置,人性化的育人理念,丰富的课程设置,多元的俱乐部活动,科学化的PTA制度等给我们留下了深刻的印象。

除此之外,工作坊在研修活动中,还总结了一些颇具中外德育领域特色的研修方式和实践路径。

例如,利用线上交流平台,推送外国学生部各部门的动态。坊主是该公众号的后台运营者。工作坊充分利用这一新媒体资源,一方面在公众号上开展线上的培训,例如播放青少年心理问题领域专家李玫瑾老师的育儿演讲视频,转发学校德育领头人付老师的育儿宝典,传达《关于全面深化新时代教师队伍建设改革的意见》等,极为便捷迅速。坊员可以利用碎片时间在这个平台上获得感悟,并各抒己见,在每个线上学习单元下留言,分享各自的体会。同时,因为网络是开放的,无论是外国学生还是其家长,都可以阅读到坊主推荐的文章和视频。通过线上学习,纠正一些错误的家庭教育方式,家长与孩子建立更融洽的亲子关系。再者,这个平台还承载了宣传学校、部门和本工作坊活动的功能,使外校的人员得以了解甘泉正在开展的各项活动。此外,我们还通过网络问卷的形式,了解家长以及学生的心声,及时发现教育过程中存在的问题,展开研究,深入讨论,找出良方。

又如,工作坊还有一个由教师组成的"妈妈沙龙",坊员多为年轻女教师,都是新手妈妈,她们将育儿与育生并举。在工作坊活动中,通过同事间交流学习到了育生良方,让这些兼具教师与新手母亲双重角色的坊员们,学会了更为平和地解决工作和家庭中遇到的教育难题。工作坊组织的面对面的家长沙龙、坊员沙龙,让坊员们对自身的教育与育儿工作,都有了新的感悟。

工作坊充分利用团队合力的优势,整理教育教学中的真实案例,针对共性问题进行了集中的教育心理学知识培训,大家针对个案,进行思维碰撞、头脑风暴,共同谋求育生良方。通过工作坊学习,解决了一个又一个我们在教育教学中遇到的真实问题。与此同时,外国学生部的教师团队也变得越来越紧密,同事感情也越来越融洽了,这正是基于团体动力学理论开展的工作坊活动收获的效益。

工作坊组建前,即便是通过双向选择而组建的工作坊,坊主也无法完全掌握坊员与工作坊的特性。在工作坊活动中,坊主并不是研修活动唯一的主导,各种研修活动紧紧围绕研修主题而设计,所有的坊员都自发地投入研修活动中。同时,坊主即从积极引导性角色退居成为幕后的促进者、支持者,或资料提供者,引领坊员围绕共同的项目式研究目标,创设一系列团体活动,提供多种机会,探讨解决各种问题的方法,而非只是简单的参与。

(2)团体压力与行动研究策略。团体动力学认为,在运作有效的团队中,每个个体都明显采取带有趋同性的行为,这种行为受到团体压力的影响。这种求同的压力包括:当成员个体发现自己的观点和行为与团体中其他人有所不同时自发产生的内在压力;另一种是由那些试图影响他人行为的个别成员所给予的外在压力。对团体压力的有效利用,能够影响个体行为,使其符合或趋向团体常规。团体目标与成员的个人动机是密切相关的,目标的一致性促使个体成长的同时促进团队发展。在研修目标达成的团体压力下,教师个人会主动承担起各自的研究任务,趋同于团体其他成员的团体行为,进而减少内在的压力,促进团体目标的达成,促进团体的整体发展。

同时,团体压力转化为工作坊内为研修目标的达成而采用的积极的行动研究。例如将工作坊内的坊员的成长案例、个案等叙事性记录加以分析,以了解团体对坊员人格发展的影响,及时调整工作坊运行策略与管理方法。重视团体经验与个体成长的交互作用,注重行动研究,促进教研训一体化,更好地发挥工作坊这一团体在教师个人成长中的积极的推动和促进作用。

以中学德语 DSDII 工作坊为例,该工作坊的研修主题是"教研训一体化"。所谓教研训一体化,是指学校或教师基于教育发展的客观规律或日常实际的教学需要,将教学、教研、培训进行联系和合作的一种模式。在教研训一体化中,课堂是主阵地,教研是杠杆,研修是引领,三者有机结合,既有统一性,又有互补性。对于教师理解课标内涵、提高课堂效率、促进专业发展、加强专业合作等都有促进作用。DSDII 工作坊一个有效的研究成果为"德语+"的课程设置,这是坊内教师思维碰撞的成果。采用了"德语+"的课程框架后,教师可以打破原有的纯语言教学的束缚,进行跨学科整合。在这样的课程体系之下,学科之间呈现的是一种融合、共生的关系。

我校德语 DSDII 工作坊坊主张老师是中学德语教学联盟的秘书长。借助联盟这个平台,工作坊借助联盟提供的专家培训、优秀教师经验分享会、联盟校德语公开课等资源,为工作坊老师们提供"充电"的机会。联盟公众号中常常有全国优秀教师的经验分享贴或教育科研文章。这些资源,老师们可以随时翻看、对照自己的情况进行自主学习。有了这样的沟通渠道,老师们的压力有了释放的窗口,困惑有了解答的途径,工作更有动力,教学更有激情。

个人的力量是渺小的,团队的力量是无穷的。在甘泉外国语中学德语教学发展的第十个年头,学校作为发起人,成立了"中学德语教学联盟",聘请了国内高校的专家教授,邀请了全国近 50 所中学开设德语课程的学校加盟,同时联系了德国海外教育司、德国歌德学院、中国外语教育与研究出版社和上海外语教育出版社等多家海内外教育研究团体,为推动中学德语教育教学发展搭建了交流平台。

(3) 优化团体结构与坊间联动。团体持续有效运行与团体的结构优化有密切的关系,包括:团体成员的分工与工作效率;团体的环境对团体内部结构的影响。优化结构能使团体效益最大化,并能使团体成为持续发展的有机体。

从工作坊内部来看,工作坊内部一般包括三个主体,即专家、坊主和工作坊的成员。其中,专家指某领域的专业导师,例如大学教授和特级教师,前者提供理论指导和支持,后者充满实践智慧,能为教师的教学设计等提供详细、细致的指导。

坊主,即团体领导,传统校本培训的组织者与教师之间有一种潜在的对立关系,而团体领导则不同于传统意义上的领导,从某种角度讲,是团体有效运作的功能与构成之一,与团体成员之间是平等的关系,是团体运行中的组织者和调控者,参与团体运作的全过程,起到引导、辅助、支撑等作用。

相较于传统校本培训,团体动力学视角下的校本研修充分关注学员个体,关注他们的学习兴趣和学习能力,不断协调学员与学员之间、学员与团队之间的学习差异,调整学习进程;同时,以各种形式优化团体内部结构,建设和利用相关环境,以建成一支主动积极思考、善于反思研究、乐于合作进取、勇于创新的专业化教师团队。

从工作坊的外部来看,不同工作坊之间也有着互动的关系。工作坊的研修过程和研修成果以可视化的形式呈现,辐射惠及全体教师。此外,工作坊之间也可以借由同一主题开展联合活动,或共同聘请专家,或开展同一主题的坊间活动。

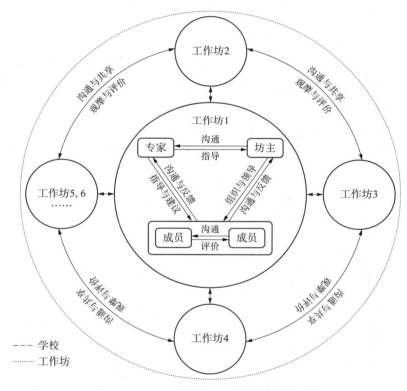

图 5-2-1　工作坊坊内与坊间研修关系图

工作坊的成员观摩其他教师工作坊的活动并对其进行评价。开放、包容的平行沟通,有助于工作坊内形成正向的动力,促进工作坊内外、坊间、坊员及坊主间的认知、情感与经验的交流,坊员有了更开阔的自我展示与相互交流的空间,对工作坊团体本身有更高的归属感。

坊内研修活动的主体是坊内学员教师本身,根据校本研修内容的需要,工作坊除了开设通识性基础课程,各工作坊皆可以根据自身的研修特色实施灵活机动的研修策略和路径。

表 5-2-1　教学微技能工作坊研修活动记录

名称	课堂实践微视频实录活动
活动时间	2018 年 10 月 19 日
参加人员	全体工作坊成员、信息技术组老师
设计思路	通过前期的文献综述、调查报告以及为课堂实践研究作准备的教案设计等环节,工作坊进入了课堂实践研究环节。为了更好地反思自身研究的微技能是否可行有效,也为了更好地与组员分享各自的精彩设计和经验教训,工作坊开展了课堂实践微视频实录活动。请信息技术组老师将坊员准备的实践研究课堂录制下来,用于开展工作坊评课、反馈和总结,也为坊员们留下了宝贵的影像资料,为后期开展课题总结提供依据。
活动过程	录制高中冯老师的数学课;录制高中杨老师的历史课;录制初中邵老师的信息课。使用微课堂的"测试试卷"功能统计学生的答题情况,让个性化教学有据可循。
活动亮点	课堂实录、过程记录:为了更好地将课堂实践研究环节留下痕迹,我们采用了实录的形式,请信息技术组老师参与完成了微技能的微视频录制,更好地还原了教师课堂实践环节的细节操作,通过影像能够更好地观察学生的反馈和感受,从而从侧面验证微技能是否对提高课堂效率有效。 提高效率、成员分享:通过实录的方式,大家在工作坊集中活动的时间里可以将所有人的视频录像观看一遍,然后再进行评课交流,大大提高研修效率。 资料留存、反复提取:实录的好处还在于后期的总结研究中,随时可以调取课堂实践环节的影响资料,供学员们反复观看和回顾,有利于后期的反复利用和参考。
学习体会	现代教学过程中,很多老师会用到信息化教学工具来开展课堂教学,课堂中我利用 91 速课网推出的"微课堂"教学平台,结合课前、课中、课后等教学场景,将教学与微信融合为一体,轻松实现信息化互动课堂。课堂中使用微课堂的"测试试卷"功能,在班级群发布测试试题,学生当场通过关注该微信公众号进行答题,老师能及时统计到学生的答题情况,如答题次数、正确率、分布情况等,让个性化教学有据可循。这种将复杂的信息技术手段融入到微信当中,在课堂教学与课堂反馈之间建立沟通桥梁,让课堂互动永不下线。但在使用该平台过程中也遇到了一些困难:1.目前在教室内没有无线网络,部分同学手机没有流量,故无法通过该平台完成课堂练习;2.还有极个别学生没有手机,也限制了该平台的使用;3.因该平台目前是试用版,如果需要更加强大的功能必须注册成为教师 VIP 版,但需要付费;4.学生对这样的一种教学模式还比较陌生,完成练习占用时间较长。(坊员邵老师)

例如,教学微技能工作坊,坊主是学校事业发展部主任王老师,坊员来自不同的学科,既有信息技术学科教师,也有历史、外语、数学等学科教师,工作坊以"微技能"为研修主题,坊员职责明确,分工合作。工作坊同时邀请信息技术学科的老师作为客座坊主,为老师们解决微课、网络平台等信息技术方面的疑难。同时,校外导师、青年班主任也多次参与到工作坊的研修活动中,将工作坊的研究成果进一步辐射给一线老师,启发他们结合工作实践不断反思。

表 5-2-2　教学微技能工作坊研修活动记录

名称	青年教师教学技能微培训(主题沙龙)
活动时间	2018 年 5 月 11 日
参加人员	全体工作坊成员、校 35 周岁以下青年班主任、教育学院院长
设计思路	活动旨通过全员互动与交流,让教师能够了解影响课堂效率的诸多因素。梳理坊员及青年教师在教学中遇到的问题与困惑,在思维碰撞中探索解决方案;通过坊员对课题研究过程与阶段性成果的展示交流,激发教师的职业发展内动力,促进团队成长;通过课题研究过程的培训,让教师能掌握将教学实践问题转化为研究课题的方法。提炼出提升教学素养的关键点以及展望未来课堂给教师带来的挑战。
活动过程	1. 导入。 　　主持人:大家在平时的课堂教学中经常会遇到哪些困惑?带着这样的困惑,我们能做什么? 　　主持人小结,引出课题实践研究的结果,介绍推进研究的步骤和方法。 2. 过程。 　　互动话题一:你觉得教师采用哪种教学方法可以提高学生课堂学习效率?主持人引出"游戏化教学活动设计对中学日语课堂效率影响的调查报告"(邵琰琰主讲)。 　　互动话题二:你认为教师的哪种教学风格(或人格魅力)能提升课堂教学效率? 　　主持人引出"教师教学风格对高中数学课堂效率影响的调查报告"(冯老师主讲)。 　　互动话题三:新高考改革背景下,面对学生不同的学科发展需求,教师应如何应对? 　　主持人引出"新高考改革背景下高中学生历史学科学习动机与兴趣的调查报告"(杨老师主讲)。 　　互动话题四:互联网+时代,你尝试过运用哪些信息技术手段提高课堂教学效率? 　　主持人引出"信息技术在课堂教学中应用的调查研究"(邵老师主讲)。 　　互动话题五:学校一直强调"问题即课题",那么将问题转化为课题的过程中,我们都遇到了哪些问题?

名称	青年教师教学技能微培训（主题沙龙）
	主持人邀请出坊员穆老师，主讲"课题研究过程中需要注意的问题"。 3. 主持人总结。 （1）不断思考课堂效率问题，提升自己驾驭课堂教学的软实力。（2）不断提升课题研究意识，提升自身担当课题研究的软实力。（3）不断学习教育领域新知，提升自身创新教学方式的软实力。
活动亮点	沙龙形式，气氛轻松：本次活动设计为沙龙形式，大家以"有话大家说"的形式，采用大量的现场互动环节，使大家能畅所欲言，零距离交换经验和思想，交流课堂教学的困惑和难题，现场气氛十分轻松活跃，大家纷纷发言，交流观点。 受众面广，资源共享：本次活动不仅是一次工作坊成员间的交流，更是邀请了近30名年龄在35周岁以下的年轻教师参加。将工作坊的研究成果进一步辐射给一线老师，倾听他们的声音和意见，同时也给参加沙龙的老师带来更多的思考和建议，让他们结合自身工作借鉴反思。 溯本求源，直击问题：沙龙中设置了很多现场互动问题，这些问题都是直击现实一线教学中经常面临的问题，通过互动，了解一线教师的呼声和困惑，了解课堂教学效率的现状和空间，对本工作坊后期的研究也起了一定的指导借鉴作用。
学习体会	在坊主王老师的带领下，团队成员深度参与每一次的工作坊学习与探讨，从开始的各自选题到如今的中期成果汇报，大家有了很大的收获。工作坊的开设得到了校领导的大力支持，对于中期汇报的成果，我们团队也得到了同仁们的一致好评。 工作坊里，每一名成员都有不同的职责。作为团队成员之一的我，理解坊主的思路意图，激发团队成员的科研兴趣，具体指导研究方法，整合研究成果是主要任务。此次中期成果汇报中，我主要阐述了课题研究过程中的三个注意事项，即"选题""学习"和"方法"，其目的既是与身边的教师分享团队研究心得，又促使他们主动接近科研活动，打破课题研究复杂枯燥的传统观念。 首先，我讲到了选题。研究者应当力争解决实际问题，从自身的日常教学过程中产生的疑问或者遇到的困惑中提炼主题。选题新颖，具有研究者独特的观点，尤为重要。此外，必须注意的是，要聚集问题焦点，挖掘到问题的深处，探索问题的本质，切忌笼统地空谈。 其次是建议研究者要大量学习。查找整理先行文献，把握自身课题的研究现状。只有学习了先行的研究成果，在此基础上才能萌发出新颖独到的念头、才能使研究本身更有独创性。 最后，客观严谨的研究少不了具体的研究方法。研究者必须学习掌握课题研究的一般方法。例如，问卷调查、个案访谈、课堂观察等。必要时应当接受专业培训。选择合适的研究方法，是完成科研课题的基础，也是解决问题本质的核心之处。 短暂的成果汇报会上，同行教师们展开了真挚的交流，这也给我们团队中的每一位成员增添了突破难关、继续前行的力量。（坊员穆老师）

2. 组建跨学科的研修共同体

工作坊模式是一种跨学科合作，不同学科的教师因共同的研究兴趣和实际需求而自发地形成一个研究共同体。因此，每个工作坊内的教师的学科背景是不同的，这区别于基于本学科的教研组的教师发展模式。

（1）基于共同需求和兴趣的跨学科合作。跨学科（interdisciplinary）一词在 20 世纪 50 年代受到社会科学界的普遍关注，1972 年，经济合作与发展组织（OECD）教育研究与创新中心围绕跨学科组织专场研讨。明确提出跨学科的定义：跨学科是两门或两门以上不同学科之间的相互联系，从思想的简单交流到较大领域内教育与研究的概念、方法、程序、认识论、术语以及组织之间的相互联系。跨学科团体由不同学科领域的成员组成，在团队中，成员之间不断地相互交流不同的概念、方法、资料与术语，形成合力，以致力于解决的共同问题。跨学科教育已经成为高校改革创新的生长点，而高等教育领域的跨学科教育必然影响基础教育的育人模式，必然倒逼中小学对传统的分科培养、分科学习模式进行变革。聚焦核心素养的教育教学变革正在跨学科学习、跨文化沟通、项目化学习、问题化学习、融合课程等领域进行新的探索。①

"定制式"工作坊打破学科专业的壁垒，打破整齐划一、定时定点的研修模式，由坊主组织，汇集不同学科领域的教师，关注当下教育热点与日常教学问题，这不同于教研组基于本学科的特点，工作坊实现了教师之间的跨学科和多层次的合作。以三类工作坊为依托，形成教师专业发展选修菜单，供教师按需自主选择，主题明晰，任务进度可控，形成的学习成果，可直接作用于一线教学，惠益学生。

例如，有的工作坊内汇集了数学、化学、语文、艺术等学科的教师。"来自各个学科背景的老师眼界大开，体验了最前端的信息科学技术，为教学设计打开了新思路。"由物理教师领衔的"基于机器人技术的综合理科课程设计研究"项目，吸纳了物理、化学、地理和信息技术学科教师。该工作坊以信息技术为基础，运用跨学科知识与方法进行综合理科课程设计，跨学科融合，设计投篮机器人、空气污染监测器、校园土壤检测等，拓展了教师的学科视野和知识宽度，提升了运用学科知识解决实际问题的能力。同样以物理学科和信息技术学科教师为领衔人的"微视频制作"项目，则从信息技术与学科融合的角度，寻找微视频运用于学科教学的联系点，探索学科教学中微视频的设计制作和应用方法，梳理出信息技术学科与其他学科整合的策略与问题解决的

---

① 徐冬青.跨学科教育：高校教育改革的生长点[J].上海教育·环球教育时讯，2021(14)：28—31.

路径。

又如,中学学科双语教学研究工作坊,坊主是时任课程教学部主任冒老师,在坊主的带领下,一批中青年教师主动挑战跨学科领域的双语教学研究与实践。坊员在研修中主动承担任务,积极开展行动研究,进行了多次双语教学课的实践展示,坊员基于共同学习兴趣和专业特长,分享问题,学习解决问题,在解决问题的过程中又不断发现新的问题,进而形成了研修的良性循环。

表 5 - 2 - 3　学科双语教学研究工作坊研修计划

要素	要求	实施内容或方案
课程目标	课程目标符合校情、师情和生情,体现学校办学理念和特色。从"知识与技能""过程与方法""情感、态度与价值观"角度进行三维呈现,力求序列化,突出需解决的重点问题。	1. 通过"学科双语教学的设计与实践"研究,拟定部分学科校本双语教学目标,初步构建学校双语教学资源库; 2. 通过双语教学设计的研讨以及教学实践,提升教师的学科双语教学设计与实践能力,培养学科双语教学骨干教师团队,在一定范围内起到示范和辐射作用; 3. 通过双语教学实践的开展,促进学生的专业英语能力发展,提高学生学科双语理解能力与交流能力,提升国际文化理解能力。
课程内容	从学校教育教学现状、教师个性化发展需要出发,课程内容模块化、主题化,易操作实施;逻辑结构清晰合理,有较强的针对性。	1. 研究校本双语教学目标; 2. 搜集整理双语教学资源; 3. 设计学科双语教学案例; 4. 尝试学科双语教学实践。
实施途径	依据实际情况选择或创造适合的研修形式,通过专家引领、团队合作、自主研修等渠道促进教师的发展。围绕课程主题有阶段性地实施方案,并有序地展开学习、交流、研讨和实践。	第一阶段讨论确定研究方向、研究主题,制定研究方案。 通过线上线下的理论学习、文献检索、专家报告等形式进一步学习已有学科双语教学研究理论知识,逐步确立各学科校本化的双语教学目标。 第二阶段形成资源库、微课课例设计、微课实践。 通过形式多样的理论学习,了解学科双语教学现状,搜索、整理、整合各学科双语教学资源,逐步确立校本各学科双语教学目标,形成校本学科双语教学资源库。 集中研讨,确立学科双语教学微课的设计方案,并分学科设计各学科双语教学微课,为后期的实践做充分的准备。 开展各学科双语教学实践的尝试,在实践中提出优化策略,进一步探索有效的学科双语教学设计方案。 第三阶段总结提炼,推广应用,形成本期成果。 研究方法:文献研究法、案例研究法、教学实验法、经验总结法等。

要素	要求	实施内容或方案
课程管理	坊主为第一责任人，重视对研修的过程管理，并对学员进行多元评价。档案管理严格规范，有专人负责。	1. 两周活动一次、每次不少于两课时的学习制度，并进行考核。 2. 每次活动提前布置研讨内容，明确主讲人，认真做笔记，积极讨论，及时小结。 3. 学期结束全面总结，撰写心得体会，坊主对学员进行多元评价，同时接受学员和学校的考评。 4. 王老师与陈老师负责课程的具体执行与推进，李老师负责拍照等图像资料。
特色创新	课程在某些领域有推广价值，或可适用于不同层面的教师教育。关注校本研修经验和成果的示范辐射。	1. 后期可以开设不同学科的双语教学微课程。 2. 可以促进学校各学科与外国学校的交流。

（2）打造跨学科特色师资队伍。工作坊项目式研究的共同目标聚集了有相似研究背景和成长需求的不同的教师个体，在项目实施过程中充分发挥教师的主体作用，构成一个专业学习共同体，坊员在共同讨论的基础上制定团体行为规则，成员按时参加项目研究活动，按照分工各司其职，在开放、安全的团体氛围中沟通交流，贡献自己的知识资源，并在研讨中拓宽自己的知识宽度，能够更好地激发团队的内聚力，促进项目式研究的顺利推进。

共同体（community）一词最早源于古希腊语"Koinonia"，具有集体、共同体、联合体等意义。美国哲学家约翰·杜威倡导教育中的共同体的价值。杜威认为学校应该是共同体，个体只有在"共同体"内部才能实现生长，即实现个体经验的不断改组或改造。在学习共同体之中，教师合作能使教师的日常互动与工作达到特定目标，参与更深层次的同伴合作。团队教学、基于课堂观察的反馈，以及跨学科教学活动等研修活动，聚焦质性研究、事例研究、个案记述法，学习共同体所要培育的反思性实践研究，形成教师的实践认知，以提高教师的专业性为目的，能使教师团队获得更高水平的工作满意度、自我效能，提升教师的实践认识、重构教学生态。

成员责任。在学习共同体之中成员之间彼此沟通协作，同时又彼此依存、互相依赖，因此成员都承担了一定的责任，例如，观摩坊内公开课时，学员教师不再是以往听课者的角色，而是整个教学实践的参与者，记录听课过程，观察师生反馈，填写量表，统计数据分析,学员教师们分工明确、各司其职。又如团队跨学科教学,学员教师共同组成导师团队,共同参与课堂实践,团队背后是工作坊的所有成员对于国学教学资源开发的共同出谋划策。

例如,中华传统文化工作坊聚焦中华传统文化,拓展课程资源的开发,坊内集聚了语文、历史、艺术等各学科教师,该项目以传统儒学经典为主,兼顾文学艺术、社会科学等领域中的传统文化经典,坊内研修除了开展跨学科培训、组织传统文化学习活动之外,基于"民族情怀、国际视野"的办学特色,围绕"国学堂"的建设,组成国学团队,共同参与"国学堂"系列微课的开发和实践,形成具有甘泉特色的,融合文史、艺体等学科内容的传统文化课程资源。

国学堂是我校国学特色课程之一,是落实我校"民族情怀、国际视野"办学理念的重要载体。为了将之打造成散发书香、传播智慧、帮助学生认识中华文化的丰厚博大、汲取民族传统文化智慧精华的精品课程,传统文化工作坊的国学教师团队对每一堂国学课都精心打磨,在形式上有所创新,在内容上聚焦重点。如坊内的语文、历史两位老师同台授课,这一节国学微课的特色和创意在于:并不是由历史老师介绍历史背景,语文老师教授文章,而是试图对同一内容,分别从语文和历史两个迥异的角度加以呈现。历史视角客观,讲究实证;语文关注修辞和情韵,善于对生活进行艺术加工。

面对面互动。在学习共同体之中,作为学员教师,不再是被动的参与者,而是需要在整个研修学习过程中提供、分享自己的教育教学经验,与其他成员之间充分协同,这就需要每一个成员学习沟通合作,学习去阐释问题、讨论问题,与同伴分享问题的发现与解决,学习借助工具、借助共同体的力量来解决问题。

社会技能。在工作坊的运行过程中,教师习得的不再是简单的知识技能,大大提升了领导力、决策力、信任的建立、沟通与冲突处理等可持续的学习能力。

跨学科共同体让每一位教师都从课堂事件中学习,基于学习进行深刻的反思,基于同伴共存关系的学习、交流,让教师自己对教学实践深入反思,改进教学,调动教师的积极性和主动性,激发教师的教学自觉与专业发展内动力,从而成为"反思性的实践者"。

例如,多元融合的班级生态文化建设研究工作坊,坊主是具有多年班主任、年级组长经验的厉老师。工作坊以"班级生态"为研修主题,班级生态的概念既体现了学科的融合,也从文化的角度对班级建设进行全新思考。

表 5-2-4　多元融合的班级生态文化建设研究工作坊研修计划

要素	要求	实施内容或方案
课程目标	课程目标符合校情、师情和生情,体现学校办学理念和特色。从"知识与技能""过程与方法""情感、态度与价值观"角度进行三维呈现,力求序列化,突出需解决的重点问题。	1. 通过工作坊的学习研究,转变教师观念,使教师形成问题意识和研究意识,有效地提高教师的班主任建班育人能力。 2. 通过研究班级文化建设的现状,论述现存问题及其产生原因,多元融合,以丰富多彩的活动为载体,研究基于教育生态学视野下的班级文化建设,为实现多元融合的班级生态文化建设研究提供可操作性的有效策略。从而创建具有生命气息的,可持续发展的班集体。 3. 拟解决的关键问题:在现在的升学、考试的重压下,如何设计好各项活动,更加有效地充分调动起班主任和学生进行教育生态视野下的班级文化建设的积极性,从而建设好班级生态文化,形成和谐、可持续的班集体。
课程内容	从学校教育教学现状、教师个性化发展需要出发。课程内容模块化、主题化,易操作实施;逻辑结构清晰合理,有较强的针对性。	生态强调协调、可持续发展。在班级文化建设中强调教育生态学的相关理念,通过多元融合,创建班级物质文化、精神文化。创造一种富有特色的班级物质文化和精神文化的氛围,使学生们形成各自的优良品质和气质,使不同个性的学生在班集体中能够相处融洽、取长补短,最终能够获得共同进步和提高。
实施途径	依据实际情况选择或创造适合的研修形式,通过专家引领、团队合作、自主研修等渠道促进教师的发展。围绕课程主题有阶段性的实施方案,并有序地展开学习、交流、研讨和实践。	1. 集中学习、微信群交流 1) 从生态学的理论入手,领会人本主义学习理论、班级建设等相关理论。收集和学习有关文献资料,了解班级生态文化建设的背景和意义,对国内外关于教育生态学、班级文化的研究现状等进行简要分析及学习。对所教年级、学生情况进行分析,并根据自己的实际确立子课题研究方案,做好课题论证工作,确定研究思路。 2) 阅读推荐书目,工作坊学员进行交流。 3) 参加校德育工作坊联合活动,接受专家引领。 2. 邀请校内外专家参与诊断 1) 探讨教育生态视野下班集体建设的针对性、主体性、适用性等。 2) 设计任务、建构学习小组、交流合作,逐步建构班集体良好、平衡的生态环境,多元融合进行实践研究,并在此基础上不断完善。 3) 学员们在计划、行动、观察、反思、再计划、再行动、再观察、再反思的螺旋式循环过程中积极地进行班级生态文化建设尝试。

要素	要求	实施内容或方案
		3. 方案设计 通过微信群交流学习、班级实践等形式进行班级生态环境方案设计。（班级物质环境设计、班级规章制度建设、班级核心文化建设，如班名、班徽、班级核心文化关键词、班级核心文化内涵解释等。） 4. 主题教育课（班会） 通过集中交流、社会实践活动、主题教育课（主题班会）等途径营造良好的班级和谐生态氛围。 5. 个案分析 通过集中个案交流学习途径构建良好的成长氛围，营造班级生态平衡的人际关系，促进师生间、生生间、亲子间、家校间的和谐、可持续发展，学员可根据自己工作实践，选择其一进行个案研究。
课程管理	坊主为第一责任人，重视对研修的过程管理，并对学员进行多元评价。档案管理严格规范，有专人负责。	1. 严格落实一月两次活动、每次不少于两课时的学习制度，并进行考勤管理。 2. 每次活动提前布置研讨内容，明确主讲人，认真做笔记，积极讨论，及时小结，学员都需留下反思或体会。 3. 按期完成工作坊阶段性作业。 4. 学期结束时进行全面总结，撰写心得体会，坊主对学员进行多元评价，同时接受学员和学校的考评。
特色创新	课程在某些领域有推广价值，或可适用于不同层面的教师教育。关注校本研修经验和成果的示范辐射。	1. 新班主任提供班集体建设的方法。 2. 成熟班主任提供班集体建设的艺术。 3. 为主题教育课的开展、个案研究等提供经验。

三、实践案例：教师发展聚合力的提升

"定制式"工作坊的运行，围绕动力机制、组织机制、融合机制、学习机制展开。工作坊的组建由问题驱动，教师从自身真实的实践经验中生发出问题。工作坊成员彼此之间构成一个共同的专业学习团队。不同于教研组基于本学科的特点，工作坊实现了教师之间的跨学科和多层次的合作。教师在团队中既是学习者，也是研究者，更是协调一致的团队成员之一，教师在研修过程中实现了教学、研究和培训三位一体的融合。

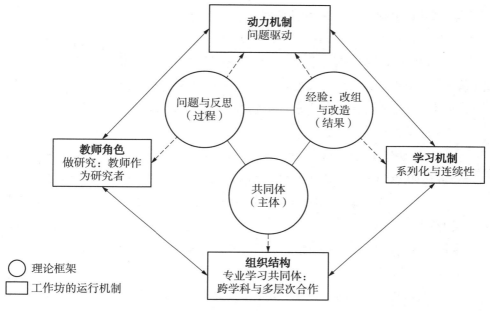

图 5-2-2 "定制式"工作坊的机制

案例：

以国学课题为载体，落实教研训一体化
国学工作坊坊主　赵老师

国学工作坊是一个年龄结构合理、国学底蕴较强、研讨氛围浓厚的中青年教师团队。2017 年工作坊老师参与了"国学课程开发与实践研究"的市级课题研究，2018 年工作坊骨干教师领衔申报了区级一般课题"论语在初中语文教学中的实践研究"并被成功立项。同时我们还开发国学校本教材，在教学实践中积极探索，撰写课例研究报告，打造了具有国学特色的工作坊。

一、突显一个"研"字

研，即研究，工作坊"研"字当头，形成研究探讨氛围。定期组织活动，组内每位坊员要明确今后的研修主题："以生为本，国学浸润。"每月一次集体活动，将平时自学与集中学习讨论交流相结合，重视教学理论学习和结合教学实际的讨论交流，由课题引领，在课题研究、课堂教学、分层辅导、案例研究等方面下功夫，努力打造国学亮点,提升内涵发展。各位坊员形成各有侧重的研修特色,如说国学小故事,国学吟诵指导,国学阅读指导,强调扎扎实实品读国学,学思结合。

1. 学习有专题

为了加强业务学习,每次坊内活动都围绕一个专题学习讨论。我们就先后学习了《国学经典篇目吟诵》《文言文教学内容的确定》等专题论文或探讨《论语》《孟子》《史记》《诗经》《楚辞》《唐诗三百首》《宋词》等学习资料。

2. 主讲有专人

为了较好发挥每位坊员在活动中的作用,我们提出"主题先行,轮流主讲",坊内活动分别承包,每次安排一位老师作为主讲人,改变由坊主一人讲的局面,结合理论学习,充分利用坊内资源,分别请经验丰富的老师结合教学实践主讲。如,国学阅读的开展和推进由王老师主讲;语文国学课堂教学的转型由刘老师主讲;语文国学课堂教学的亮点研究由侯老师主讲;朗读国学经典和阅读经典由周老师主讲。

3. 讨论有深度

每次学习,我们结合学习体会和教学实际进行讨论,如国学导学案的设计,国学教学案例的撰写,大家畅所欲言,更好地发挥了积极参与意识,坊内活动有热点,在互动中互有启发。我们还邀请顾谠副校长指导工作坊活动,就国学教学中遇到的困惑,作深入分析等。

二、追求一个"效"字

效,即效率,体现为以学生为本的国学高效课堂。为采取更有效的教学手段促进国学教学,每个学期所有坊员都会参加各年级组织的听课评课活动。先由上课教师交流心得体会,之后其他教师共同评课。评课老师要"言之有物",即至少要指出执教老师的一个亮点,找出执教老师的一个不足之处,并提一条合理化建议,不能泛泛而谈。

1. 注重课堂有效性

在课堂教学中有效落实年段知识目标,确立教学内容的有效性,深化学校的"十二字"教学模式,积累有层次序列化的教学资源。坊员对语文常规课堂教学的全过程进行全面观察,对教学中教师的引导、学生的参与度细致评价,并展开系列教学研究探讨,撰写课堂教学实录,逐步形成激活语文课堂教学的有效策略。

2. 注重合作交流

充分利用团队间能力、兴趣、特长、经验等方面的差异,实现群体整合和互补,鼓励教师形成自己的特色与风格。为提高课堂教学质量,工作坊十分注重交流,充分体现坊内教师的合作精神。每学期都会在校内或区内举行国学示范课或研讨课。如王老师开设了一堂国学课——"橘逾淮为枳",这节课集教研组之力量,磨课磨课再磨课,从课前自读到课上交流引导,课后拓展反馈,学生都能积极参与,气氛活跃,课堂效果显著。侯老师国学课"孔孟论学"集备课组教研组全力,听课磨课,群策群力,最终获评"普陀杯"初中语文教师专业能力评优活动区二等奖。

国学课程资源的开发,既提升教师专业能力,又吸引更多学生自发投入,参与国学活动,真正传承国学精髓。如开展课前演讲,学生或讲名人名言,或讲一则《论语》,还通过接龙、抽签、辩论、参观等形式激发学生学习语文的兴趣。在加强语文基础知识的同时,注重拓展学生学习语文的空间。

为了扩大学生的阅读面,我们向学生推荐国学经典篇目,发动学生自愿订阅,基本上做到了人手一种读物,如《论语》《史记》《诗经》《楚辞》《唐诗三百首》《宋词》等,老师指导学生阅读,每周周一早读进行诵读,定时进行交流。各年级学生每周在校图书馆还有一节课的时间来自主阅读国学经典作品,连面临中考的初三学生也坚持上阅读课。

樱花节开设"风雅颂"国学专场活动,搭建平台,让学生展现自我风采。还依托学校现有的新甘泉杂志、国学社团、国学书院、书香医院,整合学生社团资源,开发社团综合活动课程;组织国学学习实践活动,以期"读万卷书,行万里路"。

三、注重一个"积"字

积,即积累,注重国学资源的共享与传承。工作坊老师在教学过程中做好各项工作的资料收集和整理以及资料的共享与传承工作。教科研及校本研修方面,结合学校对工作坊的具体举措,分享、交流、研讨能体现学科教学模式的公开课,同时完成课堂教学案例研究,每学期末进行汇总,建立国学课程资源库。以立项的区级一般课题为载体推进研究工作,全组老师都撰写了国学篇目导学案以及教学案例设计的初稿;周老师的《用成语辅助预备学年学生掌握文言实词》发表于《中文自修》,《初中古诗文教学也可"不问四时"——从〈鸟鸣涧〉的教学说起》一文荣获第四届全国教育课程改革教研成果一等奖,同时获第九届全国青少年冰心文学大赛辅导金奖;侯老师撰写了《国学经典的创意教学在初中语文古诗词教育中的案例研究》,完成区级个人课题"关于'中英校级连线'项目课程化建设的研究",目前还参与了学校在研的市级课题"教师校本培训微视频开发"的研究中,坊员老师们撰写了优秀教学课例。

区别于短期密集式的在职教师培训,项目式、问题式、课题式的学习在激发了教师自主学习的内驱力的同时凝聚了整个团队协同能力,初中语文组的老师们突破了传统语文学科的专业壁垒,以国学为研修的切入点,在课堂内外探索传统文化教育的实现形式。教龄不同、专业背景不同的教师们,因为同样的教育教学问题而走到一起,他们在工作坊的研修主题之下,参与课题研究、撰写案例报告、开展教学实践、策划组织活动。在丰富多样的研修活动中,彼此合作共享,凝聚合力,成了学校国学特色师资的生力军。

第三节　重回围墙:实现可持续建构

教师校本研修是一项系统工程,研修目的是提升教师自身的专业素养,提高教育教学的水平,进而促进教师、学生、学校的多方共赢。研修效果的评估是在研修实施后,对研修计划是否完成或达到效果进行的评价、衡量。内容包括对研修设计、研修内容以及研修效果的评价。教育是一项复杂的活动,因此,不仅是针对研修课程本身,针对每一位参与研修的教师也要进行整体的人性化的评价。

传统的评价系统往往是一种指标化、数量化的评价体系,其评价的实施是一个自上而下的过程,虽然评价呈现的形式相对客观、公正,但也存在着单一化、机械化等显而易见的弊端。在现实中,相较于素养的提升和知识技能的迭代与更新,教师们更关注的是研修的结果,例如学时长短、学分赋予、评聘晋升、绩效考评等实际问题,因此也不乏研修资源浪费、高耗低效等不尽如人意的现象。

对研修主题、研究目标都不尽相同的各个工作坊来说,研修实效的检视也并非简单划一的,但本质上都离不开对研修主体的重新思考和充分关注;同时,评价并非校本研修的终点,除了重视研修过程的设计和实施,也要充分发挥评价的转化促进作用,使得工作坊的研修成果能够得到有效的应用与转化,使得不同类型的工作坊都能够借助评价、评估等环节进一步丰富、拓展研修成果,实现学习资源和研修成果的共享,实现研修成果在学校、区域等更大范围辐射,最终实现研修的可持续建构。

针对教师研修的效果由谁来评价,怎样评价,评价的标准是什么,都是我们需要思考的问题,关注教师的自评的感受度、激发教师的效能感、优化项目评价的维度、实现评价原则标准的多主体制定,重回围墙之中,真正实现教师研修的可持续发展,是一种更新的挑战与激励。

一、工作坊研修实效与可持续建构的检视

1. 强化主体与精准对接

通常,我们将评价作为检视教师专业研修实效的途径,评价也是校本研修的最后一环。传统的评价方式中,教师是被评价者,是评价的对象,接受来自校方或者评价者的评判。评价的被动性导致了教师一方面介意评价的结果,另一方面又对评价的结果保有畏惧心理,这使得教师始终处于个人发展的被动角色。教师在整个评价过程中一直处于被监督、被考核的被动地位,评价体系所分发挥的作用也仅限于教育教学的部分现状的反馈,其评价的结果对教师个人发展的导向作用不够显著,也难以对教师的生涯发展起到引领作用。

教师在评价中无法体现主体价值,势必将关注的重点落在评价的结果和评价者身上,教师习惯于等待他者的评价,尤其是从领导者、专家学者处获得的评价,等待、记录专家发言成为传统教师培训的常态,这与教师研修本身期望教师成长为实践的反思者的初衷是相悖的。这种评价的方式还忽视了教师共同体的教育生态,缺乏同伴之间的双向交流,也缺乏对教师个体反思的关注,更缺乏对整个研修过程的深入评判。

评价的过程应当是凸显诊断功能、改进与形成功能、激励导向功能的严密的、科学的过程,其基本立足点是促进教师教育教学能力的提升。因此,对教师专业发展评价应该聚焦到每一个具有独立个性的教师个体,应当从教师发展的长远、可持续的一面来设计和实施。

“定制式”工作坊的评价环节,精准对接教师的发展需求,采用有针对性的、多元化的评价,忠实地记录教师的专业成长的全过程,关注教师发展的动态复杂过程,使得教师从简单地被动接受评价,到基于评价的自我反思,凸显教师在评价中的主体地位,更侧重评价的激励和导向功能,使得评价真正成为教师专业发展至关重要的一环,增加教师的内驱力和主动性。

2. 螺旋发展与可持续建构

新高考背景下,教师生涯的可持续发展、教师人才队伍建设是每个学校的重要任务,评价的意义在于让对教师对职业生涯保有幸福感和获得感,使得教师不仅具备扎实的学科素养,更充满人格魅力,被学生认可,进而实现师生的可持续发展。学校凝聚了一位位具有获得感的教师,方能不断建设一支高素质的优秀教师队伍,实

现可持续发展。

教师研修的过程是教师基于问题和基于主题的学习,通过独立学习、合作型学习、体验式学习、跨学科学习等,获得新技能、新方法,收获批判性思维、问题解决能力、沟通合作能力、创新创造能力。因此工作坊的研修实效的评判,不仅通过一份评价量表,每位教师在研修过程中形成的课程计划、个人发展档案、课题研究成果等,都属于教师个人研修的成果,都将有益于教师的未来专业发展。同时,对工作坊研修实效的检视,还应当更多关注教师的创新力与学习力等新型教师能力模型中的要素,因为有广阔视野和创新意识的教师才能培育出适合未来的新一代,这也有效地弥补了基础教育向过度的学业竞争演化而带来的偏科、分化倾向,实现学习的跨学科能力一体化的整合。

"定制式"工作坊的评价的实施,正是对工作坊研修实施成效的不断检视,其目的是不断回顾、反思研修过程中涌现的问题,不断推进工作坊的修正与完善。这不仅有益于工作坊建设本身,也有益于自下而上地修正校本研修的总体设计,使得校本研修在实现闭环的基础上,还能不断地寻找持续增长点,形成螺旋式的发展。

学校在第一轮工作坊研修的进程中,搭建了阶段性展示等多种评价平台,不仅丰富了坊间学习交流,也使得第二轮工作坊在此基础上应运而生。循序渐进的发展机制,融培训、研究、实践、展评、视导为一体,从多层面、多角度发力,突出研修重点,优化研修内容,深化研修评价,体现出了"螺旋式"的发展特点,进而形成校本研修效益的周期性的增长。

定制式工作坊的评价机制作为研修的重要环节,同时致力于研修成果的可视化,构建校本研修模板,提供可继续建构的操作性框架,借助多媒体、网络平台、新技术等手段,为更多校际、区域教师研修提供参考和借鉴,不断拓展教师专业化研修效益的辐射圈,实现真正意义上的教师教育优势互补和资源共享。

二、基于可持续建构的评价策略

1. 评价的设计与评价的原则

(1)坚持教师的主体性与个性化。研修的评价是教师理解并反馈自我教学实践和提升教师水平的工具,有效的评价同时也能提升教师个人生涯发展的满意度与积极性。工作坊的研修评价以促进教师专业发展为目的,在尊重每一位学员教师的前提下,力求使评价满足主体取向,形成"关注个体、主体多元、共同发展"的动态评价机制,通过评价的实施达到个体与团队的共同发展,达到教师、学生、学校的共同发展,取得评价效益的最大化。

"定制式"工作坊的评价坚持以教师为本,强调教师评价的自主性、个体化,凸显教师在评价中的主体地位,评价最终并不追求教师发展的面面俱到,而是关注教师个体,与每位教师的个人特点和研修重点有机结合,引导教师追求个人发展的独特性。

工作坊的评价体系由学校教师专业发展办公室统一设计与规划,但在具体落实上,充分尊重坊主和学员的自主性,每一个工作坊可以在总体评价的基础上设计自身的评价指标和评价项目,丰富的评价形式也有益于更加全面、直观、真实地反映教师参与工作坊整个研修活动的真实情况。

工作坊给予学员充分的自主权,让教师发挥主体积极性,主动参与评价过程。学员教师不仅参与评价过程,参与设计评价目标、评价项目,制定个人发展目标和发展计划等,还参与评价标准的制定。可持续地实施于研修过程的教师自主评价有利于教师经常性地自我反思,有利于教师角色内化、激发内在动机、形成良好的自我调节,有利于教师实现自我价值。相较于他人评价,教师自主评价能更有助于促进教师的成长和发展。

例如,坊主和学员共同完成的一份份研修日志,记录和凸显了教师在评价中发挥的主体作用。工作坊的研修活动中,由单一的坊主评价,转变为以学员自我评价为主。自我评价使教师处于一种主动积极参与状态,这样有利于教师不断地对自己的教育活动进行反思,对自己的活动进行自我调控、自我完善、自我修正。通过教师的自我评价,教师的角色发生了两个变化:由单纯的教育工作者变为研究型教师,由"传道、授业、解惑者"变为"学习型"教师,在自己身上实现了教学与评价、工作与学习的一体化,从而实现了自我教育和自我成长。

表 5 - 3 - 1　VR 工作坊日志

时间	2017 年 9 月 22 日	地点	进路指导中心
出席人员	全体坊员		
研修主题:VR 技术的课堂运用			
研修过程记录: 主讲人:坊主郭老师 主讲内容: 观看公开课录像。公开课为高二零起点日语班学生,使用 VR 观看日本著名景点,然后			

现场使用手机搜索相关信息并制作 PPT，每位学生用日语表达。主讲老师对公开课进行总结和自我点评。

工作坊老师对公开课进行点评，提出意见。

王老师：学了一年日语的学生可以这样表达非常不简单，而且都很有自信，比学了三五年的学生台风还要好，很棒的。另外相比 VR，我对于课上直接上网搜索，用手机做好 PPT 表达这个形式更感兴趣。下面是几点建议：

1. 一节课时间有限，如果一个班 35 人以上的话，这样的活动开展就有点困难。我可能会尝试分组合作的形式。但分组又会导致部分学生没有很好地参与，这点想和大家讨论一下，如何能更有效在大班教学中实施这种课程。

2. 录像上看不到作业布置的情况，如果课上表达的内容能够课后再跟进，让学生继续搜索并写一点文字再表达一次，就可以纠正很多临时表达的语法错误，是不是会更能提高日语能力？

3. 一种假想，如果表达时也能用上 VR 设备，身临其境地在场地里，如同导游般边走边发表会不会效果更好？

朱老师：VR 技术与课堂结合度还有提高空间，通过课上看视频再做 PPT 发表演讲可以达到同样的效果。下次可以让学生用 VR 拍摄校园不同场景，课堂上大家用 VR 眼镜观看同一段视频，演讲同学进行发表。课后学生要对其他几组的发表用外语进行书面点评。

王老师：学生表达时非常积极认真，但听表达的观众是否都很投入有待商榷。让听的学生也投入的话，建议可以分组采用竞赛的形式，两组对抗或者几组竞赛，表达过程中有提问和回答，提高课堂活跃度。

丁老师：很惊讶 PPT 是当场用手机做的，希望也能在工作坊活动中学到更多信息技术。

陈老师：个人觉得 VR 技术在目前阶段在教学上缺少内容支持，看了展示课的录像，我首先就在想作为化学学科，我怎么利用这项技术来为我服务，一是因为化学相关内容和课堂知识结合性低，如果生搬硬套，反而是觉得课堂不是主体了，二是要运用贴合课堂实际教学，觉得需要自己制作相关软件及环境，那么技术上又有难题，所以目前我的想法就是能否自制。

程老师：感觉整个教学过程还是很清晰的，学生投入度也很高，整体感觉是一节较为成功的 VR 体验课程。学生在手机端进行 PPT 制作环节稍微有些不方便，毕竟手机屏幕较小学生操作起来有时会显得不是很流畅。建议可以考虑用屏幕较大的平板来进行教学。

"定制式"工作坊是一个个基于团体动力学理论的学习共同体，所以各个工作坊的内部可以有效地实现评价的个体化，细化评价的内容，改变以往大而化之的、量化的评价方式，更加有针对性地基于每一个独立的教师个体进行评价。职初教师、成熟教师、文科教师、理科教师，不同的教师个体，评价的设计和实施尽可能贴近教师的最近发展区，在统一总体评价原则的基础上适当调整。对教师的研修过程的个性化评价，凸显的是教师参与评价的主体性地位，可以促使教师不断反思和改善自身的教学实践。个性化评价，营造了尊重差异的评价环境，以评价为手段，通过评价来激发教师良好的工作热情，在教师身上实现了教学与评价、工作与学习的一体化，有益于教师的自我发展。

例如,"定制式"工作坊中,坊主们为每一位学员建立的成长档案就是一份定制式的个性化评价。在教师的成长档案中,记录教师成长过程的实践与反思,记录教师的自我突破与点滴进步。教师的成长档案具有较强的包容性,从专题学习、到课堂实践、再到研修反思逐一记录,使得评价更加全面而真实。

图 5‑3‑1　工作坊学员成长档案封面与目录

(2)坚持评价的多元性。"定制式"工作坊评价的内容和项目中既包括对教师的专业知识技能掌握程度的评价,也包括对教师的课程参与程度、教师的学习能力、同伴间的合作沟通等综合能力的评价,多元评价包括评价维度的多元化与评价主体的多元化等。多元化评价,能直观反映教师发展的动态过程。

多元化的评价由过去"量化评价"转为"多形式评价",由侧重"甄别""评判"转向侧重"发展",评价更注重人性化的标准,以促进教师发展为目的,通过真实的评价实现对教师专业发展的促进。

多元化的评价,有过程评价、有诊断性评价,也有形成性评价与终结性评价等。既包括对教师研修成果的评价,也包括对教师研修过程的动态评价,有单项评价也有综合评价,由"单一评价"转为"多内容评价"。

多元化的评价,有工作坊内部坊主对学员的评价,也有学员自身的评价,还有学员之间的互评,甚至还有外部的各工作坊之间的交互评价。

例如,甘泉家化创意工作坊,坊员们在坊主的带领下参与设计一系列以"家化产品"为主题的化学实验,以实验为主题,调动学员的创新意识和学习积极性,促进不同学科老师之间的互动交流。通过坊内活动尝试换一个角度看待同一个主题,拓展学员的知识视野。同时,通过参与制作一系列产品,围绕"我参与、我快乐"的主题,为工作和生活增添一些乐趣。不同于其他学习型的工作坊,家化创意工作坊是一个强调全员动手参与的实践类工作坊,坊内分工明确,实验员丁老师负责实验准备,坊主薛老师负责留取活动过程性资料,实验过程中化学教研组长陈老师负责技术指导。在学员评价上,更注重学员的参与度。每期工作坊活动都会在学校微信公众号发布,每个学员在其中展示自己的产品和学习的收获。

表5-3-2　中华传统文化工作坊多元评价量表

	基本	选做
学员参与度	学员能全程参与工作坊的活动,有相应的分工	学员担任研修活动的主讲人,承担研修项目的子课题,在项目中承担重要任务
	学员能与其他坊内学员有效交流沟通,有合作的意识	学员协助坊主,合理应用信息技术手段或其他有效途径和方法,提高活动的效率
	学员能提出、思考日常教育教学中的问题	学员梳理、提炼日常教育教学中的问题,并尝试解决
学员学习力	学员在完成相关理论的自主学习和集中学习后,发表学习体会与心得	学员在相关理论的自主学习和集中学习后,寻找研修的突破点与个人研修重点
学员行动力	学员能参与研究的实践活动,能进行实践与反思	学员在实践活动中承担主要任务,展示实践与反思的结果
学员研修成果	学员能完成个人研修的阶段性小结、总结	学员担任坊内、坊间、校内、校外的研修展示活动的主讲人
	学员能将研修成果运用到课堂教育教学实践	学员的研修成果得到辐射与推广

又如,中华传统文化工作坊,坊内成员来自不同学科,既有成熟型教师,也有年轻教师,工作坊在学校总体评价体系的基础上,根据工作坊的实际,制定了多维度、多项目的坊内研修多元评价量表。工作坊的学习评价包括形成性评价与总结性评价。形成性评价注重研修的过程,包括学员的参与度、学习力、行动力等,通过形成性评价,针对学员的教育教学现状,安排和调整研究的分工和责任,直观地反映教师参与研修的案例分析、课题申报等研修成果。同时,在评价维度中既包括基本的评价维度,也包括有选择性地评价维度,针对学员个体的不同特长,更好地应对学员在专业发展方面的不同诉求,实现教师的有效发展。

(3)坚持评价的发展性。从某种意义上来说,有怎样的评价,也就会有怎样的教师发展的生态格局,最终也就会有怎样的教师发展。单维度的终结性评价实质上是一种静态的评价,静态评价收集教师阶段性的学科素养、行为表现、行为绩效等评价目标的达成信息,终结性评价可以用于选择和甄别,但也具有标准化、绝对化的特点。加上教师发展的特殊性,静态的评价容易使教师只关注研修的结果,而忽略了其他能力的获得。工作坊的评价设计尽可能淡化绝对性、标准性评价等静态的评价方式,更强调发展性、增值性,也就是将评价指向有益于教师专业发展本身。从教师效能出发,将更有效地提高教师的专业水平,从而建设高水平的教师队伍。

"定制式"工作坊将评价与研修过程有机结合,让评价不仅仅作为研修的最终环节,而是作为研修的必要环节。基于动态的评价机制不断微调与优化,让评价成为研修内容调整的有益参照。在评价中注重研修的实践与反馈,并在此基础上积极反思与调整研修步调、方向和具体内容,同时,也更多地将评价指向解决工作坊运作中的实际问题。基于动态评价,学员们能更深入地交流、互动、探究、实践、反思,实现情感上、认知上的主动参与,不仅实现了专业技能提高与自我完善的统一,也在完善教师自身知识结构的同时实现工作坊课程研修内容的调整与重构。

2. 评价的维度与评价的内容

(1)维度一:工作坊引入新的教育教学理念。教师研修理念变革的背后蕴含着教育理念的创新,随着信息和通信技术在教师研修项目中的应用,教师研修也迎来了全新的时代。培养具有创新能力的学生离不开高素质的创新教师队伍,工作坊基于"关注个体、主体多元、共同发展"的动态评价,聚焦教师的个性发展与生涯规划,建立包容、开放、动态的教师文化生态,发挥校本研修反思、启发和引领的作用,有益于教师创新能力的激发和教师创新团队的建设,更有益于引导教师关注教育教学新问题,立足教育教学专业领域的前沿。

例如，VR技术工作坊，坊主是郭老师，郭老师是国内首创日语学习类RPG游戏《甘泉幻想物语》的开发者，在创新研究领域收获颇丰。工作坊的研究目标是尝试收集和制作多学科课程中可以使用的VR视频以及相应的软件，通过课程中尝试使用VR技术的实验，积累一定的教学案例与经验。在传统的视频教学的方式中，平面的视频教学可以增加课程的趣味性和互动性。在利用VR技术的体验式学习中，学习者可以通过小组活动，以及互相协作的信息收集等活动，来完成所设计的任务。

（2）维度二：工作坊在解决教育教学实践中的作用。在解决教育教学的实际问题过程中，研修是否达到预期目标，有哪些相关的研修成果，例如个人发展档案、课题研究、案例反思等，研修成果能否运用于教育教学实践，能否解决特殊问题和一般问题，这些都是工作坊实效性的评价内容。此外，研修的成果最终将运用于一线教学，那么研修成果以何种形式呈现，是否有利于辐射与推广，也是评价所关注的内容。工作坊研修的评价环节，着力于研修成果的可视化，即借助更多的媒体与平台，将现有传统教师研修的成果以视频、微课、在线资料等形式呈现。专题学习、行动研究、案例分析、集体学习、个性化档案，共同研讨、个别会诊，为应对教师专业成长的需求，我们不断变革单一的研修模式，走进教学现场，直面教学现实问题，与此同时，博客、论坛、公众号平台、远程研修、资源互动、教育视讯等正在席卷而来，基于信息传递的可视化的校本研修将是教育发展历史上空前的新特征和新趋势。

例如，慕课J课堂工作坊以"信息技术在课堂教学中的应用"作为研修方向，工作坊开展在线研修活动，提前发布一些和主题相关的阅读材料，在讨论中，学员通过论坛帖子发起相关主题话题，也可以响应其他学习者所发起的话题，专家也经常以真实身份参与在线讨论。工作坊研修成果最终呈现形式是学生公司的有效运作以及学生公司产品的诞生。课堂中信息技术手段应用丰富而恰当：平板控制电脑、拍摄的课堂照片也能实时投射到大电视上、学生应用解铃笔记精彩纷呈，记录的结果也能及时反馈到平板，深合我校"及时反馈"教学模式，大电视与PPT投影遥控交互控制对学生来说，在学生公司展示环节，借助信息技术设备有效提升了对公司产品的宣传效果和力度，提升了展示目标的达成度。这样一种对数字环境的新体验，也能提升学生的信息素养。创智中心的建成对全校师生绝对是一个福音，体现了信息技术对课堂教学的促进作用，应该在各个学科中推广。

（3）维度三：工作坊在工具和技术方面的创新。信息化学习是经济全球化时代促进教师可持续专业发展的必需。基于"网络""在线""短视频"等融媒体时代信息传递方式的研修载体正在撬动传统的教师研修模式。基于多维的评价系统,致力于将研修成果可视化,不断延伸校本研修的时空场域,使得校本研修的成果得到可持续的建构,不断促进更多未来教师的成长与发展,将是我们持续努力的目标。终身教育的理念不仅意味着教师教育在时间上的延伸,同时也意味着教师教育模式的空间转型。教师将不再只是为了提升专业的知识技能而学习,而是要学会与时代同行,不断提升自我更新的能力,为满足青少年的不断成长需要而学习,为满足未来世界的持续发展需要而学习。

例如,信息技术融合教学工作坊。工作坊的目标是转变教师的学生观,适应时代需要,在教学中充分利用信息技术引导学生自我生成知识;实现教师专业发展,在学习型组织中逐渐由成熟型教师成长为专家型教师,包括教师教育理念的转变,数字化学习环境下教学能力的提升,自身信息素养的提升等。工作坊旨在以学习型组织建设为契机,构建研究型学习团队,发展教师、成就学生;总结提炼团队的实践经验,在一定范围内形成辐射,对教师开展慕课的制作与应用,进行示范与指导,让研究成果惠及更多的教师与学生。团队教师带着全新的学生观,深入课堂,引导学生改变学习方式,使学生从知识的被动接受者转变为知识的主动探索者。在教师引导下,借助技术手段,实现学生的个性化、协作式、探究式和思辨式学习,提升自主学习的能力。实现建立在学生学习方式转变基础之上的学生学科素养提升,为学生终身学习打下基础。

三、实践案例:评价结果的可持续发展与建构

知识更迭的加快,给教师职业带来空前的挑战。同时,教师职业具有鲜明的发展性和阶段性特征,从新手到熟手,从成熟到成功,从知识型到智慧型的成长历程、能力的提升、视野的开阔等,并非一蹴而就,终身学习将成为教师职业的固有属性。在经济全球化背景下,校本研修致力于教师理念、教学方法和实施手段的全方位变革,驱动着教师经由一条不断变革之路,走向可持续发展。立足已有、开发今天、创造未来。实现教师专业研修的可持续建构,与时俱进地创新教师专业发展,促进教师不断获得自我成长,这将是未来教师教育的主流趋势。

"定制式"工作坊研修实现的不仅是教师个人的可持续发展,也同时致力于研修模式的可持续建构。从"青蓝工程"到"529工程"再到"定制式"工作坊,我们在教师专业化发展之路不断尝试,例如构建教师发展专业平台、完善"研修后"教师发展长效支持

系统、实现研修成果的可视化转化等。这正是我们基于教师发展模式可持续化建构的进一步思考，未来，在新一轮工作坊之后，我们仍将不断探索跨越时空场域的远程网络协作式研修，校际、联合体区域式研修。

案例：

让创造成为生活的一部分
创新工作坊坊员艺术教师　钱老师

创新工作坊，坊主是物理学科教师、综合理科课程教师王老师，工作坊对现有基础课程与科技课程进行整合，实现系列化的创新类课程。整合已有基础课程，辅以创新观念和高新技术，开发出适合我校学生的创新类课程，发挥各位教师的特长，以拓展和研究性课程及社团形式开展各类课程。主要解决如下两个问题：让现代科技与机器人真正为教学所用；设立综合理科与科技类校本课程体系。坊内活动包括：

- 介绍现代信息技术和机器人的前沿，并讨论各学科的创新突破点。
- 参观我校的综合理科创新实验室及各学科实验室，并了解我校的已有资源，通过交流互通不同学科间的有无。
- 参加各类信息化研修及会议，学习利用现代信息技术进行课程开发。
- 各学科教师能给出所在学科的特点。
- 关键技术讨论并实施，参观学习技术实现过程。
- 完成学科整合并在拓展课中进行综合理科课程试行。
- 课程内容修改，并完善综合理科课程。

首先，创新工作坊的名字就特别吸引了我。尤其是工作坊主持人——王老师，拥有专业的学科素养、缜密的思维能力，在计算机、物理等多个学科都有自己独到的见解。加入工作坊后我更清晰地认识到，这个工作坊是一个以解决问题、达成共识为目标，让不同学科、不同任教年段的老师们共同参与，从学生的视角出发，群策群力、探索课程整合的开放空间。尤其是在坊员间的互动中，促进了自身教育教学意识的提升，信息技术应用能力的发展。在科技飞速发展的今天，现代教育技术的广泛应用是教育现代化的一个重要标志。在教学领域里，知识传播已不再是过去那种简单的从声音到耳朵的单一形式的传递，而是图、文、像并茂的复合传递形式，如果我们依然守着旧的教育方法不改，将会落后于知识经济的时代。因此，信息技术作为现代科学技术的基础与核心,必然要进入教学领域,并对当代社会产生深远的影响。信息技术教师是实现基础教育信息化的主力和先锋,信息技术教师的专业发展,很大程度上决定着基础教育信息化进程。

在工作坊的活动中,王老师使用无人机等新型的工具,针对老师们上课过程中存在的问题,运用信息技术,提出并探讨解决问题的方法及对策——分层设计研修内容,案例研修方法,进修学习与教研实践交互开展的研修方式,过程性评价方法,为更进一步促进教师信息能力发展提供支持,极大地提升了老师们的信息技术应用能力。

与此同时,王老师在开展工作坊的过程中,注意到教师教学能力受到从培养到发展的转型、教师信息化教学技能结构的重构、教师信息化教学能力不同层面的影响因素和发展策略等一系列问题的影响。教师信息化教学能力的发展,符合能力发展的一般规律,但也有其自身发展的特殊性,教师信息化教学能力的发展是动态的、实践的、系统的。

伴随信息化进程的高速发展,教师教学能力水平也在不断攀升。教师信息化教学水平无疑成为当今时代背景下综合评判标准中的必要组成,也是影响其专业化水平发展的重要因素。因此,信息时代背景下教师应当注重自身教学认知水平,建立正确的信息化教学理论观念,在深化教育改革的同时积极发展信息化教学能力,最终实现教师教学能力的全面发展。

在工作坊这片沃土里,我体验着研修丰富多彩、耳目一新的内容,我聆听了各位专家们的精彩阐释和真知灼见,领略了各位同仁激烈的讨论。在这段日子里,观看视频、阅读文本、完成作业、发表评论所有的这些已成为我生活的一部分。工作坊为我们一线教师的交流搭建了一个很好的平台,在这里我收获了知识,全面提升了自己的基本素养和业务综合能力,对于个人今后的发展起到了积极的促进作用,使我对教育教学工作也有了一种新的理解。在今后的工作中,我将通过多种学习方式,力求解决教学中的实际问题,稳步提高自己的教学能力和业务水平。

艺术与信息依托技术进行整合,在原有基础课程的基础上,发挥教师的特长,辅以创新观念和高新技术,开发契合校情生情的创新类课程,让现代科技正为教学所用。作为工作坊成员及时总结研修心得,联系自己的教学实践,找到适合自身的方法,新的课程理念、新的教学方法、新的评价体系都促使着老师们对教学与教研工作进行重新审视和思考。对未来教育心存敬畏,不断突破发展的局限,成为更优秀的自己,实现教育的可持续发展。

第六章 功能与效应："定制式"工作坊的实践成果

从 2016 年开始,甘外本着阶段推进、分步实施的原则,成熟一批,发展一批。随着日语、德语工作坊先行试水,由点到面多维度地探索工作坊实施的培养目标、理论依据、操作路径,做好第一轮定制式工作坊正式启动的准备工作。至 2018 年底,甘外"定制式"工作坊第一期 22 个工作坊顺利结束:80%的教师参与了工作坊的培训,并评选出了优秀坊主和优秀学员,教师专业化成长取得了累累硕果。2019 开始工作坊进入第二期的运行,甘外更加注重聚焦国家新时期全面育人和学校高位发展的需求。比如,随着对学生心理健康问题的关注越来越高,亟须提高老师们心理健康教育的能力,校专职心理教师黄俊丽老师创设了"心理+跨学科融合研究"工作坊。再有,甘外近几年引进了大量的新教师,这些新教师在育人管理上存在着理论素养有待提高、实践经验不足等短板,为此我们推出了由高中语文教研组长谢老师领衔的"班级自主管理策略研究"工作坊和年级组长张老师主持的"班主任核心素养提升"工作坊。另外,在"日语见长,多语发展"的框架下,如何做强七年一贯制的法语教学工作,由法语教研组长李老师主持的"法语微课研究"工作坊应运而生。近两年,我们在教师校本研修方面又取得了显著的进步,甘外目前区级以上在研课题达到 21 项之多,培育了 9 名教学能手或教坛新秀,每年均有 20 多篇论文在国家级、省市级刊物上发表。

第一节 "定制式"工作坊的"四"力功能

甘外特色教师能力模型将教师专业能力界定为如下四维:内驱力、聚合力、行动力、学习力。内驱力是指自主发展动力,通过机制的导向激发教师发展自觉的意识,成为专业学习的主人;聚合力是指合作分享、共处沟通能力,通过语言、信息技术、跨文化理解等能力培养,打造沟通、合作、理解、包容、认识、共赢的团队;行动力是指实践能力、教研训一体的能力,通过对实际情境中的问题解决、生涯规划、执行与创新应变、决策能力的训练,提升教师的意志力、管理能力、领导力;学习力强调学习能力、学习动力、学习态度等的综合与叠加,旨在培养教师自主学习、终身学习、批判与反思能力,激发学习动机、学习动力、创新精神。这四种能力中的内驱力是前提与基础,聚合力是润滑剂,行动力是关键与途径,学习力是目标与归宿;这四种能力又是一个整体,绝不可偏废其一,共同作用与相互促进,通过能力的提升,指向教师人文素养、协作素养、信息素养以及研究素养等综合素养的养成。

一、"定制式"工作坊有效提升教师的内驱力

教师专业学习的内驱力是教师持续发展的内在的、稳定的动力支持。从教师专业学习的角度而言,教师参与研修的过程也是不断激发教师专业学习自觉意识的过程。然而,在调研中我们发现,在许多教师看来,学习是工作之外的一种负担,教师培训与教师的教育教学工作是割裂的。为此,学校教师专业发展办公室致力于从多方面着手,以"定制式"工作坊项目为抓手,有效提升教师学习的内驱力,让教师焕发出主动学习的热情。

1. 唤醒内在自觉

教师发展自觉从根本上说源于人的一种内在自觉。一个具有内在发展需求的人,无论在对外部世界的作用中还是自我发展的构建中,都是一个主动的人。在实践中我们看到,通过专题研修、团体学习,激发、改善和提升教师的发展需求和发展水平,可以使"教师发展自觉"转化为一种现实的发展力量。各工作坊成立以来,教师们可从自身职业生涯发展规划、教育教学需要出发,根据自我内在需求,结合各坊招募细则,进行相应工作坊的申报,坊主则依据工作坊创建的目标进行学员的选择。在工作坊平台的搭建与实践中,教师们改变了以往被动参与教师培训的习惯,带着教学中的困惑和问题,着眼于自身发展的需求参与培训的全过程,通过学习,促进教师教育教学实践的改善。同时,教育教学能力的提升又极大地激发起教师不断学习的欲望,教师们在学习的过程中获得了内驱力的提升。

参加"甘泉创意家化"工作坊,受益匪浅。我一直以来都对自己每天在用的香皂、化妆水、乳液等充满了好奇,通过参加这个工作坊,多少了解了一些它们的构成成分,知道了绿色的产品是怎么做出来的,很多东西是书本上所没有的。每一次活动对于我们都是锻炼、学习的机会。比如通过制作研磨皂才知道它是在已经成熟的手工皂基础之上进行再加工的，相当滋润温和，非常适合孕妇和婴儿宝宝使用。我们采用的是冷制法，保留的营养成分更多。这次我制作的是金盏花纯橄榄研磨皂，在坊主指导下做得非常成功。

每次活动大家积极性都非常高涨，每次活动我都是在极高的兴致中锻炼了自己的动手操作能力。产品制作的过程虽然繁琐，但是享受的就是这种繁琐的过程，做的手工皂、纯露、乳液、化妆水、研磨皂等让我们非常有成就感。通过工作坊也体会到把"家化"做好要不断学习、总结，学会怎样把理论联系到实际中去，比如制作乳液需要学会怎么样去控制好温度，控制各个配料分量比例的精准，体会到科学实验的一丝不苟，从某种程度上说这也与我们的历史教学的尊重史实、客观严谨异曲同工。参加"家化创意"工作坊让我感到快乐充实，使我深刻感到生活中自然学科无处不在，我也会将这些感悟融入我的历史课堂。

——历史教师　揭老师

2. 确立目标追求

教师个体都有不同的学习经历和职业发展诉求。新教师教育教学的历练较少，对教师这份职业的了解和认知还不够深入，对自己的未来的发展方向还有些迷茫，处在不断摸索、探寻的阶段；老教师常常有一定的职业倦怠感，比较倾向保持安稳现状；成熟教师进入了职业发展的"瓶颈期"，想谋求职业的发展，但是却不知道该如何突破自身已有的教学知识框架，冲破"圆形"边界，扩展自己的发展领域。总之，每一位教师的发展诉求各不相同，工作坊要帮助他们找到各自的发展目标，不应似浮萍漂泊随意，而应如树木般扎根于肥沃土壤，不断生长。只有有了为之奋斗的目标，人的自主驱动力才会自然而然地被激发出来，正如船舶有了灯塔的指引，便有了航行的方向。

作为一名教师，我觉得时刻都需要不断学习。只有通过学习，才能认识和觉察到自身的不足之处，从而加以改进，提升自我。工作坊中与同行伙伴们的交流探讨，正是达到了自我成长的目的，让我在教育教学中、在专业学习上有了很大的提高。

具体来说，沙盘游戏团体体验拓展课是我本人开设的一门选修类的实践课程。该课程曾经荣获了普陀杯教师专业技能比赛一等奖。最为荣幸的是，听课学生表示，初步了解了心理学的观点和技法，开阔了视野，也找到了符合自身的表达的方式。换言之，教学起到了很好的效果。

开展工作坊学习后,我的学习与研究的目标更加明确了。想要诠释沙盘游戏作品,需要深厚的心理学专业知识。由此,我平时常会阅读心理学专业书籍,积极思考与探索。课堂中,我积极聆听每位学生传递出的信息,引领学生觉察到自身的特质,因材施教。另一方面,在课外,我会通过积极阅读心理案例,接受专业心理督导,来提升自身的教育教学以及心理咨询的能力。

——日语教师 穆老师

3. 修炼高尚人格

"教师是人类灵魂的工程师",担负着"传道、授业、解惑"的神圣使命。我们没办法将一个人每分每秒的行动都收集起来加以评价,教师的作为更是一种出自责任心和使命感的人格担当。教师要能够意识到自己在专业知识和能力上的局限性,本着"一切为了学生"的思想,愿意自主地去学习新知识,接纳新事物。在工作坊中,我们也十分注重教师人格品质的修炼,把师德放在首位。以德为先,教师才能够真正在拓展眼界的基础上,主动地将新知识、新技术手段的学习运用到日常教学中去。教师研修中的内驱力,从某种层面上讲是一种不断发现问题并积极探索的心理取向,是一种善于把握机会的敏锐性和积极的应变能力,对于教师来说,它更是一种人格特征,一种精神状态。

自从参加了由我们学校学生工作部主任易老师领衔的"定制式"工作坊,跟着德育教育方面的名师和行家进行了专题研修和探讨,让我明白了德育教育的重要性,学习了很多德育的理论知识。在德育工作中,不断关注社会发展和教育发展趋势,加强德育科研。

根据学校实际和社会的发展变化不断更新德育观念,更新德育手段,摆脱一成不变的单纯凭经验的德育管理思想,让德育工作在不断创新中焕发出新的活力。努力摆脱以说教为主的德育方式,积极开展校内外德育活动,让德育回归生活,让学生在日常生活的德育实践中体验道德与人格的魅力,使德育工作"由外而内"。

——英语教师 吴老师

以上教师处于不同的发展阶段,有刚刚从教不久的新教师,有从教一定年限的成熟教师,也有从教多年的老教师。他们在不同程度上都拥有一线的教学经验,在专业学习上也达到了不同的层级。在工作坊的研修活动中,他们再次激发了学习动力。老师们都根据自身的学习需求,参加了不同学科领域的工作坊。来自不同团队的学习主题,充分激发了教师们的学习自觉。在感兴趣的主题学习中,老师们积极发挥自身优势,学习他人长处,唤醒自己的生命自觉,确立符合自己当前发展需要的目标追求,并在国学经典、榜样引领等的作用下修炼崇高师德,从而激发出自己的内驱力,能够自觉、自愿、自主地投入提升自身能力和素养的学习中去,投身到伟大的教育事业中。

二、"定制式"工作坊有效提升教师的聚合力

在团体中,团队内聚力是作用于所有成员并促进其参与群体活动的各种力的组合。对于团队的成员来说,不仅要有个人能力,更需要有在不同的位置上各尽所能、与其他成员协调合作的能力,相互尊重,密切配合,互相帮助,相互交流,取长补短,共同提高。团队间的协同合作,也从另一种层面上强化了教师的内驱力,起到相互促进的作用。团体的发展是动态的过程,具有目标性,消解团体的冲突,促进团体凝聚力之提升,进而形成团体的动力,有助于团队达成有效的目标。在团体动力学理论指导下,聚焦培育教师终身学习理念,教师自组团队,共设团体目标,在团队激励作用下,通过个人主动发展促进团队的整体发展,在满足教师发展的个体需要的同时,全面提升教师队伍的综合素养。工作坊的搭建除了提升教师个人的学习内驱力之外,教师之间构成一个紧密结合的团队,成员之间横向交流与分享,形成相互激励、相互帮助和共同提高的团队关系,增强了团队的内聚力。

1. 提升合作意识

人类发展的历史和无数科研成果的产生无不证明,个人的力量是有限的,群体内必须相互合作才能达到1+1>2的效果。教师要实现自我专业上的长期发展,必须树立良好的合作意识。"你有一个思想,我有一个思想,相互交换,就有两个或两个以上的思想。"教师必须清楚地认识到,彼此之间并不是你赢我输的"零和博弈",而是可以互相协作的共赢利益体。思想影响行为,只有让教师在思想上具有了合作的意识理念,明确了合作的重要性和必要性,才能在实际行动中真诚帮助,互通有无,增进合作,多边共赢。反过来,这样的行为也将进一步深化教师对合作的认识和理解。"定制式"工作坊从教师的思想入手,寻找着力点和突破口,营造了和谐共生的氛围,教师之间的聚合力在潜移默化中得到提升和发展。

慕课制作需要整个团队拧成一股绳,共同完成一个大项目,这是团队整体运用信息技术的行为。个体层面,每位学科老师都尝试在教学过程中制作、应用微

视频。结合灵活和规范的原则,工作坊固定了集体学习活动的时间和每两周集体学习一次的频率,同时个体根据自身情况灵活安排自主学习时间。偶尔大家因为学校突发任务凑不齐时,允许更换时间或采用线上的方式进行学习交流沟通。这样一来,固定的集体学习是对自主学习的一种督促和保障,自主学习是对集体学习的一种补充和巩固。在每年5月份进行的教学月活动中,团队有多位成员参加展示,并且在教学中应用到了团队或个人制作的微视频。此外,团队在理科微视频制作和应用方面进行了一些实践探究,也取得了一定的成效。

——信息教师　周老师

2. 增进了解信任

在树立合作意识的基础上,教师要加深对同伴的了解,才能找到更适合的沟通方式,找到擅长的合作领域。在了解的基础上,教师之间增进对彼此的信任度。信任是黏合剂,是润滑油,可以消除工作中的误解、隔阂,让教育工作开展得更有质量、更加高效。"定制式"工作坊为教师搭建了坦诚相待、定期交流的平台,教师可以在工作坊中袒露心声,"吐槽"工作和生活的压力,诉说教育学生的困惑,排解职业倦怠的烦闷,支招同伴追求更高发展等。有些教师任教不同年段和学科,未能共同执教过一个班级或年级,在工作上的交集比较少,但是工作坊却成了"班级""教研组"之外的另一个相对灵活、自由、开放的交流平台,成了学校促进教师相互了解的脚手架,教师们有了常规工作之外的"合作场"。每位教师之间的了解和信任得到加强,学校的聚合力自然会获得质的提升。

  工作坊的成员确实工作繁忙,压力较大,同时要进行自己学科的教学研讨。入职数年后,部分老师会有一定程度的倦怠感产生。在这种情况下,在工作坊团体的带动下,老师们加强学习研究,有助于走出瓶颈期,克服倦怠感。集中学习之前,我们明确主题,明确主讲人。在研讨过程中,大家相互提问与回答,有争吵、有不同意见的碰撞,这也是一种批判性学习。

——地理教师　邓老师

3. 跨越发展边界

在提高了合作意识、增强了解互信的前提下,教师们就有了合作的热情和原动力。但是要进一步增强教师的聚合力,就必须让教师在合作中有所收获和成长,达到集体利益和个人利益的相互统一。甘外"定制式"工作坊将教师个人在集体中的获得感放在重要地位。在机制上让不同学科、学段的教师聚合在一个工作坊内,教师们有了获得更多信息、知识和技能的资源。在具体运行过程中，打破了学科教研组独立发展的局面，让不同学科的教师有了更多分享自我需求、见识和心得的空间和时间，教师们可以在工作坊的共同研讨中，在每一句有意无意地交流中寻找智慧迸发的火花，也可以在其中自主寻找共同合作的机遇和可能。教师不是孤军奋战的个体，而是通过学习其他人的专业知识和宝贵经验，了解同伴的个人成长经历，引起共鸣，引发反思，激发省悟，突破自我认知局限，意识到原来自己对某一方面的了解还是狭隘的，自己还有更多渠道的学习路径，还有其他领域的成长可能，从而超越自我发展边界，实现工作坊和个人的同步成长。教师之间具有更多的共同利益，聚合力在无形中得到加强。

> 我经常就教学中遇到的数学问题、教学方法问题、学生学习问题等与数学组内同事进行研讨，教研组、备课组里也常组织专题教研活动，在研讨中深入挖掘数学知识本源，加深对本源知识、高阶知识的认识。我觉得这样的研讨是富有成效的。但是这样的研讨大多是基于教研组内开展的，学科背景比较单一。加入工作坊之后，我深入接触了很多非数学学科的同事。不同的学科背景，让我们在研讨中的话题更加丰富，同时也能从不同的角度分析、解决问题。跨学科的研讨、合作激发了很多新鲜的视角和话题，无形中减少了职业倦怠感。

——数学教师　王老师

"定制式"工作坊通过促进教师跨学科交流，有效提升教师团队的聚合力。教师通过跨学科沟通交流，将知识融会贯通，开阔自身眼界，提升综合素养。不同学科教师间互相学习，互为补充，学科知识彼此渗透，共同致力于实际问题的解决。一个问题的研讨范围由学科内部框架拓展到了多学科交叉体系中，每位教师在听取他人意见的过程中不仅扩大了自身的知识范围，而且深化了自身对本学科专业知识的理解。不同学科教师间通过交流、探讨、研究、实践等多种方式，将本学科知识有效地传递出去，积极接收其他学科的知识，将其在头脑中反复思考、琢磨、重新组合、内化吸收，从而让自身的知识结构更加清晰完备、思维方式更加立体深入。教师自身素养提升的同时，必将促进教学方式方法的跨越性提高。教师将研修所得有机融入到自身教学中，使课堂内容更加丰富、课堂形式更加新颖，学生的学习效能在潜移默化中得到提高。跨学科教师围绕一个主题，展开研讨，在提高教师专业化水平的同时，还提升了教师队伍的团队意识和协作能力。

三、"定制式"工作坊有效提升教师的行动力

教师的行动力,包含了教育教学能力、科研能力、创新融合能力等,将所学付诸行动,将研修所得运用于课堂教学。甘外的"定制式"工作坊通过每一次的研修活动,帮助教师提升行动能力。研修活动不是单纯地进行理论学习,而是将理论和教学实践相结合,真正发挥科研的引领作用,让课堂教学更有内涵深度,更有思维高度,更有知识广度。在促进教师发展的同时,让学生成为真正的受益者。工作坊旨在围绕教育教学中的一线问题进行主题研修,有利于帮助教师找到更好、更有效的问题解决方法,教学能力的增强也可以反过来促进科研水平的提高,为科研提供更多的真实素材,提炼总结实践经验,将日常积累加工转化,形成更加系统全面、具有借鉴价值的研修成果,让教师的成长路径有章可循,让每一份付出和积淀都能折射出更璀璨的光芒。

1. 发现真实问题

各级各类的教师培训活动有很多,虽然教授的内容很丰富,形式多样,但是教师们普遍反映,培训活动中的理论内容偏多,将理论落地、转化为教育教学实践比较有难度,培训的实际效果并不完全尽如人意。针对这种情况,甘外采取了逆向思维,实行自下而上的教师发展策略。从一线实践中进行倒推,也就是说,让教师自己在实践中发现真问题,教育教学无小事,每一个微小的育人细节,每一个让教师困惑的瞬间,都可以是工作坊的研修问题。简单地讲,什么能在实践中得以应用,改善教育教学状况,甘外就研修什么。为此,甘外让教师每天都留心观察以前忽略的细节或者改变学生发展的教育教学关键事件,以教育日志、教学反思、日常随笔、案例掠影的形式加以记录,每一位教师都在工作坊中进行分享。工作坊旨在让教师树立严谨的问题意识,认识到发现问题的重要性,激发教师的求知欲和好奇心,以问题解决为指向,开展研修活动。让理论和实践相互结合,在发现、探索、解决问题的行动过程中,提升教师的自我能力修养。

在教研训一体化中,课堂是主阵地,教研是杠杆,培训是引领,三者有机结合,既有统一性,又有互补性,对于理解课标内涵、提高课堂效率、促进专业学习、加强专业合作等都有促进作用。科学发展的历史结论是:科学只能从问题开始。因为只有问题才能激励人们去学习,去观察和去创造。问题往往具有魅力,它可以成为诱发人们探究欲望的因素。成为推动人们攀登科学高峰的强大驱动力。当今科学技术高速发展对人才智能品质方面的迫切要求,强化了把问题解决引进教学

的需要,促进了以问题解决教学培养学生的科学探索精神和创造能力的趋势。

——生物教师　刘老师

2. 获得高阶提升

在教书育人的过程中,每一个教师都要为学生在知识上答疑解惑,在思想上循循善诱,但是难免遇到学生听不懂、想不通或是不听管教的情况,让教师焦头烂额,力不从心。此时,很多教师已然积累了一定的经验,但是仍然会抱怨"从来没遇到过这样的问题",或是继续沿用以往的经验加以解决,但是收效甚微。我们必须认识到,在不同政治、经济背景下成长起来的学生具有不同的时代特质,教师也必须因时而变,以更科学恰切的方法助力学生成长。这就需要教师改变遇到问题即用经验的固化思维模式,所以工作坊要教会教师如何应万变的方法。教师不仅是授业者,也是研究者。工作坊在研修的过程中,不是让教师们"闭门造车",而是发动教师通过各种途径去了解前沿的教育教学理论知识,以经典理论为依托,在思考和研讨的基础上,形成可实行的方案,然后在实践中加以检验,发现不足之处,再回到理论中,重新思考方案的漏洞所在,将其修补完善,然后再进行实践,通过"实践—理论—实践"的循环反复,找到有效的解决问题的方法。这是教师思维方式的转变,是教师研修能力的提升,必将成就教师的高阶发展。

我举一个例子———设计《基于地理情景的批判性思维倾向量表》的过程。刚开始我们进行了理论学习,然后参照了国内外的不同批判性思维倾向量表。面向大学生的该类型量表居多,面向中小学生很少,几乎没有。开始我们进行了国外量表的修正改编,改编修正后进行测试,这就是实践。测试之后,我们再对量表的效度、信度、区分度、相关性等进行评估。发现问题之后,反思,再一次修改,再一次测量。一个量表修改反复五六次。每一次测量需要用足够的样本,比如说两三百个样本。而且这些样本在下次测量中往往不能重复使用,要用新的样本。因此,我们这个研究项目,持续了五六年,我们都采用新高一学生作为新的样本进行测量。

——地理教师　邓老师

3. 形成科研成果

教师发现、解决了问题可以提升自身的教育教学成效,让学校发展更上一层楼,但是所应用的范围毕竟有限。教师要把在实践中摸索出来的符合时代发展要求的宝贵经验记录下来,形成文字资料,发挥其推广辐射的作用,让本区、全市、全国,乃至世界上的更多学校能够借鉴其优秀成果,指导实践的发展。工作坊以群体的力量支持每个个体总结教育教学智慧,将平常研修过程中探索出的有实质意义的东西加以提炼升华,争取形成论文,在期刊上得以发表,或是申请到高层级的课题,进行更加深入的研究。工作坊并不是让教师以功利的心态去对待发表论文和申请课题,而是一方面让教师能够及时记录、总结、提炼、升华自己的钻研心得,另一方面是为了让教育的成果惠及到更多的学生,让教师的创造性想法不是停留在脑海里,而是应用在踏实的行动中,从而提高自我修炼水平、促进国家教育发展。

　　通过工作坊和各种培训,增强教师对教学理论和教学法的学习。明确目的,提升专业素养。在学习过程中,互相学习和交流,缩小教师间的专业能力差距,提升专业化教学能力。在实践过程中,做到上一节课,做一次反思,通过反思发现教学中的问题,及时调整。再将调整后的方法运用到教学中去实践验证。在这样的过程中,提升自己的教学敏感度和对教学问题的精准把握能力。

——德语教师　张老师

在"基于核心素养的课程改革"的当下,学科素养如何落实、课程如何优化、单一素养如何合成综合素养,面临一系列问题,将老师从"舒适区"引领到"学习区""发展区"是关键。"定制式"工作坊通过提升教师研究能力,有效帮助教师迅速成为教育教学的多面手,通过行动研究、实证研究、教材分析、学情分析、学生问卷调查、试题得分数据分析等,将教育科研运用于现代教学中。在实践活动中,"定制式"工作坊改变了以往在固定的场所学习听讲的模式,打破了空间局限,坊员们在坊主带领下走出去,参与各种前沿新型教育技术的观摩与学习,拓宽了眼界,教师们又将这些全新的教育理念和技术融入课堂教学之中,改变了课堂。学生与新技术的接触也能够更深层地激发自身的好奇心、培养良好的思维模式以及增强对科学技术的探索求知欲。高科技元素与课堂教学的有机结合,让课堂生态焕发出了新的生机。

四、"定制式"工作坊有效提升教师的学习力

甘外的"定制式"工作坊项目重视教师的学习能力的提升。在进行研修项目方案的顶层设计时就将教师的自我理解与主动建构作为培训的重要目标之一,以此来提升教师学习能力。经过两期五年的"定制式"工作坊的实践,无论是学校整体还是教师群体或个体在专业学习的理念层面均有提高。每一次教育教学任务的完成并不意味着工作的真正结束,而是教师进一步学习的起点。教师通过参与"定制式"工作坊,焕发

自身生命活力、洞察并改进教学行为、提升专业水平。教师通过对鲜活教学案例的分析，不断思考改进教学的策略和解决问题的办法，又通过"实践—反思—实践"的路径培养了教学的敏感性，提高了教学效率。通过帮助教师提高问题解决能力，教师得到了可持续性发展，收获了更多教育教学的智慧。

1. 养成学习习惯

教师们在日常的教学工作中常常感到所要处理的事情比较繁多，比如要备课、批改学生作业、处理学生问题、建立家校沟通关系、准备各类讲课比赛等，这一系列事情将教师一天的时间分割得比较零碎，很难空出一段时间专心学习，也没有精力和心情关注自身的发展。但是教师必须与时俱进，才能够更好地教育学生，"自己有一桶水，才能教给学生一杯水"，不能在以前的积累上止步不前。为此，甘外通过工作坊的形式，旨在帮助教师养成一种学习的习惯，让学习成为教师生活中不可或缺的一部分，比如安排教师定期分享自己的读书心得，查阅教师的读书笔记，请老师围绕某一主题做讲座等。工作坊并不是以检查为目的的，而是以宽松和自由的方式，起到督促教师的目的。工作坊还定期邀请教学专家、高校学者、杂志出版社的编辑来校讲解论文撰写要求、时政热点问题等。总之，工作坊通过一系列举措让教师在思想上更加认识到学习的重要性，在行为上养成学习的习惯。终身学习的习惯和科学的方法，让教师拥有更强大的学习力量。学习对于教师而言，不是外在强加的任务，而是自己发自内心的、自然而然的习惯行为，是随时随地都要充分利用闲散时间进行学习的主动选择。

我会定期参加学校组织的每一次线上线下教学研修活动，认真收集学习资料，整理学习笔记。认真研究每年的中高考日语试题，研究新课标新教材。在阅读方面，在坊主的带领下，会阅读更多高质量的专业书籍，如参加工作坊期间，我认真阅读了英国作家托尼·博赞的《思维导图》系列丛书，并与坊友进行了交流。工作坊结束之后，我也会自觉地按时阅读专业书籍，思考如何将思维导图运用在日语教学中，如何改变课件的呈现方式，如何指导学生在写作教学中使用思维导图构建写作框架等。阅读、参加培训等已经成为我学习生活的一部分。

——日语教师　任老师

2. 促进深度反思

教师在养成学习习惯的基础上，还要具有批判精神和反思意识，正所谓"尽信书则不如无书"。我们不能够迷信权威，迷信书本，更要有一种批判意识，有一种反思精神，这是教师学习力的重要体现。教师要能够根据理论所学，结合实践经验，对书本上的内容进行反思,充分跟作者对话,将书中的精华转化为自己的思想,融入自己的知识体系当中,让自己的知识建构更加系统、专业、全面。教师也要对自己的实践行为进行反思,比如为什么一种方法在某个学生的身上有效,在另一个学生的身上就适得其反?为什么现在的学生会出现这样的问题,而这些问题以前却没有遇到过……教师要养成反思的习惯,不是浅显的思考,遇到弄不懂的就略过去,而是要做到深度思考,对自己想不明白的问题,通过请教他人,查找资料,综合实践等形式,不断获得新知,积累经验,最终达到豁然开朗的境界。

思考,借鉴和交流

在独立思考和学习中培养。面对课程改革,教师要学会独自思考,即认真地反思及总结,独立思考是教师教学能力提高的根本途径。

在借鉴中感悟。借鉴他人经验是提高教师教学能力的重要途径,但借鉴不是临摹、效仿、照抄,而是从经验中悟出道理。

在同行交流与合作中提升。交流与合作是教师教学行为的主要组成部分。教学中我们不仅需要具有竞争意识,而且更需要合作。

在反思中前行

反思教学能力形成与提高的渠道是否畅通———"开源助流"。反思的目的在于:分析教学能力形成的障碍,通过排除而"开源";分析渠道梗阻的原因,通过打通而"助流"。

反思各种教学能力强弱———"扬长补短"。经过分析、努力,让强的更强,弱的不弱。

反思各种教学能力的效用———"高低兼顾"。经过分析、努力,让教学效用高的继续高,教学效用低的不再低。

———英语教师　吴老师

3. 丰富教育智慧

主动的自我学习习惯,自觉的深度反思精神,都会对教师教育智慧的丰富产生积极影响。教师在参加工作坊之后,提升了专业书籍的阅读效率和对其主要内容的理解能力,对教育教学问题的理解更有深度、更具广度。在不断的学习过程中,很多教师都锻炼出了一种教育直觉的敏感性和敏锐度,面对问题不会采取"一刀切"的形式,而是能够快速捕捉到问题的关键点,找准突破口,采取科学、灵活、适切的方法进行处理。教师们在不断的积累过程中,形成了自己的教育教学风格和处理问题的体系与范式。

更重要的是,这一体系与范式不是僵化的、固定的,而是不断加以修正、补充和完善,始终站在教育教学前沿,与时俱进。教师的教育智慧得到丰富,可以促进教师学习力的发展,而教师学习力的提高反过来又会有助于教育智慧的积淀,从而达到一个不断循环往复的良性发展态势。

通过工作坊的研修活动,我了解到阅读理解语篇在试题的选材上要力求内容新颖、全面,体现时代要求。题材广泛、信息量大,涉及的主题有批评性思维、健康研究、新型社区、动物世界、好习惯的养成、语言发展、健康食品标识、虚拟世界、企业社会责任等。体裁多样,有对话、新闻稿、应用文、科学研究报道、论述文等。所有语篇取材于原版书刊、报纸,以求最大程度上考查考生的语言能力。语言地道,所用语言、素材均取材于英国、美国真实的生活场景、报刊和书籍,使考试所用语言和以英语为母语的人们的日常生活、工作的语言相一致,保证了测试的公平性与客观性。此外,通过此次学习,我也明白需要让学生在平时的英语学习中,除课本知识外,必须注重拓展课外阅读,增加阅读输入量。

——英语教师　李老师

"定制式"工作坊立足于教师是一个开放有机体的角度,认为教师具有多种发展的可能性且教师对自己的成长负有责任。为此,需还原教师作为有机体的本质,还原教师作为主体的发展功能。不断反思与学习,就是"借助经验进行连续不断的学习过程"。教师由此形成持久的学习能力。在工作坊的实践活动中,教师们都在实践中不断反思,提升自己的学习能力,冲破自身专业学习的瓶颈。对于教师而言,不仅是要学习先进的教育理论,观摩优质课程,更要结合学习到的内容,不断反思自身的教育教学经历,找到自身在教育方法、教学方法方面的不足。不仅要与他人的优秀成果做横向对比反思,也要与自己的前行历程做纵向对比反思,从而更客观地借鉴他人长处,更全面地认识到自身取得了哪些进步,有哪些有待提升的地方,既重视理论与实践的融合,又重视知识的动态性和教师主体性的发展,因而,在教师培养上,有别于"学科本位"的培养模式。反思取向的教师专业学习更注重教师智慧的培育,强调教师专业学习的可持续。

第二节　"定制式"工作坊的"五"义效应

有人问:解锁甘外校本研修新样态的密码究竟是什么? 为此,我们总结了五大核心要义:一是精准了解教师需求,让校本研修走向"个性化";二是遵从精准目标导向,让校本研修指向"成果化";三是激发教师全情投入,让校本研修成为"互助场";四是精准设计运行流程,让校本研修呈现"非线性";五是多策略检视研修效果,让校本研修保持"高品质"。

一、精准了解教师需求,让校本研修走向"个性化"

从调查研究入手,汇总调研信息发现,不同学科、教龄教师对校本研修的需求主要聚焦在研修目标、研修内容、研修形式这三个方面。甘外十分关注教师个性化需求,通过打破学科壁垒的方式,让教师能够了解其他学科教师专业学习经验。在团队研修中结合中高考改革和"双新"课改热点话题,拓宽教师知识面,助推教育教学实际问题的解决,提高自身适应教育形式变化的能力。甘外让每一位教师都享有平等的发言权,可以充分地表达自己的困惑和对某些教育问题的独到见解,促进教师在自身已有知识经验基础上进行个性化建构。

甘外回应国家教育改革新要求,致力于打造学校特色师资队伍,组建了三类工作坊,即德育管理类工作坊、特色学科与领域工作坊、创新研究类工作坊。三类工作坊之下设有多个工作坊,研修侧重点各有不同,教师可以结合自身兴趣或特长自主选择,充分满足教师的个性化发展需要。每个工作坊都会聚焦教师能力模型,开发通识与特色研修课程,包括核心理念类课程、教学实践能力类课程、综合素养类课程,让教师在工作坊内学有所获,学有所用。

从工作坊组建与实施角度,甘外确定了"定制式"工作坊这一校本研修项目载体后,制定了工作坊创建和实施方案。学校本着去"中心化"、自主自愿、双向选择的原则,阶段推进、分步实施,打造集体智慧得以发挥的研修共同体。按照甘外教师专业发展办公室发布的工作坊名称,教师根据自身的教育特长、教学优势自发申报坊主,确定研修方向,发布工作坊目标、细则和基本要求等。学员则根据各个工作坊的具体信息内容,从自身生涯规划和教育教学需要出发,自主选择工作坊。由此可见,这是一个双向选择的过程。整个过程甘外行政力量不加以任何干预,完全尊重教师个性化选择的自主性,让有相似专业学习需要的教师聚在一起,形成相对稳定团体,在自由热烈的学习氛围中碰撞出思维的火花。

出于增强历史课堂对学生的吸引力要求,我选择了"机器人工作坊"。当今社会,没有任何一个学科可以独立存在。作为一名历史教师,我深感人类科技的发展对于历史的强大推动力,有些时候一项科技发明甚至足以改变历史进程。因此,人类科技史可以说是历史学科非常重要的分支。目前由于学科设置、学时限制以及学生理解能力有限,教材中涉及此类的知识点较少、较浅。但科技本身的吸引力,促使我想要在历史教学中尝试植入一些人类历史上高科技运用及改变历史的案例,这就需要获得相关的知识,于是我怀着学以致用的想法加入了"机器人工作坊"。

——机器人工作坊　历史教师裴老师

二、遵从精准目标导向,让校本研修指向"成果化"

"定制式"工作坊在成立之初就制定了明确的目标。甘外将教师校本研修的总目标界定为:聚焦培育教师终身学习理念,建设一支主动积极思考、善于反思研究、乐于合作进取、勇于创新的专业化教师团队,着力打造三支队伍:一是打造一支师德高尚、育德能力强的德育团队;二是打造一支凸显"日语见长、多语发展、文化理解"特色的学科教师队伍;三是打造一支开展跨学科创新课程教育的特色师资队伍。以此在满足教师发展的个体需要的同时,全面提升教师队伍的综合素养。以学校总目标为导向,每个工作坊内部又设定了清晰的、有特色的具体目标。在总体目标和具体目标的指引下,工作坊取得了可视化的丰硕成果。

每个工作坊在建坊之初,坊主和坊员共同确定研修主题,围绕主题制定项目研究方案,设计阶段性成果和最终研修成果,如各类课题的研究成果、公开发表的论文、案例或经验总结等,还可以是工作坊自行开发的特色课程。为了能够使得研修成果得以转化,学校提供了大量资源支持。工作坊将自身设计好的成果转化路径提交给学校,学校邀请该领域专家前来指导,确定该路径是否可行,帮助工作坊加以改进完善。在转化路径确立后,学校继续提供资源支持,如为工作坊研修成果公开发表、出版提供资金等。学校拨出专款奖励将研修成果应用于实践的教师,在学校的各项评优中,给予优先考虑。

为了促进"定制式"工作坊研修成果的达成,甘外还将"定制式"工作坊与教师的学分认定相互结合。作为上海市教师专业发展示范校,甘外在教师学分认定上具有一定的自主权。在制定校本研修学分与学时制度时,甘外将"定制式"工作坊纳入学分考核中。甘外规定坊员必须修满 18 个学分(180 学时),包括集中学习 14 个学分(140 学时)和自主学习+成果展示 4 个学分(40 学时)。一个工作坊以 2 年为一个周期,每学期活动不少于 10 次,一学年活动不少于 20 次。每次活动时间以 2 小时为准,记 4 个学时。坊主必须完成 54 个学分(540 学时),完成两年工作坊运作与相应带教任务。教师专业发展办公室会组织专家和其他工作坊坊主对每个工作坊开展的研修活动进行不定期沉浸式观摩,按照指标观察点进行评价反馈。教师专业发展工作小组将收集处理所有评价信息,作为工作坊阶段性和终期考核的重要参考要素。如果教师专业发展工作小组发现该工作坊的研修活动在出席人员数量、研修内容准备、研修互动和研修成效等方面存在问题,会给出整改的意见,甚至影响坊主与坊员学分、学时的评定。

在明确目标的导向下,"定制式"工作坊取得累累硕果,获得了教育部、上海市、普陀区课题立项,发表多篇论文,获区级以上荣誉百余项,研发出多门上海市、普陀区级共享课程。如甘外秦真科老师自主研发的课程《基于"干涉"主题的高中生量子力学思维和相对论时空观念初步培养课程设计》被收录于上海市共享课程中。该课程的核心是教师如何基于"干涉"主题而开展"量子力学和相对论"相关内容教学,如何设置进阶主题,如何实现学习进阶,促进高中生量子概念的建构和相对论时空观念的培养。包括明晰"机械波干涉"向"光的双缝干涉及三种干涉模式"进阶的课程建设方案;明晰"光的双缝干涉"向"电子的双缝干涉"进阶的课程建设方案;明晰"光的双缝干涉"向"迈克尔逊干涉"进阶的课程建设方案等。该培训课程提出了国家课程和校本拓展课程有机结合的科教方案,设计了"干涉"在光的本性、微观粒子、引力波探测三个领域的学习进阶课程,进阶课程能够为中学生搭建联系微观世界和高速世界的桥梁,初步培养高中生量子思维和爱因斯坦相对论时空观念,培养物理学科核心素养。

三、激发教师全情投入,让校本研修成为"互助场"

教师的发展必然要依靠团队的力量。具体而言,教师的专业学习过程不是单枪匹马的个人作战,也不是群龙无首的乱序推进,而是在有强大团队内核凝聚力的前提下,大家齐心协力,彼此帮助,各自发挥所长,共同取得进步。团队内聚意识对于个人能力的提高以及学校的长远发展都具有重要意义。因此"定制式"工作坊在进行顶层设计时就将团体动力学理论考虑其中,致力于教师团队意识的培养。

在每个工作坊中,以坊主为每一次活动的召开者和主持者,但是坊主不是高高在上的权威所在,每一位教师都可以提出自己在一线教育教学中遇到的问题,大家共同研修理论著作,交流研讨,或是相互争论,在观点一次次的撞击中闪现出智慧的火花,形成初步的解决方案。以初步的方案为指引,教师在实践中加以应用,并在实践中进行检验,遇到新的问题大家再共同协商解决,在"方案制定-实践操作-反思研讨"的多次反复循环中解决一线真实问题,也实现教师能力的跨越式提高。

在工作坊的研修过程中,学校会聘请相关专家前来指导,但是并不采取传统的以专家单一方向灌输为主的方式。在工作坊内,专家与教师互动交流,教师主动提出问题,专家帮助教师拓展思路,引导教师自身找到解决方法。教师可以向专家表达不同的观点,阐述理由,甚者互相争论,变单向指导为双方互动,或是多线联动。大家在有序组织,有理论述的基础上,有条不紊地开展工作坊活动,大家都有一个共同的目标,那就是真正有效地解决实际问题。在这个过程中,工作坊团队不仅以民主的方式解决了已有问题,而且加深了团队的协作能力和向心力,而这份对团队的信任感和归属感也会反过来进一步提高团队的合作效率,加速实际问题的解决进程,在反复的良性循环中实现教师的专业学习。

为了进一步提高工作坊成员的团队合作能力,学校鼓励各个工作坊内部或坊间开展团建活动。比如,学校多语组的各个工作坊外出参观上外出版社,与上外老师交流多语发展前景,并在团队互动游戏中加深彼此的情谊;甘外举办"高雅艺术进校园"活动,邀请上海歌剧院的演员来校讲座、表演,在精神文化的洗礼中,教师的文化素养和艺术品鉴能力得到潜移默化的提升;甘外定期请相关专家对教师进行心理学方面的指导,帮助教师调节情绪,获得职业发展的幸福感等。在每一次的活动中,教师们不仅增长了知识,愉悦了心情,而且教师之间加深了对彼此的了解和信任,有了更加强烈的团队归属感和默契度。

在不断实践与总结中,各工作坊围绕双主轴的研修内容开展研修,促进教师融合能力的提高。"定制式"工作坊的研修内容是在"两类问题""两种能力"的双主轴架构中诞生的。横轴是"两类问题":一头立足于教师个体实践经验的"微真问题",另一头直接指向学校综合改革的"关键问题"。纵轴是"两种能力",它的一端紧密对接着教师的学科融合能力,另一端则连接起教师的跨文化素养培育能力。其中,"心理+"工作坊、"外语+"工作坊是最具有代表性的,也是最具有人气的工作坊。"心理+"工作坊以积极心理学为基础,以"表现性疗愈"为核心,聚集了各学科教师,共同研究"心理+体育""心理+艺术""心理+劳技"等跨学科教学实践活动。十四五期间,这些"王牌"工作坊又不断升级迭代,重磅推出了甘泉书院工作坊、跨文化研究工作坊、全员导师工作坊等六大特色工作坊,原先的工作坊优秀学员们进入了更高层次的研修组织中,成了专题研修精品课程的开发者、学校特色改革攻坚的主力军和推动学生学习方式转变的领跑者。

　　个人的力量是渺小的,团队的力量是无穷的。在甘泉外国语中学德语教学发展的第十个年头,学校作为发起人,成立了"中学德语教学联盟",聘请了国内高校的专家教授,邀请近50所全国开设德语课程的学校加盟并联系了德国海外教育司、德国歌德学院、中国外语教育与研究出版社和上海外语教育出版社等多家海内外教育研究团体,为推动中学德语教育教学发展搭建交流平台。中学德语教学联盟的秘书长也是我校德语DSDII工作坊坊主张老师。借助联盟这个平台,我校工作坊获得了联盟提供的一次次专家培训、优秀教师经验分享、联盟校德语公开课展示等资源,给予工作坊老师们一次次充电的机会。老师们的一些困惑也在与全国德语教师交流的平台上得以解答,工作中的一些压力也可以得以释放。老师们有一个长期稳定的学习交流平台,他们感到自己不再是单打独斗,自己的问题不再是个人的问题。联盟公众号中常有全国优秀教师的经验分享帖或教育科研文章。这些资源,老师们可以随时翻看、对照自己的情况进行自主学习。

　　有了这样的沟通渠道,老师们的压力有了释放的窗口,困惑有了解答的途径,工作更有动力,教学更有激情。

德语教师　朱老师

四、精准设计运行流程,让校本研修呈现"非线性"

　　在相当长的一段时间内,教师校本培训主流的系统架构基本为集中型的培训。尽管前两轮甘外已经进行了创新设计:按照教师不同教龄设计培训目标和培训内容;围绕学科教师、班主任队伍、行政管理队伍三个不同层面,对教师分层分类开展指导。但更多的还是自上而下的行政命令式的培训方式;更多的是人为地将教师分类别,以学科为中心的组织方式。这种简单地以"中心化"为核心的培训显而易见的好处是方便操作、便于管理,但这种培训模式只能让部分教师在专业化学习上受益,难以调动大多数教师参与培训的主动性,更难以激发大多数教师专业学习的内驱力,导致培训缺乏有效性和可持续性。

　　要打破学科独立、人员统一、定时定点、科层管理的传统研修模式,甘外探索了"分布式"的研修机制。简单说,就是把传统的研修架构拆分成多个去中心化的子系统,协同合力完成研修的特定任务。谁来当坊主? 领导说了不算。甘外鼓励每一位老师充分挖掘成为"坊主"的潜质。每一轮坊主开坊,都要面向全体老师充分展示个人风采、研究方向与志趣特长。教师们通过投票选出坊主。研修什么？坊主说了也不算。在工作坊组建之后，工作坊内部成员共同确定任务进度，协商角色分工，共同开设课程超市，分为送单式（坊主定向推送的必修课程）、选单式（坊主和坊员自行开发的选择性课程）、抢单式（校外热门限量课程）、拼单式（联合选修坊间共享课程）。再者，工作坊如何运转？师训部门说了不算。三大序列的工作坊之间通过沟通与共享，观摩与评价等方式形成联动机制。这样的做法，兼顾个性与共性，突出多元主体，控制外部干预，强调自主参与，让每一个老师都有"选择"的机会和"不选择"的权力，可以定制属于自己的研修"课程表"。简言之，分布式运行机制让老师们有"选择"的权力。

这种培训方式具有以下几个鲜明的特色。(1)开放性：首先教龄、资历不是最终成为坊主的唯一标准，坊主也不再是通过学校行政指定，而是由广大教师评价认定。从对二十多位坊主的教育人格、教学水准多个维度分析，不难发现坊主常常有如下特性：在从教领域有着丰富的经验、精湛的教学技艺；在教学领域、课程领域和所教内容方面具备广博的知识；具备明晰的教育理念；富有创造性、开拓性、挑战性，愿意冒险，坚持学习，热衷于教书育人；承担个体行动的责任；受到同事的尊重与赞誉，被认为能力强，对他人的想法和感受比较敏感，也愿意接受；认知和灵感具有灵活性；工作努力，能合理安排工作量，具备比较强的管理和组织能力。其次，"分布式"系统由不同的坊主根据自身的教育特长、教学优势来确定工作坊的研究方向，通过双选的方式将志同道合的教师招募、组织起来，最终聚合成为一个相对稳定、定向的系统，学校就是将这些小的系统集合、组装成一个大的系统——"定制式"工作坊群。(2)安全性：促进教师发展的关键是要解决教师发展的动力机制问题。传统校本培训轻视对教师的情感、态度和价值观的引导，而对教师外在的要求很难内化为其自身的需要。对此学校提出教师研修文化的概念，重视教师精神的发展，引导教师认识到，教师的幸福不仅来自家庭，更来自课堂，来自学生，来自学校。学校努力构建"文化育人、和谐发展"文化育人理念，倡导"发现人的价值，开发人的潜能，提升人的素质，张扬人的个性"的培养策略，积淀了甘外特色校本研修的人文基础，把甘外变成了教师专业学习的绿洲，保障了校本研修的顺利推进。各个工作坊只有在价值引领的文化育人研修理念基础上开展研修活动，才能使得研修的价值导向不偏离正确的轨道，即使某一个或某几个工作坊的研修出现停滞不前乃至偏差，也不会影响整个学校培训的效度与质量，这就是"分布式"系统安全性的作用。(3)可扩展性："分布式"系统最大的特点是可扩展性，它能够适应需求变化而扩展。就本轮"定制式"工作坊教师校本培训启动至今，已经历了四个阶段：

日语、德语工作坊先行试水;第一期 22 个工作坊顺利结束;第二期新增 4 个工作坊运行;到了 2020 年 12 月,为了深入贯彻市、区、校全员导师工作方案的要求,提高全体教师的育德能力和家庭教育指导能力,学校又与时俱进开设了"全员导师制"第一期工作坊。因此,"分布式"系统下的框架模型更有利于学校聚焦国家新时期全面育人和学校高位发展的需求,审时度势做出新的举措,以便很好地与国际、国家、市区教育变革接轨,作出应有的贡献。在拓展的过程中一点也不感觉到突兀,反而增加了培训的厚度与深度。

五、多策略检视研修效果,让校本研修保持"高品质"

为了保证校本研修高品质,甘外采取了多种策略检视工作坊研修效果,促进教师专业学习。甘外制定"定制式"工作坊管理办法,其中详细制定了工作坊研修检视管理办法。具体而言,对坊主和学员从以下八个方面进行检视:坊主和学员制定个人发展规划,各位成员要积极参加各级各类培训研修活动,做好记录和资料整理,完成所有作业;各工作坊每两周活动一次,每次活动要有目的、有主题、有记录。每次时间不少于90 分钟,每次活动要完成活动日志并上交师训办公室;各工作坊完成周期内的中期、终期展示活动各一次,形成相应成果;各工作坊每月活动实行申报登记制度,每月 5 号前上报下一月活动安排;工作坊重大活动学校简讯推送制度,重大活动后学校微信平台进行微信推送;各工作坊按照计划时间节点完成各项任务,上交相关资料;所有学员需完成坊主布置的各项任务才能获得相应的学分;课程教学部不定期对工作坊的活动进行抽查,定期收取相关资料。以上种种规章制度有效激励工作坊成员,通过对工作绩效的管理和评估,建立考核机制,确保工作坊的各项工作顺利地开展。

甘外积极为各工作坊搭建展示交流的平台。除了每个工作坊均进行中期和终期展示之外,甘外对一些优秀工作坊进行重点打造与专题推介。比如,在 2018 年 5 月 11日甘外市级课题"团体动力学视角下跨学科校本培训的实践研究"开题论证会暨跨学科工作坊研修展示活动中,德育研究类别张老师担任坊主的"提升中学生领导力工作坊"以案例研究的形式、特色学科与领域类别中王老师带领的"课堂教学艺术工作坊"以沙龙的形式、创新研究类别中郭老师带领的"VR 技术在课堂教学中的应用"工作坊以现场体验的形式分别进行了展示。上海市教科院教师发展研究中心主任杨玉东老师给出了充分的肯定:关注教师个性、满足需求,使得工作坊跨学科的形式更为丰富,打通工作坊个性活动与全员培训的联系渠道,进而丰富学校的特色内涵,以科研带动甘外进一步的发展。再如,2019年2月22日,甘外《修炼》丛书分享会暨教师专业发展巡礼《修炼,我们在路上》主题论坛上,甘外德育管理、特色领域、创新研究这三大类工作坊的21位坊主带领全校110多位坊员开展了主题研修活动,工作坊坊主结合研究领域设计活动方案,坊员则结合教育教学实际畅谈收获与心得,得到了上海市特级教师、特级校长、联谊会副会长兼秘书长、正高级教师方培君高度赞扬。还如,在2020年10月23主题为"甘付青春,泉新出发"的教师专业发展阶段汇报会上,甘外工作坊精彩的展示也得到了市区领导的充分认可。

工作坊的本质是一群教师围绕特定"议题"开展深度体验和行动变革,在互动中形成反思,在共享中创生知识的过程。它投射出"具身实践——对话反思——行为改进"的行动逻辑。教师需要带着问题回归真实的教育场景,用对话方式促进个体和团队的反思,用行为的改进激发集体智慧的创生。比如,全员导师制工作坊成立伊始,研修资源极度匮乏。但领导和老师说:"不要怕,身边的师生就是最好的研修资源"。于是,由不同类型的导师群体基于甘外学生的真实案例,进行反复实践,组织头脑风暴,展现多维视角,形成最优方案,形成了基于"学"的通识知识,聚焦"行"的实战模拟,立足"思"的个案分析共计三十多门的全员导师研修课程群。这些课程虽还不够成熟,但导师们一轮轮的反思性实践从来没有中断过。从教师研修课程开发,到面向全体学生的"幸福周三"导师课诞生,再到荣登上海市家庭教育指导市级重点课题的榜单,又再到全员导师制成果跨省市推广,每一步的进阶,都让参与其中的老师们尝到了成功的喜悦,进而信心倍增地投入到了下一个更高目标的研修中,让老师们有"创生"的活力。

检视策略是"定制式"工作坊的顶层设计中的重要一项,蕴含着学校愿景、使命、价值观,遵循着教育的本质、规律、原理、常识以及对教师人性、因果、进化的这些底层逻辑,必然影响着教师的底线思维:品质底线、成本底线、效率底线、变革底线、人性底线、组织底线等,甘外让教师在接受学校研修以后,能够建立起一种面向未来的责任和信心,不断优化和更新其知能结构,提升其学习品质,收获更优质的研修成果。

第三节 "定制式"工作坊的不足与展望

甘外切实贯彻国家、上海市、普陀区关于教师研修的相关政策,结合自身特色和实际情况,设计并实施了"定制式"工作坊校本研修方案。甘外"定制式"工作坊历经多年实践,在促进教师专业学习方面起到了积极的推动作用,大幅提高了甘外的师资队伍水平,总结了校本研修的经验和案例,对于其他学校进行教师校本研修具有借鉴作用。然而,与此同时,"定制式"工作坊也存在一定的不足,我们将其归纳为三点,即管理机制有待健全、评价方法有待完善和成果辐射有待加强。我们将在以后的发展实践中,探索弥补"定制式"工作坊不足的策略和路径,努力在理论和实践层面对于促进教师专业学习作出贡献。

一、研究不足

本研究扎根于甘外教学实际和长期教育教学实践活动的经验积累,在管理机制、评价机制、微观研究深度、成果推广范围等方面仍存在一定局限性。

1. 管理机制有待健全

"定制式"工作坊并不以学校的行政命令为中心,而是充分尊重教师的发展意愿,发挥教师的自主性。这一方面可以让教师们不会被行政命令所束缚,畅所欲言,真实地表达出自己的教学困惑,分享自己的实践心得,表达自己的想法感受等,但另外一方面也会导致教师参与和学习的随意性,比如说教师可能会不遵从管理,不按时出席活动等。因为,在没有行政命令的指导,没有中层领导或者校级领导参与的情况之下,如果坊主不具有一定的号召力、影响力和优秀的管理能力,那么将无法很好地将这个工作坊组织运行下去。坊主虽然是在自荐和他荐的基础上被委以重任的,他们通常都具有教育教学的热忱和十分丰富的经验,具有较强的专业能力素养,但是专业素养并不等于管理能力,所以在工作坊的管理运行方面可能会存在问题。

"定制式"工作坊通过教师共同研讨,群策群力产出成果,这一方面有助于教师之间相互了解,弥补自己知识上的短板和教育认知水平的不足,共同合作,互利共赢,但另一方面也可能会导致每个人在成果产出方面的付出比例和贡献比例难以量化。另外,也有可能坊主本身具有一定的情感倾向,会在研讨对策、评优奖励上倾向于和自己工作共事多年的教师。这对于工作坊发展的公平性和持久性会造成消极的影响。所以,必须在保证教师拥有自主性的同时,也要在制度上进一步加以规范和限制。对坊员的义务和权利,坊主的职责和操守都要做出明确规定,对选举推优的流程,需要达到的成果产出等都要做出清晰规范。

2. 评价方法有待完善

本研究对"定制式"工作坊的评价主要依靠质性分析,量化研究有待深入。教师通过参加"定制式"工作坊实现教师专业学习,但是对教师专业学习的评价主要基于教师在"定制式"工作坊产出的成果、教师的学习感悟等质性分析,缺乏明确的、细致的、可量化的评价标准。质性研究具有一定的主观随意性,例如每个工作坊的坊主对各自工作坊成员的各项要求、评价标准具有差异,这一定程度上影响了本研究对"定制式"工作坊实践所产生效果进行评价的精确性和可靠性。

具体而言,在对工作坊开展质量的评价上,主要是对工作坊的产出成果进行评价,比如教师发表论文的情况,申请课题的多少,比赛获奖的层级等,但是无法将这些成就与工作坊影响准确地对接,无法确定教师的进步是否是因为受到了工作坊的积极影响或者受到影响的比例大小等。对于工作坊的研修成果如何进行评价并没有形成科学客观的统一标准和量规,我们不能只是根据工作坊是否提交了每次活动的记录表或者坊内的获奖情况而对其成效作出评价,单纯地以论文、课题、获奖数量评价工作坊的开展质量是缺乏可信度和说服力的。此外,每个工作坊的特色也各异,研修内容不同,对不同工作坊成果的评价需要有不同领域的专业人员加入进行评审,而目前来看甘外对工作坊成效的评审主要是由学校科研部门或者外请的专家负责,无法保证专家对每一个领域、学科都十分熟悉,评价具有较大的主观性,专业性不够强。进一步讲,研修成果的产出需要一个过程,不是一蹴而就的,对待科研要有充足的耐心。有的工作坊可能研修得很认真,坊员们都留心自己的教育实践,发现真问题,研讨解决方案、付诸实践检验等,但是这个过程有可能很长,不只要一年,可能要两三年,甚至更长时间,所以不能简单地按照每年度的产出结果来评价工作坊的开展情况,而是应该加强过程性评价的比重,关注工作坊在研修过程中的实际作为。

3. 成果辐射尚需加强

"定制式"工作坊将教师专业学习由整齐划一的单向灌输转变为团体协作的主题式研修,教师从"校本培训"走向"校本研修",反映了教师专业成长走向自主性、多元性、合作性的一面。但这一切不是一蹴而就的,甘外在教师专业学习方面已经有了一定的积淀,"定制式"工作坊是在甘外"青蓝工程"和"529工程"的基础上的进阶式发展,是促进教师专业学习的更高层次的形式。而且,教师的学习需求扎根于甘外"日语见长、多语发展,民族情怀、国际视野"办学特色的长期教学实践活动,教师的构成中外语教师占了较大比例。此外,甘外的"定制式"工作坊依托上海优质的教育资源,和上海高校、科研院所专家共同合作研讨产出成果。概言之,"定制式"工作坊在立足原有校本培训基础,依托学校特色发展优势,借助专业团队加持的情况下,获得了丰硕的成果,这就使得教师需求驱动的"定制式"工作坊具有强烈的"甘外特色"。

在实际情况中,每所学校都是一个独特的办学主体,不同学校的办学文化、校本培训基础、特色优势、师资水平、生源状况千差万别,教师的发展层次、素养、需求也自然都有所不同。兄弟学校在借鉴"定制式"工作坊成果时,应认识到"定制式"工作坊相关成果在运用过程中的局限性,在参考借鉴"定制式"工作坊相关成果的过程中要充分考虑自身办学实际和教师专业学习诉求。甘外"定制式"工作坊的发展经验并不是完全适用于每一所学校。其他学校应该在借鉴参考的基础之上,充分考虑到本地区、本校的实际情况,结合自己的特色去做研究,"拿来就用"可能会出现水土不服的状况。

二、研究展望

甘外"定制式"工作坊实施以来取得了一些成果,但是仍然存在诸多不足,未来我们将在既有研究基础上持续、深入地开展研究,以期"定制式"工作坊能够更好地促进教师学习,并为丰富和完善现有教师专业学习相关研究贡献绵薄之力。

1. 优化"微观"运行机制

本研究对"定制式"工作坊在宏观层面的顶层设计、中观层面的运行和管理机制探讨较多,但对于微观层面每个"定制式"工作坊的运行、管理、评价仍需作深入探讨。宏观层面我们运用设计思维对"定制式"工作坊作了整体设计和系统布局,并注重多元主体参与的治理理念;中观层面我们构建了"分布式"系统下的框架模型,确保了"定制式"工作坊的稳健运行。但是,我们对于"定制式"工作坊微观层面的运行、管理、评价在很大程度上都依赖"定制式"工作坊坊主的专业能力和职业素养,这一定程度上使得"定制式"工作坊在微观层面成为一个独立王国。能否在微观层面制定细致的管理标准来约束和激励"定制式"工作坊的微观运行? 能否对各类"定制式"工作坊进行统一规范? 本研究对这些问题的探讨仍有待深入,需要进一步将研究重点由宏观和中观层面逐渐下沉到"定制式"工作坊日常运行、管理和评价的微观层面。

2. 完善教师评价方式

"定制式"工作坊运行的效果如何,本质上是基于教师专业能力发展的水平。教师专业能力发展是一个复杂的命题,单纯依靠教师的工作坊产出成果、学习感悟等质性材料难以得出科学、客观的结果。这要求我们在"定制式"工作坊评价方面,基于教师专业学习的不同阶段、不同维度,设计分级、分类的教师专业能力发展量化评价指标,做好教师参加工作坊的前测、工作坊运行过程中教师参与行为的过程性监测、教师从"定制式"工作坊结业的后测工作,通过设计事前、事中、事后的全流程量化管理标准来保障"定制式"工作坊的高质量、高效率、高水平微观运行。我们未来将在研究方法上使用混合研究方法,增加对教师专业能力发展和测量的量化研究方法,通过参考国内外教师专业学习领域的成熟问卷、结合甘外教师专业能力发展实际修订一个分门别类测量教师不同专业能力发展的量化评价指标体系,以量化结果来印证或补充相关质性研究得出的结论,设计更加细致的评价管理办法,对工作坊坊主、工作坊成员制定分门别类地评价管理办法,让评价结果更加科学、客观、公正,以此来确保我们对教师专业能力发展的评价是科学、可靠的。

3. 注重总结一般经验

甘外较为详尽全面地总结了"定制式"工作坊从开展之初到整个运行过程,再到最后成果产出的主要做法和重要经验等。但是这些经验具有较为浓厚的本土特色,需要我们在后续的研究过程中要将其中的一般经验和特殊经验进行剥离总结,进而将一般经验进行分类讨论,即某一般经验在什么情况下(学校处在何种办学基础、教师处于何种素养层次等)是适用的、有效的;某种特殊经验到底不同在哪里,为何说其是具有特殊性的,特殊的条件是什么等。学校之间具有共性,也具有独特性。甘外教师作为"定制式"工作坊的亲历者,对其中的开展经验有更为直观的感受和深度的了解。我们需要更注重概括、提炼出具有辐射推广价值的经验,离析出可能会产生"水土不服"的经验,让兄弟学校可以更全面地分析出彼此之间的差异性,更有针对性地借鉴一般经验,在开展教师研修的过程中能够有的放矢,提高效率,集中精力,重点突破,越过"险滩",直奔目标。

结语

甘外的校本研修,从最早的"青蓝"工程,再到"529"工程,我们不断探索"文化育人和谐发展"的办学主张,思考如何为教师的多元成长搭建高质量平台。以前期学校所培养的领军教师、骨干教师、特长教师为主要领衔人,历时两轮,创建德育类、特色学科类、科创类三个类别共计35个工作坊,跨学科、跨层级、双向选择、全员参与、赋能放权、开放融合,让每位教师有权力、有能力、有活力地参与主题研修。六年来,我们亲历了教师在"定制式"工作坊团体研修下的个性成长。老师们荣获国家教育部青年个人课题立项、获评正高级教师、孵化出多项市级课题或共享课程等高层次的专业学习的成果。他们用更加开放的心态、积极的行动和创新的活力,让校本研修成了一种行为习惯,一种团队力量,一种成长文化。我们深刻地意识到:放权赋能,不是简单地加油鼓劲,而是要努力让学校的变革发展从"校长一个人跳舞"变为"我们一群人跳舞";开放融合,不是简单地打破藩篱,而是要努力让教师美美与共,和谐发展。唯有如此,教师的个性成长才能真正形成内生动力,进而提升学校的整体活力。

后　记

　　"让学校成为教师专业发展的一片绿洲"是甘泉外国语中学（以下简称甘外）人才兴校始终如一的价值追求。随着创新融合教育展露新机，甘外进入了特色发展的快车道，教师成长需求的多元化特征愈加凸显。随着学校在 2018 年初被评为"特色普通高中"，摆在甘外人面前的全新挑战是：在"后特色时代"中如何真正提升甘外教师特有的创新教育能力，以实现教育的提效增质，为学校特色人才的培养提供持续动力。

　　于是，在探寻甘外的校本研修历史沿革与特色脉络，梳理教师专业发展的内生动力与需求的基础上，我们将眼光聚焦于如下具体问题：一是关乎课堂教学与学生发展的显性问题，例如新时代背景下课堂教学与学习方式的变革等问题；二是关乎教师自身专业发展中的隐性问题，例如课堂教学的设计与实施能力、改善课堂现状的教科研能力、适应新课程变革的跨学科教学能力、数智赋能教育教学能力等方面的短板；三是关乎学校特色品牌擦亮与学校可持续发展的关键问题。甘外是一所建校近 70 年的公办完中，开设了日英德法西五门第一外语、韩泰俄等八门第二外语课程，并以跨文化素养培育为主要办学特色。在"数智"时代下，探索学生外语能力及跨文化素养培育的新路径等。

　　由此，自 2016 年开始的新一轮校本研修项目——"定制式"工作坊应运而生并不断完善。该项目既是对"青蓝工程""529 工程"这两轮校本教师培训项目的传承延续，又是在新的教育改革和学校发展背景下的实践创新。可贵的是，我离任后学校领导层对这一教师校本研修的项目依然高度重视并持续地创新实践，学校聚焦教师个性需求，以前期学校所培养的领军教师、骨干教师、特长教师为主要领衔人，创建三个类别的工作坊，跨学科、跨教龄、跨层级，自主招募学员组成团队，自下而上地开展"微小"课题研究，打造"量身定制"的甘外教师培训模式，助力教师专业发展进阶。在我看来，

"定制式"工作坊项目的实践探索凝聚如下思考。

跨域合作：基于学习共同体的组织建设。"定制式"工作坊是基于共生驱动和特长异质的跨学科合作的教师专业学习共同体，它采用共享愿景与平等协商的分布式结构，共同制定发展愿景，约定团体规则，落实研修内容，实现知识共建。工作坊成员通过自愿参与、信息共享、互信互动、反思学习的路径选择，基于对目标的不同理解以及对目标达成方式的不同设想，通过不同系统成员之间的互动和协商形成新意义，最终在同一工作坊中的不同活动系统中构建起"潜在共享目标（对象）"。同时，各成员个体的差异性势必会带来对现有实践积累的新反思和新质疑，并由此展开问题解决途径的新思考和新探索，这使得研修共同体始终充满生机与活力。

融合实践：面向深度学习的研修行动变革。我们主张教师具有多种发展的可能性和个体学习的差异性，强调"借助经验进行连续不断的学习过程"。坊内研修注重教师对话、对比与反思，既有对自我教育经历的纵向思考，也有与他人教育成果的横向对照，搭建了以"通识性系统培训、个性化主题研修、多平台综合实践"为主体的课程框架。从坊间联动的专家讲座，到各具特色的专题体验活动，再到结合课题研究的实践探索，"定制式"工作坊的对话反思取向的教师学习更注重教师智慧的培育，更强调教师专业发展的可持续性，也力图引领教师站在全新而多元的视角情境开展教育教学实践。

唤醒自觉：源于团体动力视角的效能感与行动改进。学校的可持续发展需要激发从业者高尚的道德情操、充足的内在发展动机以及自我教育的自觉意识。教师专业发展是一个由自我实践主导、多方信息与资源协助下持续运行的动态过程，通过引导、激发教师实践性知识的积累和转化，帮助他们成为实践的主动反思者，通过"定制式"工作坊的设计与实施，我们亲历了教师的成长。"定制式"工作坊营造了和谐共生的成长氛围，推动教师超越学科界限和心理藩篱，实现了由个体知识向集体智慧的转化，强化了教师在不同学校系统中的深度归属感，增强了共同体成员之间的信任感、互惠度，在改进教育教学行为的同时，增进了教师的内驱力、聚合力、学习力、行动力，而这些最终又将作用于教学实践，专业研修也由此成为教师的一种行为习惯、一种行动力量、一种成长自觉。

"教育的质量说到底是教师的质量"，这是我二十年前学校开始"从新手走向专家"序列化校本研修设计以来多次表达的观点。相较于以往任何时候，当下人们对教育公平和高质量的呼唤和追求愈加迫切。义务教育优质均衡的实现、"双减"与"双新"的落地等关键问题，归根结底要依靠一支更优秀的教师队伍。本书的问世，得益于学校先后开展的"青蓝工程""529教师培养工程"等阶梯式校本培训成果的积淀，离不开学校领导团队的重视和支持，也离不开学校教师专业发展办公室的黄俊丽、孙振飞、黄琳、赵红旭等多位老师的细致打磨与智慧贡献，更离不开工作坊全体成员的躬身实践，华东师大教育学系鞠玉翠教授还欣然为本书作序，对你们的辛勤付出致以诚挚感谢！

序列化、阶梯式、务实效的校本培训已经形成甘外的传统和特色。本书既是学校教师专业发展成果之《从新手走向专家》系列丛书的传承赓续，也是对国家颁布的《新时代基础教育强师计划》的现实回应。要建成开放、协同、联动、创新的高水平教师教育体系，离不开学校的坚守与深耕。站在新的起点上，一幅更加美丽、更加辉煌的学校发展画卷需要我们用更艰难的付出去描绘和创造；适应时代要求的甘外教师专业与文化群像，需要在精准、高效、进阶、持久的校本研修设计与实施中勾勒与描摹。以"文化育人、和谐发展"的理念为引领，襄助教师拥有远大的理想信念、深厚的文化底蕴、过硬的专业能力、突出的创新素养，协力教师在甘外成"专业事、长远事、关键事"，是学校矢志不渝的教育使命。衷心期待甘外的未来更加美好！

上海市甘泉外国语中学原校长　刘国华
2024年5月